U0110608

古典文獻研究輯刊

十五編

潘美月・杜潔祥 主編

第6冊

《馬可波羅遊記》的困惑

申友良 著

國家圖書館出版品預行編目資料

《馬可波羅遊記》的困惑／申友良　著 — 初版 — 新北市：花木蘭文化出版社，2012〔民 101〕

目 2+200 面；19×26 公分

（古典文獻研究輯刊 十五編：第 6 冊）

ISBN：978-986-254-989-6（精裝）

1. 馬可波羅遊記　2. 研究考訂

011.08　　　　　　　　　　　　　　　　101015061

古典文獻研究輯刊
十五編　第 六 冊　　　　　　　ISBN：978-986-254-989-6

《馬可波羅遊記》的困惑

作　　者	申友良
主　　編	潘美月　杜潔祥
總 編 輯	杜潔祥
企劃出版	北京大學文化資源研究中心
出　　版	花木蘭文化出版社
發 行 所	花木蘭文化出版社
發 行 人	高小娟
聯絡地址	新北市永和區中正路五九五號七樓
	電話：02-2923-1455／傳眞：02-2923-1452
網　　址	http://www.huamulan.tw 信箱 sut81518@gmail.com
印　　刷	普羅文化出版廣告事業
初　　版	2012 年 9 月
定　　價	十五編 26 冊（精裝）新台幣 42,000 元

《馬可波羅遊記》的困惑

申友良　著

作者簡介

申友良（1964～），男，籍貫湖南邵陽。歷史學副教授（校方聘為教授），現供職於湛江師範學院歷史系。1996 年博士畢業於南京大學，師從陳得芝教授。1998 年又到中央民族大學博士後流動站師從王種翰教授和陳連開教授。主要研究專長為中國古代史、中國民族史、中西文化交流、廣東地方史等方面，特別是在中國古代北方少數民族研究、中國古代遼金元時期歷史研究以及馬可波羅研究等方面已經取得了初步的成果。先後出版專著《中國北族王朝初探》、《中國北方民族及其政權研究》、《馬可波羅時代》、《報王黃世仲》等 4 部，合著有《文物鑒定指南》、《新中國的民族關係概論》、《中國歷史地名大辭典》等 3 部，發表學術論文 60 多篇。

提　　要

　　自《馬可波羅遊記》問世 700 多年以來，它給不同時期的中外學者們和愛好者們帶來了不少的困惑和誤讀。因此，解決《馬可波羅遊記》本身所存在的問題就具有決定的意義了。而這個問題以前一直都是被忽視的。

　　迄今為止所有的研究成果都是在對《馬可波羅遊記》本身的考證、論證等的基礎上取得的。然而目前的馬可波羅研究卻一直處於停滯不前的狀態，這就與《馬可波羅遊記》本身存在著莫大的關系。因此，本選題將揭開馬可波羅以及《馬可波羅遊記》的神秘面紗，還歷史以真實，讓人們更多地了解馬可波羅和《馬可波羅遊記》。

　　而問題的關鍵在於《馬可波羅遊記》本身所帶來的困惑。以往的研究成果在方法論上是以《馬可波羅遊記》作為研究的起點的，在指導思想上是躺在《馬可波羅遊記》上來研究《馬可波羅遊記》。這樣以來，解決《馬可波羅遊記》本身所存在的問題就具有決定的意義了。而這個問題以前一直都是被忽視的。

　　本課題的研究主要想解決兩個方面的問題：1 是《馬可波羅遊記》到底帶來了哪些困惑？2 是《馬可波羅遊記》所帶來的困惑的原因分析。因此，把整個研究分為了三個大的部分，即困惑、新解和啟示。儘管在研究的過程中困難重重，也出現多次申請資助無果的情況，能夠達到現在的模樣，還得懇請專家同行多多批評指正為盼。

前言 ……………………………………………………… 1

上篇　《馬可波羅遊記》的困惑

困惑一、《馬可波羅遊記》誕生以來帶給人們的困
惑與爭論 …………………………………… 17

困惑二、馬可波羅的尷尬 ……………………………… 33

困惑三、《馬可波羅遊記》本身在內容上的眞實性
問題 ………………………………………… 41

困惑四、《馬可波羅遊記》在不同時期的釋讀問題
…………………………………………………… 51

困惑五、馬可波羅的身份之謎 ………………………… 59

困惑六、馬可波羅到底與中國有多大關係？ ……… 69

中篇　《馬可波羅遊記》的困惑新解

新解一、是誰神化了馬可波羅？ …………………… 81

新解二、馬可波羅獨享盛名的原因何在？ ………… 89

新解三、魯思梯謙諾與《馬可波羅遊記》的傳奇
風格的關係何在？ ………………………… 95

新解四、羅馬教廷沒有馬可波羅出使記錄的原因
何在？ ……………………………………… 103

新解五、《馬可波羅遊記》在內容上隨意增刪的原
因何在？ …………………………………… 113

新解六、眞實的馬可波羅並非《馬可波羅遊記》
中的馬可波羅 ……………………………… 125

新解七、《馬可波羅遊記》到底有多大史料價值？
…………………………………………………… 133

新解八、馬可波羅說謊了沒有？ …………………… 141

新解九、《馬可波羅遊記》與元代海上絲綢之路始
發港泉州 …………………………………… 151

下篇　《馬可波羅遊記》困惑的啟示

啟示一、《馬可波羅遊記》就是一個神話 ………… 163

啟示二、13 世紀末 14 世紀初歐洲市民階層對傳
奇故事的酷愛促使了《馬可波羅遊記》
的誕生 ……………………………………… 173

啟示三、睜眼看東方第一人：教宗英諾森四世 … 181

啟示四、《馬可波羅遊記》與元代科技 …………… 191

目
次

前　言

　　馬可波羅是東西方交流史中的一位偉大人物，他的名字被東方和西方一再提起。而《馬可波羅遊記》則是馬可波羅根據他的親身經歷而形成的一部深入元代社會，涉及中國眾多的民族的一部對中國社會的記述。但就是如此著名的一個人物和一部傳記，其眞實性卻一直以來都成爲史學界爭論不休的話題，究其原因，只因爲能夠證明的史料文獻過少。

一、關於馬可波羅其人其事的史料文獻

（一）有沒有馬可波羅這個人

　　近些年來對馬可波羅的研究，已經逐漸不在「有沒有馬可波羅這個人」問題上爭論了，因爲通過有關馬可波羅的證明材料，我們可以得出明確的結論：馬可波羅確有其人。

　　到目前爲止，有關馬可波羅的證明材料一共發現了三件，這些都保存在威尼斯檔案館裏。一件是馬可波羅的小弟弟——小馬菲奧的遺囑，一件是威尼斯官府的法律糾紛材料，一件是馬可波羅的遺囑。這三件材料雖然不能全部反映馬可波羅本人的生平，但是已經足夠可以證明馬可波羅的眞實存在性。

1. 小馬菲奧的遺囑

　　小馬菲奧是馬可波羅同父異母的一個兄弟，他在死前所立的遺囑的第五條有這樣的記錄：

> 所有公債一千里耳的利息，爲女兒菲奧爾達利莎（Fiordalisa）收用，
> 直至她出嫁爲止。以後她如能生男孩，這筆款及其利息，就全部爲

外甥所有。如果不能得男孩，這筆款及其利息，就歸兄長馬可波羅。
〔註1〕

2. 威尼斯官府的法律文書

在威尼斯官府檔案中也發現了有關馬可波羅的檔案材料，這是一份法律文書。這份文書這樣記錄到：

> 證書是審判廳判決聖約翰教區貴族馬可波羅控告阿波利納教區（San Aploinare）商人保羅吉拉爾多（Paulo Girardo）的判詞。詞中言及馬可波羅曾同吉拉爾多合作經商。馬可委託吉拉爾多出售一磅半麝香。每磅價格大裏耳六枚。吉拉爾多只按價售出了半磅，其餘帶回，經檢查，短缺六分之一兩，吉拉爾多沒有明白的賬目交代，又不能說出短缺的原因，因此馬可波羅控告了他，索還售出的半磅麝香款三大裏耳和短缺六分之一的價款二十格羅西。法官判決被告人如不按指定期限償還欠賬，就必須坐牢若干時日。〔註2〕

3. 馬可波羅的遺囑

這份證明材料是馬可波羅在 1324 年 1 月 9 日所立下的遺囑，當時 70 高齡的馬可波羅躺在病床上哆嗦地說出了他的遺言。

> 遺囑的最後說：「此外，我的動產和不動產，未經處理的我的三個女兒凡蒂娜、貝萊娜和莫雷塔，由她們三人均分。這三個女兒，為我的三個正式後嗣。所有我的零星動產和不動產，繼承權都歸三個女兒。又第三個女兒莫雷塔尚未婚配，她將來的陪嫁嫁妝，必須跟我的其他兩個女兒所得相同。」〔註3〕

以上三份關於馬可波羅身世的材料，雖然不能證明馬可波羅是否到過中國這個事實，但是可以說明馬可波羅確有其人。

然而，儘管可以證明馬可波羅確有其人，但是觀察史料，我們發現關於馬可波羅 43 歲以前的記載，是沒有任何直接的史料可查的，而且他的父親、叔父也都無檔案記載可查。曾有學者結合馬可波羅遊記與檔案記載進行分析，推測出馬可波羅和他的父親曾經有相當長的一段時間是在國外度過的。

〔註1〕 余士雄：《中世紀大旅行家馬可波羅》，北京中國旅遊出版社，1998 年第 16 頁。

〔註2〕 余士雄：《中世紀大旅行家馬可波羅》，北京中國旅遊出版社，1998 年第 16 頁。

〔註3〕 余士雄：《中世紀大旅行家馬可波羅》，北京中國旅遊出版社，1998 年第 18 頁。

但是這也祇是推測，而且此推測也很模糊。對這一點，英國學者吳芳思博士在書中也很無奈地以推測的方式予以承認：「如果馬可波羅不在中國，沒有材料可以證明他是在別的什麼地方。」〔註4〕這仍是一個疑問。

（二）馬可波羅是否到過中國

馬可波羅是否到過中國，如果到過中國，爲什麼在浩如煙海的史料記載中沒有發現一件直接記載馬可波羅的史料文獻呢？而到目前爲止，又有哪些史料文獻的發現可以比較有力地證明馬可波羅他的確到過中國這個事實呢？縱觀這些關於馬可波羅其人其事眞實性的研究，我們發現學者們在找不到直接史料證明的困難之下，儘量從《馬可波羅遊記》一書中可與中國史籍相印證的眾多具體記載爲突破點，進行考釋。學者們的觀點或依據是《馬可波羅遊記》所記載的某些內容如果馬可波羅沒有親身經歷是不可能知道得那樣詳細具體的，並且我國史乘中未見記載或記載不詳的史實，《馬可波羅遊記》卻有記載，更顯得《馬可波羅遊記》的珍貴性。

1. 楊志玖教授的里程碑式的發現。

在證明「馬可波羅來過中國」方面研究貢獻最大的是已故的南開大學的楊志玖教授，他在《永樂大典》裏發現了一篇非常重要的元代公文，可以說是馬可波羅研究領域裏里程碑式的發現。在 1941 年時，楊志玖教授就在《永樂大典・站赤》中找到一條資料，雖然未提馬可波羅之名，但足以證實與馬可波羅有直接關聯，可以證明馬可波羅到過中國。

該資料說：（至元二十七年八月）十七日，尚書阿難答、都事別不花等奏：平章沙不丁上言：「今年三月奉旨，遣兀魯䚟、阿必失呵、火者，取道馬八兒，往阿魯渾大王位下。同行一百六十人，內九十人，已支分例；餘七十人，聞是諸王所贈遺及買得者，乞不給分例口糧。」奉旨：勿與之。（《永樂大典》卷 19418，第 15 頁下）

楊志玖教授認爲，這段資料和《馬可波羅遊記》所說波斯王阿魯渾（Argon）派遣三位使臣 Oulatai（兀魯䚟）、Apousca（阿必失呵）、Coja（火者）向中國皇帝求婚，得 Cocachin（闊闊眞）姑娘，三使者請波羅一家從海道伴彼等同行一章完全一樣。〔註5〕而且楊教授隨後還解釋該公文主要是江淮行省平章沙不丁向朝廷請示三使者的隨員的口糧供應問題，當然不會提到波羅一家，連

〔註4〕 申友良：《馬可波羅時代》，北京中國社會科學出版社，2001 年第 207 頁。
〔註5〕 楊志玖：《元史三論》，北京人民出版社，1985 年第 90 頁。

闊闊眞這一女主角亦未提及，更不論波羅這一小人物了。但馬可波羅所記這三位使臣的名字與《站赤》所記完全一致，又和他們一家離開中國的機緣完全對口，無疑他們是在這一年的年末或次年初離開中國的，證以西域史料（如《史集》）亦完全相合。

2. **清末漢文文獻中也可以找到一些陳述馬可波羅到過中國的事迹，我們不妨可以參考這些有意義的文獻，以更好地證明馬可波羅其事的真實性。**

第一，同治十三年三月（1874 年 4 月）映堂居士在《中西聞見錄》第 21 號上發表的《元代西人入中國述》。該文雖然篇幅不長，但貴在發表時間很早，中西交通史專家向達曾考證，這是距今一百多年以前——我國第一篇介紹馬可波羅的文章。但關於「第一篇」這個問題，1990 年李長林在《世界史研究動態》第 10 期上發表了《國人研究與介紹〈馬可波羅遊記〉始於何時？》一文，指出在映堂居士的《元代西人入中國述》一文發表前兩個多月，《申報》同治癸酉（十二年）十二月十三日（1874 年 1 月 30 日）第 264 號（經核對，實為 542 號）上，刊載有求知子寫的《詢意國馬君事》一文，已介紹過馬可波羅，並認為這是中國最早介紹馬可波羅的文章。李長林的發現較之向達的考證提前了兩個多月。

第二，《遐邇貫珍》（Chinese Serial）月刊。《遐邇貫珍》是 1853 年英國倫敦會所屬的英華書院在香港出版的第一本定期中文刊物。

在該期刊 1853 年 10 月 1 日第 3 號刊出未署名的《西國通商溯源》一文中，講述了中西交通和中西互市的歷史，其中特別提到了馬可波羅的來華：「溯前三百至六百年間，泰西國所遣東來之眾，皆由陸路抵中土。蓋其時尚未知有過炭水道之通徑，當日抵中土首出著名之人，名馬歌坡羅，泰西各國皆稱之為遊行開荒之祖。乃威泥西（今譯威尼斯——引者）人，自其父與兄，生長貴族，因欲一睹東土民物山川，遂措巨舶，滿載貨物啟程。途中復幾經水行陸運，間關東邁，閱三載，值一使臣，往聘蒙古朝，遂與偕行。其蒙古即後之蒞中國，創闢元朝，號至元者也。即抵其都，蒙古主待之甚厚。及返，又使使者偕行，往詢羅馬法王起居，並祈遣人詣彼土宣揚教法，訓迪眾生。迨歸途歷三載，道次而使臣殂逝，更越二載，復詣元都，並攜同前所祈遣之人以行，而幼馬歌坡羅亦與偕行。馬歌坡羅抵元，元帝授以官祿。十餘年間，屢任要職顯秩。旋返本國，隨將身所閱歷，筆之於書，記述成帙，當時閱者，

多以爲誕，未之信也。迄今稽之，始知凡所記載，均非誇謬。」〔註6〕

該文不僅談到了馬可波羅在華的活動，還較爲詳細地介紹了《馬可波羅遊記》誕生前後的史實，這是中國較早的有關馬可波羅及其遊記的較爲詳細的一個介紹。

第三，《地理全志》（Universal Geography）。《地理全志》是1853～1854年由墨海書館出版，初版是英國傳教士慕維廉（William Muirhead，1822～1900）編譯的一部地理學百科全書。

該書有十卷，其中第十卷是分上、中、下三節地史論，這是一篇西方地理學的簡史。第十卷第二節的敘述起自羅馬帝國的分裂，迄於15世紀的地理大發現。其中有關於馬可波羅及其遊記的介紹和評價：「歐羅巴君因心懷憂懼，爰遣使臣至於東州。此時民之往其地者，欲廣見聞。亦有射利之徒，思購奇貨，始學技藝，蒙古人待之甚厚，與之財而賜之寵，使之擅名譽焉。其中有特出者，威內薩人波羅馬可，彼啓行在耶穌之後一千二百七十一年，其時世祖（忽必烈）據有華夏，始稱元代。使臣在京都，世祖召見，優加賞賚，拜爵於朝，使臣於是服華服，循華俗，效華言。世祖屢遣之他邦，寵任特深，不過三年，薦升封疆大吏。後波羅馬可欲退，世祖不許，馬可乃微服隱行，私離中土。從印度群島、印度洋、波斯灣、德比孫、君士但丁而行，後至威內薩，計其往返，約二十四年，爲耶穌後一千二百九十五年。後著一書，備述聞見，士民觀之，無不稱異，乃更從之以探外邦形勢，彼所稽考數地，近時始有人詣之，以察其言之是否。至其地而所見所聞與書符合。……馬可亦論中國之名省城，又論黃河、揚子江，及舟楫市鎮，民居稠密，俗異風殊，勤於貿易，製造瓷器之局，生鹽之石，紙銀蠶絲香麝孔雀等物；又言中國南洋及信風南朔，煤可燔炙。於其時歐邦人未知之也。獨茶尚未論及，彼嘗論香料芬芳之品，大約茶亦在其中。」〔註7〕

文中的馬可波羅名字是按中國人的習慣，姓氏在前，名字在後，儘管按今天的習慣馬可波羅名字被倒寫了，但譯名中四個字卻與今天的譯名已經完全一樣了。

〔註6〕 鄒振環：《清末漢文文獻中有關馬可波羅來華的最早記述》，《世界歷史》期刊1999年第5期。

〔註7〕 鄒振環：《清末漢文文獻中有關馬可波羅來華的最早記述》，《世界歷史》期刊1999年第5期。

另外，晚清傳教士編譯的漢文文獻中也留下了不少有關馬可波羅來華的事蹟的介紹與研究。如：1885 年英國傳教士艾約瑟（Joseph Edkins，1823～1905 年）所撰《西學略述》一書。這些介紹和研究曾受到過晚清學者的關注，但是卻未能引起今天研究者的重視。這些還存在著不少有關馬可波羅的記述的晚清傳教士主譯的大量漢文文獻，還有待研究者去發現和研究。

3. 其他關於《馬可波羅遊記》與中國史籍相印證的具體記載的考釋

楊志玖教授說過：「為了驗證馬可波羅遊記與馬可波羅到過中國的真實性，有必要把馬可波羅遊記所記的內容和元代漢文有關資料兩相對比，才能得出恰當的結論。」〔註8〕他還提到，馬可波羅關於中國的記事，絕大部分都能在元代載籍中得到印證，有的還可以補中國記載之闕疑。〔註9〕在當下仍然難以找尋關於馬可波羅的第一手史料的前提下，就尤顯得學者們這些關於馬可波羅書中可與中國史籍相印證的眾多具體記載的考釋的重要性了。

除了楊志玖教授早期在《永樂大典》一書的重大發現和考釋之外，其他學者也相應地從《馬可波羅遊記》中找到一些材料，並與中國史籍相印證，展開研究，並取得了一些不錯的成果，為馬可波羅研究提供了更多更好的依據。因文章篇幅所限，下面略舉幾例。

（1）余士雄先生在《中西方歷史上的友好使者——馬可波羅》一文中，舉例考釋了忽必烈賜予馬可波羅父親和叔父的聖旨金牌，還考釋了遊記中所講的元朝通行全國的樹皮造紙，這些考釋都有力地證明了《馬可波羅遊記》的真實性，從而進一步為證明馬可波羅到過中國提供依據。

（2）北京大學的黨寶海先生在《馬可波羅來華新證——三個內證》一文中也舉出三例說明馬可確實來過中國：一是《馬可波羅遊記》中關於回鶻不古可汗誕生的傳說與同期的波斯文、漢文史料一致；二是《馬可波羅遊記》關於蒙古政權為加強統治拆毀漢地城牆的記載為大量元明方志所證實；三是《馬可波羅遊記》中關於忽必烈頒布的路邊植樹的法令見於《元典章》、《通制條格》。

經過考釋，可以發現，這些通常不為人們所重視的細節若非親見親聞，是決不會見諸記載的。

（3）南開大學的李治安先生《馬可波羅所記乃顏之亂考釋》則通過與波

〔註 8〕 楊志玖：《馬可波羅在中國》，天津南開大學出版社，1999 年第 1 頁。
〔註 9〕 楊志玖：《馬可波羅在中國》，天津南開大學出版社，1999 年第 41 頁。

斯文、漢文史料相證，指出國內外史籍對乃顏之亂的記載大多很不完整，相形之下，馬可波羅關於此事件的記載內容相當豐富，諸如忽必烈用占星家預卜勝負、擂鼓奏樂爲進攻號令、乘象輿親征、乃顏信奉基督教、軍官佩牌符外另有委任狀等大部分翔實準確，有的還是獨家載錄。由此可推論出馬可波羅很大可能是身臨其境，隨從大汗出征而記其事。

（4）楊志玖教授在個人的晚期研究中，通過考證馬可波羅遊記所記的天德、宣德之行以及所記的元代節日和刑制，又得出了一些新成果，並在《馬可波羅在中國》一書中提出了證明馬可波羅來華的新證據：一是馬可波羅說在天德的喬治王是長老約翰的第六代繼承人，並述及天德的阿爾渾人、汪古部人和蒙古人。所述都和當時的情況相符，都有漢文史籍可證；二是馬可波羅說元世祖的生日在九月二十八日，與《元史·世祖記》的記載一致；對元旦朝賀儀式的記載與《元史》所記相差無幾；三是馬可對元代刑罰施刑數目的記載也與《元史·刑法志》所記相同。

由此可看出，如果馬可波羅沒有到過中國並住過相當長時期，對上述幾點不會觀察、體會得如此細緻。

除開上面所舉例子，還有很多學者的考釋也是非常有意義的。由於篇幅的限制，就沒有全部例舉。在對元朝歷史有較多瞭解之後，去閱讀《馬可波羅遊記》，然後再就遊記與中國史料記載相結合進行考證解釋，就能夠明顯感受到，如果沒有到過中國，馬可波羅根本不可能寫出這樣一部著作，因爲書中涉及元代政治，經濟，社會生活的大量細節。到目前爲止，還沒有發現任何同時期的歐洲、西亞、中亞文獻對元代中國的記述如此翔實。事實上，學術界對 13 世紀中國的很多研究都要使用《馬可波羅遊記》提供的資料。而且從 12～13 世紀東西方的瞭解程度來看，如果馬可波羅沒有到過中國，他也決不可能靠抄襲寫出這部行記。因爲在當時除了馬可波羅之外，沒有哪個外國人對中國有這麼多的瞭解。

二、爲何關於馬可波羅其人其事的史料文獻如此之缺少

之所以關於馬可波羅來華問題的爭論一直都未曾休止過，無非是因爲在浩如煙海的中外史料中關於馬可波羅的記載實在是寥寥無幾。按理說，這樣一位在中外文化交流史上有如此成就之人物，這樣一本轟動西方世界長達 7 個世紀之久的《馬可波羅遊記》的作者，是不應當在中國官書與地方遺迹中，

既沒有記載，又沒有一點遺留痕迹的。可是，歷史就是給了我們這樣一個現實，至今距馬可波羅離華回國已七百多年了，史學界的專家們卻依然未能在中國的史籍中找到明確可靠的史料。為何關於馬可波羅其人其事的史料文獻如此之缺少，如此之難以發現？這又是什麼原因呢？從馬可波羅所處的時代背景展開分析，並參考總結學者們的研究成果，主要有以下原因：

（一）元代文獻的大量佚失

其實，每個朝代都會有一些史料文獻的佚失，但以元代尤為嚴重。元代的中文文獻保存下來的實在很有限，大部分的原始檔案在朝代臨近尾聲時就已被毀了。例如，在明初編成《元史》以後，元代的歷朝實錄佚失無存，更不用說各種檔案資料了。這樣，即使馬可波羅的名字曾經被記載下來，在文獻大量佚失的情況下，他的名字也可能消失。

元代文獻為何會如此大量佚失？這是有著深刻的歷史原因的，由於元王朝作為入主中原的少數民族統治者，採取高壓政策，利用外來民族欺壓廣大漢族人民，而且還採取分化漢族人民的手段來維護其統治。另外，色目人在維護元朝統治、欺壓漢人的歷史時期，曾起過助紂為虐的作用。因此在以朱元璋為首的明王朝日益取得反元戰爭的勝利時節，激起了漢民族的復仇情緒，因而明朝在奪取元朝政權的過程中，每得一城一池，無不大量毀壞蒙古人和色目人的文化遺迹和銷毀蒙古人和色目人的文書。〔註10〕所以，伴隨著這些文化遺迹和史料文書的風吹雲散，元代那些留給後人的記錄便再也無迹可尋了。

（二）明朝人編寫史書的態度

如同第一點關於元末時代背景分析一樣，出於民族壓迫的歷史背景，明朝在建立以後，立即恢復了漢唐以來的典章制度，著漢唐衣冠，鑄漢唐紋飾，以此昭示正統。這種制度規定也深深影響到了明朝人對待史書編寫的態度。明人在編寫官方史書（如《元史》）和地方志的過程中，除了必不可少的與蒙古人有關的史實以外，會刪去大量有蒙古人和色目人的事迹，而不載入史冊。

而根據元朝實行的社會等級制度，在元朝像馬可波羅這樣的西方人自然會被歸為色目人，其社會地位在漢人之上。因此，作為色目人的馬可波羅，

〔註10〕中國國際文化書院編：《中西文化交流先驅——馬可波羅》，北京商務印書館，1995年第341頁。

自然也就和其他色目人在中國的命運一樣，沒有可能爲後世留下可資考證的史料了。

（三）馬可波羅在中國的官職或地位身份，大概不太高貴，所以不為其同時人所重視，亦不引起史料的重視

楊志玖教授在 1941 年發表的《關於馬可波羅離華的一段漢文記載》的結尾曾推論道：「這篇公文內未提及馬可波羅的名字，自然是很可惜的一件事。但此文即係公文，自當僅列負責人的名字，其餘從略。由此可想到，馬可波羅在中國的官職，大概不太高貴，因亦不爲其同時人所重視」。〔註11〕我想，這也許也是一個可以解釋關於馬可波羅的史料缺少的原因之一。

可是，馬可波羅在中國眞實的官職或地位身份到底是什麼呢？他在中國究竟扮演的是什麼角色，這還是一個謎。他的身份到底是商人呢，還是教皇的使節或蒙古帝國的使節呢？

馬可波羅在書中對他自己在中國擔任的角色述說不清，他先說他爲大汗（即忽必烈）出使各地，又說曾治理揚州三年，這在中國史志上都無迹可尋。目前國內學術界關於馬可波羅的身份，大致有樞案副使、揚州總管、斡脫商人三種看法。但是每一種看法既有支持的一方，又有反駁的一方，至今都沒有一個統一的結論。

第一，樞案副使說。這一說法是法國學者頗節（一譯鮑梯）根據轉譯的《元史·世祖紀》至元十四年（1277）二月「以大司農、御史大夫、宣徽使兼領侍儀司事孛羅爲樞密副使，兼宣徽使，領侍儀司事」記事及書《阿合馬傳》中王著等殺阿合馬後，元世祖命樞密副使孛羅等「討爲亂者」等記載，認爲此樞密副使即馬可波羅。但是，此說後來遭到了一些學者的反駁：馬可波羅抵達上都的時間爲元朝至元十二年初，但是元史中有下列記載：至元七年以御史中丞孛羅兼大司農卿，至元十二年以大司農卿、御史中丞孛羅爲御史大夫。這就是說，早在馬可波羅來中國之前，孛羅就已經存在了，這一說明顯存在問題。

第二，揚州總管說。《馬可波羅遊記》在講到揚州時，說揚州「被選爲十二省城之一」，又說馬可波羅「曾受大可汗的命令，治理這城三年之久」，後來有部分專家考證，推斷馬可波羅擔任過揚州總管一職。但實際上，馬可波羅是否在揚州任職，還難確定。亨利玉爾曾指出，有一種《遊記》版本說馬

〔註11〕楊志玖：《元史三論》，北京人民出版社，1985 年第 96 頁。

可波羅「奉大汗命居住此城三年」，未提任職。伯希和則認爲，馬可波羅所任的差使多半是鹽稅事務，他在揚州所擔任的職務，也應當是有關鹽務的官員。〔註12〕當然，這些推測還無從證實。

第三，斡脫商人說。所謂「斡脫商人」，是當時借助於朝廷的牌符聖旨而往來各處，爲官府權要牟取重利的官商，其經營內容與經營方式都不同於正常的商業活動。因此，他們不需要深入到普通漢人社會中去。這一說法是1992年蔡美彪教授在《試論馬可波羅在中國》一文中提出的。他在考察了馬可波羅在華的「語言與觀念」後，就馬可波羅的「地位與身份」作了詳細的探索和分析，由此推斷出馬可波羅是「色目商人中的斡脫商人」。馬可波羅如果眞是朝廷任命的官商，有關他奉大汗命居揚州三年而擔任官員的說法，也就能夠自圓其說。但是，斡脫商人說作爲20世紀90年代興起的新說，目前祇是一種新思路，基本上爲推測，並沒有史料或物證與之相配。

回答「爲什麼在中國的史料中沒有記載過馬可波羅」這個問題，就一定要談到馬可波羅的身份問題。但是直到現在史學界依然沒有一個關於馬可波羅身份問題的統一的結論。所以我們就只能把馬可波羅的身份分爲兩種假設來分析了。

第一，如果馬可波羅在中國並不是像他自己所說的那樣地位顯赫，他不是什麼高官，他可能祇是個小官、說故事的人，又或者祇是個商人。那麼在漢文文獻中沒有他的記載就不足爲奇了。

第二，如果馬可波羅眞的身份特殊，他也許是一個得到忽必烈信任、享受特權的色目人，能出入元朝統治的高層，或是一個享有特權的斡脫商人（蔡美彪先生的看法），又或是一位忽必烈的近侍（李治安先生的看法）。但即使馬可波羅眞的身份特殊，在中國文獻中也不一定能留下記載，原因在本文中會一一分析。

（四）純屬歷史的偶然與自然

歷史是一種神秘又說不清道不明的東西。並非所有發生的事和存在的人都會被歷史所記載，但是又不能否定它們曾經在歷史中存在過。對於馬可波羅的研究，我們也可以這麼說。黃時鑒先生說過，一方面，並非所有來華的外國人都會被載入中文文獻。例如吳芳思博士說中世紀「越過中亞」的傳教士「多如牛毛」，但在中文史料中也找不出幾個人的姓名來。另一方面，來華

〔註12〕楊志玖：《馬可波羅在中國》，天津南開大學出版社，1999年第209頁。

的外國人即使被載入某一中文文獻，但隨著歷史的變遷，它也有可能已經佚失。〔註13〕

　　馬可波羅的名字不見於存世的中文文獻，是否即可確證他並未到過中國呢？未必也。雖然中國的歷史學非常發達，中文文獻頗是豐富與連貫，但這並不等於說中國的歷史文獻一定會記下任何事情和任何人物，而且是一個不漏地流傳下來。蒙元時，入華的外國人很多，其中包括中亞、西亞、南亞、東南亞、東歐、西歐和北非的各種人士，但是在元代文獻中，留下名字的實在是太少了，馬可波羅並不是一個特殊的例外情況。就連吳芳思博士認可的到過中國的鄂多立克，他的大名在中文文獻中也是找不到的。另外還可以舉出一批歐洲人士，他們元時來華在西文文獻中可謂有據，但他們的名字同樣在中文文獻中查不出來。

　　楊志玖教授也指出：在元代，先後於馬可波羅來華的西方人並留有「遊記」的為數不少：像小亞美尼亞國王海屯，意大利教士柏朗嘉賓、鄂多立克，法國教士魯布魯克，摩洛哥旅行家伊本伯圖素等，他們在中國史籍均無迹可尋。就連元末來華的羅馬教皇使者馬黎諾里於1342年到達上都向元順帝獻馬一事，《元史》亦只記馬而不述獻馬人。楊志玖教授還進一步指出，在馬可波羅前後到達蒙古的西方傳教士、使臣、商人留有行記的不下十人，但他們的名字和事迹同樣很少見於漢文記載。他說：「如以不見人名為準，是不是可以斷定這些人都沒到過中國，他們的著述是聽來的或抄來的呢？為什麼對馬可波羅如此苛刻要求呢？」〔註14〕

　　對於在中國沒有發現紀錄馬可波羅做官的文獻，甚至連提及他的紀錄都沒有這一事實並不能說明什麼，許多關於忽必烈帝國的紀錄在元朝被推翻後都被銷毀了。即使馬可波羅曾是忽必烈宮廷中的寵臣，也遠不一定必然能有幸見諸史傳載籍。

　　以此類推，馬可不見中國經傳並非反常。如果真要解釋，這只能說是純屬的歷史的偶然與自然。

　　除開以上四點原因，我們還可以從元代對編史與修史的不重視、當時印刷術的技術、傳播尚未完善和《馬可波羅遊記》的原稿已經佚失等方面進行原因分析，但不管什麼樣的原因分析，對於「馬可波羅到過中國沒有」這個

〔註13〕黃時鑒，龔纓晏：《馬可波羅與萬里長城——兼評〈馬可波羅到過中國嗎？〉》，《中國社會科學》期刊，1998年第4期。
〔註14〕楊志玖：《馬可波羅在中國》，天津南開大學出版社，1999年第158頁。

問題，在現在看來還是很難下定論，長期內還將是一個存在的懸案。

另外，對於馬可波羅的研究，對於馬可波羅相關史料的尋找，也不能僅僅衹是單純地在《馬可波羅遊記》裏下功夫，這樣很容易就走進研究的死胡同，因爲任何遊記都是主人公的主觀記憶，而不是科學考察報告，而且光靠從書本上找答案可能早已無從考究，700年前的記載，經過自然與人世間的滄桑巨變，到今天還有多少證據留下呢？我們更需要在遊記之外去尋找證據。近年來，不斷有中外探險隊和旅行家沿著當年馬可波羅的路線進行考證，此舉對於馬可‧波羅的研究進展起著很好的促進作用。

三、馬可波羅與《馬可波羅遊記》的意義

儘管馬可波羅是否到過中國的爭論和《馬可波羅遊記》書中的那些質疑一直都未曾休止過，但是有一點我們是如此地肯定，就是馬可波羅與《馬可波羅遊記》給東西方帶來的一系列深遠的影響。

討論馬可波羅與《馬可波羅遊記》的意義，是不能簡單地把兩者分割開來論述。因爲馬可波羅與馬可波羅遊記是相互聯繫、相互依存的，談到馬可波羅一定會提及到《馬可波羅遊記》，說到《馬可波羅遊記》也一定離不開馬可波羅本人。所以，一定要緊緊地把兩者聯繫起來，才能更好地闡述其意義。

對西方而言，馬可波羅和他的《馬可波羅遊記》直接或間接給歐洲開闢了一個中西方直接聯繫和接觸的新時代。首先，大大豐富了歐洲人的地理知識，促進了地理學的發展，打破了宗教的謬論和傳統的「天圓地方」說；其次，爲歐洲人瞭解中國提供了許多重要的資訊，促進了西方對東方的瞭解。馬可波羅是第一個橫穿亞洲大陸並作出詳細記錄的人，他向歐洲人介紹的中國情況，是歐洲人所沒有見到過的，《馬可波羅遊記》把中國古代文明向歐洲作了比較全面的通報，包括中國的宮殿建築、驛郵制度、製瓷技術、造幣工藝、用煤知識、風俗民情等等，在當時的歐洲都是鮮爲人知的事情；再次，對15世紀歐洲的航海事業起到了巨大的推動作用。許多航海家、旅行家、探險家在讀了《馬可波羅遊記》以後，受到馬可波羅的鼓舞和啓發，開始揚帆遠航，探索世界，這打破了中世紀西方神權統治的禁錮，大大促進了中西交通和文化交流。著名的航海家哥倫布就是一個例子。

對東方而言，馬可波羅與《馬可波羅遊記》對深入研究13世紀的中國有著尤爲重要的意義。從歷史文獻學的角度看，馬可波羅關於中國的記事，絕

大部分都能在元代載籍中得到印證，有的還可以補中國記載之闕疑。〔註 15〕
通過《馬可波羅遊記》，我們可以更多地瞭解元代的歷史。在很多方面，它使
我們對歷史的認識變得形象而豐富。

　　綜上所述，馬可波羅東方之旅已經過去 700 多年了，但他的精神依然震
撼著人們的心靈，激勵著人們不斷作出新的探索。至於他是否真正到過中國
和他書中所受諸種質疑是否屬實，其實已不是那麼重要了。馬可波羅在遊記
中給人們展現的那些圖景已經給世界人民留下了美好的印象，他讚美東方而
又不存在偏見和歧視，帶給大家的是友誼和對和平富裕的追求，這就是他的
難能可貴之處，同時也是全人類共同的願望。所以儘管有許多疑點，對馬可
波羅到過中國，我們寧可信其有，也不願信其無。

　　當然，隨著科技的發展和學術研究的進步，我們堅信馬可波羅學研究在
深度和廣度上都會有更大更新的拓展，相信在不久的將來，馬可波羅對於我
們而言將不會再是一個美麗的謎。

〔註15〕楊志玖：《馬可波羅在中國》，天津南開大學出版社，1999 年第 41 頁。

上篇　《馬可波羅遊記》的困惑

困惑一、《馬可波羅遊記》誕生以來
帶給人們的困惑與爭論

　　《馬可波羅遊記》自 13 世紀誕生以來，已有 700 多年的歷史了。但其帶給人們的不僅僅是一部傳奇故事，更多的是人們關於其記載的眞實性、是否到過中國等問題的爭論。有人把馬可波羅稱爲中西文化交流的先驅，也有人針對遊記中的種種缺陷，不斷地發出質疑的聲音，甚至否定馬可波羅曾到過中國的說法。由此研究馬可波羅的學者也分成了兩個學派，他們從不同方面進行研究。但遺憾的是，在關於馬可波羅是否到過中國這個問題的爭論中，他們都沒有找到確切可靠的證據，來證明他們各自的論點。這也是制約馬可波羅研究進一步發展的瓶頸所在。因此，我們必須要明白《馬可波羅遊記》本身到底存在著哪些令人困惑的難題？由此而引起了哪些爭論？爭論的焦點在哪裏？結果如何？我們只有弄清楚這些問題，才能找到爭論的症結所在和解決問題的思路，以促進馬可波羅研究的進一步發展。

一、馬可波羅到過中國嗎？

　　馬可波羅（Marco Polo，1254～1324 年）出生在意大利威尼斯的一個商人家庭。公元 1275 年，馬可波羅隨同他的父親和叔父到達上都，自此在中國滯留達 17 年。1291 年初，隨波斯使團護送闊闊眞公主才得以離開中國，1295 年回到故鄉。馬可波羅在不久的一場威尼斯與熱那亞的商業海戰中，戰敗被俘，在獄中口述其東方見聞，由獄友魯斯蒂謙諾（Rustliciano）錄著成舉世聞名的《馬可波羅遊記》。

　　《馬可波羅遊記》講述了我國和東方其他國家的奇聞異事，特別是關於中國的見聞，巨大的商業城市，高度發展的經濟、技術和文化，超出西方人士當時的認識水平，因此被不少人看作是「天方夜譚」。馬可波羅病危前，他的朋友還勸他把書中背離事實的敘述刪掉，但得到的回答是：「他還沒有把他所見的事說出一半呢！」

　　由於馬可波羅在《馬可波羅遊記》中大談蒙古大汗之富有，常以「萬」為單位記事。因此書成後，有些出版商給書起名《百萬》，而人們則戲稱馬可波羅為「百萬先生」，意思是「吹牛大王馬可」。馬可波羅被人們當作騙子、狂人，意大利的學生，甚至英國的學生都用「這簡直是馬可波羅」比作騙局。〔註1〕

　　如果說在此之前，人們對馬可波羅的嘲諷是由於他們對東方世界的無知；但到了近現代，中西文化交流加強，在外國學者對中國已經相當瞭解的前提下，包括中國在內的馬可波羅學者依然無法解釋《馬可波羅遊記》中令人困惑的問題，那麼，我們就不得不認真考慮《馬可波羅遊記》的真實性、馬可波羅是否到過中國等等這些問題了。

　　在清朝末年，我國就已經有學者開始研究馬可波羅了。第一篇介紹馬可波羅的文章是 1874 年映堂居士發表於《中西聞見錄》第一號上的《元代西人入中國述》，在文章的結尾，映堂居士說：「再傳聞博羅氏在元代曾任揚州總管，未審現時維楊志乘及藏書家諸君子，有無記載？尚祈廣為搜羅。如有吉光片羽，務希郵送京師同文館，以便續登是荷。」〔註2〕由此可見，當時已經有學者注意到了這個問題：馬可波羅在中國的身份缺乏相關的史料記載。因此，從那時候開始，學者們便著手於在中國史籍中搜尋馬可波羅行迹的正面史料和證據。而後來取得較大成果的是我國著名的馬可波羅學者楊志玖先生，他於 1941 年在《永樂大典‧站赤》中發現了一段關於馬可波羅離華的漢文記載：「（至元二十七年八月）十七日，尚書阿難答、都事別不花等奏：平章沙不丁上言：『今年三月奉旨，遣兀魯䚵、阿必失呵、火者，取道馬八兒，往阿魯渾大王位下。同行一百六十人，內九十人已支分例，餘七十人，聞是諸官所贈遺及買得者，乞不給分例口糧。』奉旨：勿與之！」公文中提到了三位使者派兀魯䚵、阿必失呵、火者的名字，與馬可波羅書中所講的三位使臣

〔註 1〕　余士雄：《中西方歷史上的友好使者馬可波羅》，《歷史教學》期刊，1981 年第 8 期。
〔註 2〕　余士雄：《馬可波羅介紹與研究》，北京書目文獻出版社，1983 年第 2 頁。

名字完全一樣。〔註3〕這段記載引起了人們的廣泛討論，被認爲是證實馬可波羅到過中國的最權威的論據。除此之外，美國哈佛大學弗蘭西斯・伍德・柯立夫（Cleaves Francis Woodman）教授於 1976 年在波斯文《史集》中，找到了阿魯渾派以火者爲首的使團向中國求婚以及闊闊眞公主抵達波斯並與合贊結婚的原始記載，與《站赤》及《馬可波羅遊記》中的記載互相印證，進一步證實了馬可波羅到過中國。〔註4〕但也有學者對這些發現持保守的態度，畢竟這些祇是間接的證據，缺乏足夠的說服力。學者們設法在卷帙浩繁的中國史籍中尋找關於馬可波羅其人的記載，他們沒有放過哪怕是一處提到意大利或一個叫波羅的人的記載，包括英國鮑埃勒（John Andrew Boyle）、伍德（France wood）（吳芳思）在內，都曾做出同樣的努力，但最後都是無功而返。古今中外都沒有找到關於馬可波羅的直接記載，這是《馬可波羅遊記》第一個令人不解的困惑。

除此之外，隨著研究的深入，學者們逐漸發現了《馬可波羅遊記》中存在著許多錯漏虛假的內容。19 世紀 90 年代，英國的馬可波羅研究專家亨利玉爾（Henry Yule）在其《馬可波羅遊記・導言》中即指出馬可書中關於中國的記載有許多「遺漏」，如：萬里長城、茶葉、婦女纏足、用鸕鷀捕魚、人工孵卵、印刷書籍、中國漢字及其它奇技巧術、怪異風俗等不下數十，並指出該書亦有許多不確之處：1. 地名多用韃靼語或波斯語；2. 記成吉思汗死事及其子孫世系關係多誤；3. 攻陷襄陽城一節「最難解」。〔註5〕

1966 年，德國著名的蒙古學者傅海波（Herbert Franke）（一譯福赫伯）在一篇題爲《蒙古帝國時期的中西交往》的報告中指出，馬可波羅是否到過中國還是個沒有解決的問題。再次提出關於馬可揚州爲官、獻投石機攻陷襄陽等虛誇之辭以及其書中未提中國茶葉和漢字書法等問題。他謹慎地提出：「這些事例使人們對波羅一家長期住在中國一說發生懷疑。」「但是，不管怎樣，在沒有舉出確鑿證據證實波羅的書祇是一部世界地理志，其中有關中國的幾章是取自其它的、也許是波斯的資料以前，我們只好作善意的解釋，姑且認爲他還是到過中國。」〔註6〕

〔註3〕楊志玖：《元史三論》，北京人民出版社，1985 年第 97～104 頁。
〔註4〕楊志玖：《馬可波羅到過中國——對〈馬可波羅到過中國嗎？〉的回答》，《歷史研究》期刊 1997 年第 3 期。
〔註5〕楊志玖《元史三論》，北京人民出版社，1985 年第 90 頁。
〔註6〕Herbert Franke：《Sino-Western Contacts Under the Mongol Empire》，Journal of Royal Asiatic Society，，Hong Kong Branch，1966 年第 6 期。

　　種種困惑使一些學者們產生了疑問：馬可波羅眞的到過中國嗎？而這些困惑，也使馬可波羅學者分成了兩個派別：一是以楊志玖爲首的肯定派；二是以克魯納斯（Craig Clunas）、伍德（Frances wood）（吳芳思）等爲代表的否定派。他們圍繞著馬可波羅是否到過中國以及波羅書記載的眞實性等問題展開熱烈的討論。

二、學者們的爭論

　　美國學者約翰海格爾（John・W・Haeger）於 1979 年發表了一篇名爲《馬可波羅在中國？從內證中看到的問題》的文章，提出了自己的新論點。海格爾認爲馬可波羅只到過北京（元代的汗八里即大都），他關於中國其他各地的記載，都是在北京聽來的。這一觀點，是海格爾從檢讀馬可波羅遊記全文，發現其中許多矛盾和可疑之點後得出來的。海格爾指出馬可波羅書中的許多可疑和難解之處：如各種版本的分歧；人名、地名的難以對證（勘同）；馬可本人看到的和傳聞的記載混淆不清；對許多事物的不應有漏載；所述本人事迹與事迹情況不符合（如攻襄陽獻炮和任職揚州三年問題）；旅程路線難以考訂清楚等等。同時指出馬可書中關於中國中部和南部的敘述具有公式化、蒼白無力和缺乏細節描寫的缺陷，不像是親自觀察所得。因此海格爾推測：馬可波羅在元廷十七年，祇是按季節來往於北京與開平府（上都）之間，參加獵獸與捕鷹活動，以歐洲故事供忽必烈消遣，並從來往於北京的各種商人、旅行家與使臣中聽取各種消息。〔註7〕海格爾的觀點比較新穎，這種說法看似解決了很大一部分難題，但並非如此，因爲他的說法缺乏足夠的證據，只能夠作爲一種供學者商榷的觀點。

　　楊志玖教授於 1982 年發表了《馬可波羅足迹遍布中國》的文章，駁斥了海格爾的說法。楊先生在文章中指出，對忽必烈和北方情況的詳細描繪，確實可以說明馬可波羅在北方住過較長的時間。但不能說，馬可波羅根本沒有到過南方。海格爾在文章中也承認馬可波羅當過使臣，並認爲馬可波羅到中國後曾出使過兩次或三次。楊先生承認馬可波羅說大汗把所有重要任務多交給他並讓他多次出使，這個說法有誇大之處。但楊先生從馬可書中描寫以及中國元史典籍、地方志以及波斯史籍的記載肯定馬可至少三次出使。包括出

〔註7〕John W.Haeger：《Marco Polo in China ？ Problems with Internal Evidence》，Bulletin of Sung and Yuan Studies，1979 年第 14 期。

使哈喇章（雲南）、伴送蒙古公主出使波斯以及出使印度。因此，馬可波羅最
少有三次從北京出發，奉使到中國的西南高原和東南海疆，而不是長期盤旋
於北京和開平府之間。此外，楊先生還從馬可書中對中國南方的幾個城市的
敘述中來考察馬可的記載是親自游歷所得的。如對鎮江、福州、杭州的描寫。
在鎮江的描述中，馬可說到一個叫馬薛吉里（Marsarchis）的人在這裡做官三
年並建立基督教堂的事迹，還有對瓜洲（Caigiu）的細緻描述，都可以在《至
順鎮江志》找到相關的記載。像這樣正確而細緻的描寫，若非身臨其境，是
很難講出來的。針對海格爾提出的一些疑難問題，楊先生也一一給出解答。
包括蘇州敘述、襄陽獻炮、揚州任職以及行程路線等問題。楊先生認為這可
能與馬可波羅的敘事方法、不懂漢語、版本記載歧異、記憶不清等有關，但
不能因此而否定馬可波羅到過南方的事以及他在元廷的身份地位。〔註8〕楊先
生與懷疑論者的不同之處，在於他處理問題的方式上，不會因某些缺陷而懷
疑《遊記》的真實性，而是積極探討導致這些問題的原因所在。

　　另外，方國瑜、林超民、朱江等學者在證實馬可波羅到過中國南方的研
究上，也做出重要的貢獻。方國瑜、林超民在《馬可波羅「雲南行紀」史地
叢論》中提到：「我們對馬可波羅西南之行詳加考證，無論從《遊記》本身，
還是中國的有關資料，都有力地證明，馬可波羅不僅到過中國，而且奉命親
自出遊了中國西南與緬國。他所記述的旅行路線和沿途所見的風土人情、社
會經濟、戰爭情況等，大都是真實可信的，有些還是迄今所能見到的最初文
字記錄。」〔註9〕方國瑜、林超民還合著了《〈馬可波羅行紀〉雲南史地叢考》，
〔註10〕全書共分 5 章，詳細考論了馬可波羅到雲南及緬國的時間，馬可波羅
雲南之行的路線，元代雲南行省七大政區，元代雲南和緬國的社會經濟、風
土人情等問題。《叢考》以翔實可信的資料和堅實的論證證明了馬可波羅確實
到過雲南和東南亞。朱江在他的《從馬可波羅〈揚州行紀〉聯想到兩點》一
文中，從揚州的記載考證了馬可波羅到過揚州，也即到過中國南方，他說：「馬
可波羅在中國南下揚州的時間，似乎在公元 13 世紀的 80 年代，即元代至元

〔註 8〕　楊志玖：《馬可波羅足迹遍中國——與海格爾先生商榷》，《南京大學報》，1982
　　　　年第 6 期。
〔註 9〕　方國瑜、林超民：《馬可波羅「雲南行記」史地叢論》，《西南古籍研究》，1986
　　　　年第 2 期。
〔註10〕　方國瑜、林超民：《〈馬可·波羅行紀〉雲南史地叢考》，北京民族出版社出版，
　　　　1994 年。

王朝年間，那是揚州是被選為十二行省之一的江淮行省的省城，後來成為忽必烈之十二男爵之一的鎮江王脫歡的駐守重鎮。這在《馬可波羅遊記》裏，都有明確的記載，而且是和元代揚州的歷史吻合的。即便是馬可波羅在《揚州城》這章裏所說的其它各點，比如「此城甚大」，人民「恃工商為活」、「製造騎尉戰士之武裝」，以及「居民飲用井水」等等，都無一不是寫出了元代揚州城及其市民生產與生活特徵。這些靠道聽途說是不能辦到的，也由此證明馬可波羅確實到過揚州。〔註 11〕這些學者的考證比較全面，涉及很多方面的內容，是對海格爾觀點的有力反駁。

此前的學者雖然就馬可書中的缺陷提出質疑，但沒有因此而完全否定馬可波羅到過中國以及其書記載的真實性。英國維多利亞與艾爾伯特博物館的克雷格·克魯納斯於 1982 年 4 月 14 日在《泰晤士報·中國增刊》上發表了一篇題為《探險家的足迹》（The explorer's tracks）漢譯者改名為《馬可波羅到過中國沒有？》的文章，全面否定了馬可波羅到過中國的事實。這篇文章是他針對由意大利、中國和美國合拍的巨片《馬可波羅》而發的。並提出了馬可波羅本人可能根本就沒有訪問過中國的觀點，他可能看過某種波斯的《導游手冊》再加上個人的道聽途說而成書的。其證據主要有以下幾條：（1）在中國浩如煙海的歷史書籍中，沒有查到一件可供考證的關於馬可波羅的資料；（2）書中很多地方充滿可疑的統計資料，把中國豐富多彩的景象變成灰茫茫的一片，對蒙古皇帝的家譜說的混淆不清，很不準確；（3）中國兩件最具特色的文化產物——茶和漢字，以及中國的重大發明印刷術，書中都沒有提到；（4）他寫的許多中國地名用的是波斯叫法。因此，克魯納斯認為有可能波羅只到過中亞的伊斯蘭教國家。〔註 12〕克雷格·克魯納斯提出的論據比以前懷疑論者的觀點更加全面，其中最重要的是第一點，這也是後來否定馬可波羅到過中國的學者的主要依據，至少也說明了馬可波羅是否到過中國還是一個沒有解決問題。

克雷格·克魯納斯的文章引起了學者的熱議。王育民教授於 1988 年在《史林》上發表了論文《關於〈馬可波羅遊記〉的真偽問題》。在文章中，王育民支持克魯納斯的觀點，並對楊志玖先生的《關於馬可波羅離華的一段漢文記

〔註 11〕陸國俊、郝名瑋、孫成木：《中西文化交流先驅——馬可波羅》，北京商務印書館 1995 年第 341 頁。

〔註 12〕（英）克雷格·克魯納斯著，楊德譯：《馬可·波羅到過中國沒有》，《編譯參考》期刊，1982 年第 7 期。

載》一文提出質疑。主要觀點有以下三個方面：（1）《站赤》所記兀魯䚟等三位使者爲大汗所遣，而《行紀》（指馮承鈞譯本）則爲阿魯渾所遣，兩書迥異，如何解釋？（2）《史集》中對爲護送闊闊眞公主到波斯而卓著勳勞的馬可一家隻字不提，有悖常理；（3）忽必烈大汗爲阿魯渾選妃，是「一件朝野盡知的盛事，馬可波羅無論是在中國或波斯，都可能由傳聞而得悉，有可能作爲這次船隊的一員乘客而取得同行的機遇」。因此，《站赤》所記「除證實《行紀》所述闊闊眞公主下嫁伊利汗君主一事確實存在外，並不能確切表明馬可一家與此事有任何直接聯繫。〔註 13〕

　　針對克魯納斯與王育民的觀點，以楊志玖先生爲首的肯定論派學者先後發表了一系列文章，進行了反駁。

　　楊志玖先生概括了懷疑論者的論據，主要包括以下幾點：一是在浩如煙海的中國史籍中沒有一件有關馬可波羅可供考證的材料。二是有些具有中國特色的事物在其書中未曾提到，如茶葉、漢字、印刷術等。三是書中有些記載誇大失實或錯誤，如冒充獻炮攻陷襄陽、蒙古王室等。四是從波斯文的《導游手冊》抄來的。〔註 14〕

　　對於懷疑論者的第一個證據，楊先生於 1941 年在《永樂大典》發現了一段與馬可一家出使波斯有關的公文，與拉施特的《史集》、《遊記》互相印證，由此證明了馬可波羅確實到過中國。雖然如此，但由於公文沒有提及馬可一家的名字，沒有獲得學者的普遍認可。對此，楊志玖先生指出，在馬可波羅前後到達蒙古的西方傳教士、使臣、商人留有行紀的不下 10 人，包括孟帖·科兒維諾、馬黎維諾、安德魯等，但他們的名字和事迹卻極少見於漢文記載。因此，在漢文史籍中找不到名字或事迹並不是鑒定某一人物、著作眞僞的唯一標準。〔註 15〕黃時鑒先生等也撰文予以回擊，認爲第一個論據沒有說服力，概括起來，理由如下：一方面，並非所有來華的外國人都會被載入中文文獻；另一方面，元代的中文文獻保存下來的實在很有限。這樣，馬可波羅的名字曾經被記載下來，在文獻大量佚失的情況下，也可能消失。在這種情況下，楊先生發現了一條證明馬可波羅來過中國的珍貴史料，現在也只見於明初編纂的《永樂大典》的殘本中。「如果當年英法聯軍將《永樂大典》毀滅得更加

〔註 13〕 楊志玖：《再論馬可·波羅眞僞問題》，《歷史研究》期刊，1994 年第 2 期。
〔註 14〕 楊志玖：《再論馬可·波羅眞僞問題》，《歷史研究》期刊，1994 年第 2 期。
〔註 15〕 楊志玖：《再論馬可·波羅眞僞問題》，《歷史研究》期刊，1994 年第 2 期。

徹底，那麼，今天誰還能發現它呢？」〔註16〕

朱江也針對我國元史和地方志沒有關於馬可波羅記載的問題進行了考證。他說，其根本原因正如其他色目人在元朝的遭遇一樣，有著深刻的歷史原因，即在於元王朝是以少數民族統治者入住中原，採取高壓政策，欺壓廣大漢族人民來維持其統治的朝代。因此，必然引起尖銳、激烈的民族矛盾。所以，當 14 世紀中葉，以朱元璋為首的明王朝日益取得反元戰爭的勝利時節，激起了漢民族的復仇情緒，因而在奪取元朝政權過程中，每得一城一池，無不大量毀去蒙古人和色目人的文化遺迹。這是因為色目人在維護元朝統治，欺壓漢人的歷史時期，起過助紂為虐的作用。他們在元朝種族歧視政策中屬於僅低於蒙古人，而高於漢人的統治階層，當民族仇恨之火燃起的時候，色目人的文化遺迹也就自然而然不可避免地成為了毀滅的對象。出於上述歷史背景的緣故，明朝人在編寫官方史書和地方志的過程中，除了必不可少的史實以外，刪去大量有關蒙古和色目人的事迹，而不載入史冊。因此，作為色目人的馬可波羅在中國的事迹，也就自然而然跟其他色目人在中國的事迹一樣，沒有為後世留下可資參考的史料了。〔註17〕朱江從元朝社會尖銳的民族矛盾、階級矛盾出發，進一步探究了元朝史料流失的根本原因。雖然是一種推測，但也是解決問題的一種思路：或者一些史籍因戰亂而被藏了起來，至今還沒有被人發現，只要存在，我們就有可能通過考古挖掘使這些史料重見天日。

而對於馬可書中一些沒有提到的中國事物的質疑，楊志玖先生指出，其他來華的西方人也同樣未提到這些事物。楊先生為馬可波羅沒有提到這些事物做出了合理的解釋，他認為這可能與馬可波羅的身份和興趣有關。如魯布魯克曾提到契丹人的書寫方法，他還提到西藏人、唐兀人和畏吾兒人的書寫方法，因為他是頗有學識的傳教士，對各國文字有興趣；馬可波羅則是商人的兒子，文化水平有限，他的興趣主要在工商業和各地奇風異俗方面，對文化事業則不予關注。因此，楊先生認為：不能因一部書沒有記載它可以記載而因某種原因失記的東西，便懷疑、否定其真實性，這不合情理，也很難服人。〔註18〕黃時鑒先生等也認為：懷疑論者因為在馬可波羅的著作中找不到

〔註16〕黃時鑒、龔纓晏：《馬可波羅與萬里長城——兼評〈馬可·波羅到過中國嗎？〉》，《中國社會科學》期刊，1998 年第 4 期。

〔註17〕陸國俊、郝名瑋、孫成木：《中西文化交流先驅——馬可波羅》，北京商務印書館 1995：年第 341～342 頁。

〔註18〕楊志玖：《再論馬可·波羅真偽問題》，《歷史研究》期刊，1994 年第 2 期。

一些中國特有的事物而否定他到過中國，從研究方法上說，這樣的論證是不能成立的。應從總體上探討《遊記》的眞實性，不能因爲沒有記載某些內容，而對其全盤否定。正如英國的馬可波羅研究專家亨利玉爾早已指出的那樣，在巴塞羅那的檔案中找不到歡迎哥倫布入城的記載，在葡萄牙的檔案中沒有關於亞美利哥爲國王而遠航的文件。我們難道可以據此否定這兩個人到過美洲嗎？〔註 19〕黃時鑒先生在論文《關於茶在北亞和西域的早期傳播》中分析了馬可波羅沒有提到茶的原因。黃先生認爲，茶進一步在中亞和西亞得到傳播，但這大約是 13 世紀末才開始的。在蒙古興起後的一段時間內，蒙古人也還未飲茶，當時主要飲馬奶、葡萄酒、米酒、蜜酒和舍里別。尚無資料表明，13 世紀 60～70 年代，蒙古人和回回人已普遍飲茶。13 世紀 60～70 年代後，蒙古人和回回人雖然至少上層人物飲茶已有一個時期，但也很難說蒙古人和回回人已飲茶成風。進入 14 世紀以後，蒙古人逐漸飲茶成習，歷經明清以迄於今。因此，馬可波羅不提中國人的飲茶習慣是可以理解的。總的來說，馬可波羅漏記茶有兩種解釋：一種是馬可波羅的疏忽，正如他沒有提及中國的萬里長城和印刷術一樣；另一種是馬可波羅沒有接觸到茶。後一種解釋則涉及到蒙古人飲食習俗的變遷問題。從理論上講，馬可波羅接觸不到茶的可能性極大。1275 年到 1292 年，馬可波羅在中國生活的這段時間內，他如果一直生活在蒙古人和回回人中間，就可能得不到茶的資訊。所以，他未有記茶是合乎情理的。〔註 20〕

至於懷疑論者指責馬可書中一些誇大失實和錯誤的記載，楊先生承認確實存在這些問題，但沒有對此進行辯護，而是積極尋找產生這些錯誤的原因。如馬可波羅把蒙古攻取襄陽歸功於他們一家的獻炮顯然是錯誤的，這可能是在他身陷囹圄之中、百無聊賴之際一種自我解嘲、自我安慰的心態的表現，但蒙古用炮攻破襄陽的事實確實存在，馬可波羅當然是在中國聽到的，而且可能是在襄陽聽到的，這就可以作爲他們到過中國的證據。至於蒙古王室譜系的錯誤，主要在馬可波羅敘述成吉思汗後、忽必烈汗前的幾位皇帝的名字和次序上。這些皇帝都已死去，馬可波羅祇是傳聞，因而發生錯誤是可以理解的。對於馬可波羅書中一些敘述枯燥、數目字數不精確、記載錯誤（包括

〔註19〕黃時鑒、龔纓晏：《馬可波羅與萬里長城——兼評〈馬可·波羅到過中國嗎？〉》，《中國社會科學》期刊，1998 年第 4 期。

〔註20〕黃時鑒：《關於茶在北亞和西域的早期傳播——兼說馬可波羅未有記茶》，《歷史研究》期刊，1993 年第 1 期。

蒙古皇帝譜系）等問題，楊先生認為這與馬可波羅本人的身份和著書的環境（在監獄中，缺乏參考資料）有關。〔註 21〕懷疑論者抓住《遊記》的這些缺陷，完全否定馬可波羅到過中國，不免有以偏概全之嫌，在學術討論中是不可取的。

　　最後是懷疑論者的第四個論據，關於抄襲波斯文《導游手冊》一說。楊先生分析指出，所謂的《導游手冊》是英國學者克魯納斯從前人的「推測」中加工而成的，他們都沒有親眼見過什麼《導游手冊》。即便真有《導游手冊》，科學的態度應該是，把馬可波羅的記載和《導游手冊》進行對照鑒定，看看哪些地方是馬可波羅抄襲的《導游手冊》。然而他們並沒有舉出實例。楊先生認為馬可波羅書中所記載的大部分內容都可以在中國文獻中得到證明，總體上可以說是「基本屬實」，隨著研究的深入，還會出現相關的證明材料。其中有一些誇大事實或錯誤的缺陷，但並不能就此全盤否定其真實性。〔註 22〕

　　關於王育民先生的疑問，楊先生也一一做出瞭解答。對於第一個疑問，楊先生認為，三位使者本是阿魯渾所派，已經在中國完成任務要回國，必然要得到忽必烈旨意才能回去。而且，不管是誰派遣，並不影響這段史料的價值和馬可一家參與此事的真實性。對於第二個疑問，《史集》中為什麼不提馬可波羅的名字？楊先生解釋，《史集》是記大事的，合贊娶個蒙古公主並不算軍國大事，因此提馬可波羅的名字是很不現實的苛求。針對第三個質疑，說元廷遣使護送闊闊真公主至伊利汗君主處是「一件朝野盡知的盛事」，楊先生認為，這是缺乏史料根據的，對此作了重點解釋。《元史‧世祖紀》至元二十七年八月紀事中對遣使事情一字未提，元史《本紀》本於元朝修的《實錄》，也未把這次遣使作為重大事件記錄在案。《站赤》所以記錄此事，因為事關政府人員旅途口糧分配問題，要向中央請示，這是該書應記的例行公事。但其中並未提及闊闊真公主出嫁情節。馬可一家親自參與此行，才能夠說得出如此細緻。特別是，《站赤》和《史集》有關此事的記載，都模糊不清，只有借助《遊記》的中介，才能瞭解此事的原委。例如，所派遣的使臣到波斯後，只有火者一人生還，只有《遊記》有此記載，《史集》的兩種版本刊者都不把 Kwaja（火者）作為人名，俄文譯本卻把此名譯為「官員」，因為「火者」兼有作專名和通名兩個涵義，沒有《遊記》，這個錯誤就不易糾正。這不是道聽

〔註 21〕楊志玖：《再論馬可‧波羅真偽問題》，《歷史研究》期刊，1994 年第 2 期。

〔註 22〕楊志玖：《再論馬可‧波羅真偽問題》，《歷史研究》期刊，1994 年第 2 期。

途說所能得悉的，也不是在中國或波斯所能聽到的，因而《站赤》這段材料恰好可以作爲馬可波羅離華回國的證據。〔註23〕至此，兩派的論戰暫告一段落。

　　英國大不列顛圖書館中國部主任弗蘭西斯・伍德博士（漢名吳芳思）於1995年完成了《馬可波羅到過中國嗎？》〔註24〕一書，再次引起了國內外有關學者的關注和議論。此書以182頁專著的形式進行論證，引用論著達到97種，集此前懷疑論和否定者之大成。但其專著基本上是繼承以往懷疑論論者的觀點，即集中於「誇大失誤」、「記載遺漏」、「漢文文獻無正面記述」三個基本方面。正如它的中文譯者洪允息所說的那樣，其「內容主要是一些持類似的學者的論點的綜合，書中並沒有作者本人很多獨創的新見解」。但是，伍德廣泛收集相關資料，總結此前懷疑論者的研究成果，對持肯定論的馬可波羅學者提出更加嚴峻的挑戰。

　　對此，楊志玖和黃時鑒、龔纓晏先後著文進行了有力的辯駁。楊先生發表了題爲《馬可波羅到過中國——對〈馬可波羅到過中國嗎？〉》的論文〔註25〕，全文分爲五部分：舊話重提、否認確據、版本問題、漏載釋疑、結語評析。在「舊話重提」這一部分內容裏，針對伍德否定馬可波羅來過中國、重提馬可書中的一些可疑之點，並以此認爲「馬可波羅書內容來自波斯文導游手冊」的觀點，楊先生重新對傅海波提出的疑點進行了分析，指出史書「漏記」並不能作爲否定任何一部遊記的充分論據，馬可波羅的《遊記》也不應例外。在「否認確據」中，楊先生指出伍德對《站赤》等史料不能全面客觀地認識，並且論述了「王著叛亂」事件在《行記》、《史集》、《元史》中記載的異同及其價值，伍德對於該問題的理解有偏差。在這一部分的最後，楊先生再次提到了傅海波教授的話，「在沒有舉出確證以前，還應認爲馬可波羅到過中國」。在「版本問題」中，楊先生認爲伍德之所以強調現存稿本是後人增添的目的在於否定馬可波羅到過中國，並承認《遊記》有經過後人輾轉抄寫所造成的筆誤、遺漏、增添等情況，但是少數的，並不會影響本書的主體結構和內容，更不會抹煞本書的眞實性。在文章的第四部分內容裏，楊先生認爲伍德書指

〔註23〕楊志玖：《再論馬可・波羅眞僞問題》，《歷史研究》期刊，1994年第2期。
〔註24〕弗朗西絲伍德著（吳芳思）著，洪允息譯：《馬可波羅到過中國嗎？》，北京新華出版社，1997年。
〔註25〕楊志玖：《馬可・波羅到過中國——對〈馬可・波羅到過中國嗎？〉一書的回答》，《歷史研究》期刊，1997年第3期。

責馬可波羅所漏記的事物，是一種不切實際的苛求，並說「以此爲標準判斷一本書的眞僞，未免過於輕率」。楊先生還對伍德博士的指責一一給出了答覆。在「結語評析」中，楊先生補充了一些前面未及評說的問題，如伍德博士提出「這不是一部簡單的旅行志或簡單的遊記」、「《寰宇記》路線缺乏連貫」、「《寰宇記》資料來源」等問題，楊先生也一一做出了辯駁。並列舉了兩條爲《遊記》所獨有的關鍵史料：元代法律中笞刑數目與馬薛里吉思教士在鎮江所建的兩座督教堂。因此，伍德所認爲的抄自波斯文旅行指南，根本不可能有如此細緻的記載，從而證明馬可波羅確實到過中國。最後，楊先生說「綜觀全書，伍德博士用力甚堪，多方論證，但給人的印像是推測、推論的多，實證的少，說服力不強」，看出了伍德博士的觀點大多是建立在猜想的基礎上的，缺乏足夠的說服力。

　　黃時鑒、龔纓晏兩位教授發表了《馬可波羅與萬里長城——兼評〈馬可波羅到過中國嗎？〉》〔註26〕。文章對伍德博士因馬可波羅遊記中未提到長城等中國事物而否定馬可波羅到過中國的觀點進行了辯駁。兩位教授從長城的建築史和馬可波羅來華與離華的線路兩個方面來反駁伍德博士的觀點，分析了馬可書中沒有提到長城的原因。文章認爲，修建於秦漢時期的長城，至魏晉以後已失去了標誌疆界和防禦外敵的作用。到了元朝，長城建築已破敗不堪。元代以前，長城在歐洲根本不爲人知，更談不上是中國的重要象徵。因此，馬可波羅書中未提長城是很正常的事情。還指出了長城被看做中國的一個重要象徵，是從明代開始的。懷疑論者之所以將「馬可書中沒有提到長城」作爲否定馬可來華的一個論據，是因爲他們對長城歷史的誤解，將明代長城與秦漢長城混爲一談的緣故。另外，文章還指出了在國內外學術界的馬可波羅研究史上，懷疑論者否定馬可波羅到過中國的主要論據也就是兩點：一是在元代的中文文獻中找不到一個名叫馬可波羅的歐洲人，二是馬可波羅漏寫了若干中國所特有的事物。懷疑論者的第一個論據實際上並沒有什麼說服力，因爲一方面，並非所有來華的外國人都會被載入中文文獻，例如吳芳思說中世紀「越過中亞」的傳教士如牛毛」（nose to tail），但在中文史料中能找出幾個人的姓名呢？另一方面，來華的外國人即使被載入某一中文文獻，但隨著歷史的變遷它可能已經佚失。對於懷疑論者的第二個論據，文章從邏輯

〔註26〕黃時鑒、龔纓晏：《馬可波羅與萬里長城——兼評〈馬可·波羅到過中國嗎？〉》，《中國社會科學》期刊，1998 年第 4 期。

上對懷疑論者進行了反駁。如果只要指出某部遊記沒有記載某些內容，就否定它的眞實性，那就幾乎可以否定全部遊記，但這只能是對歷史的一種苛求，缺乏邏輯的說服力。最後，兩位教授認為，要說明爲什麼馬可波羅會「漏寫」一些關於中國的事物，首先就必須考察這些事物在當時是否存在；如果存在的話，又是什麼樣子的；它們當時是不是已成爲中國的重要標誌，是不是必然會引起外來旅行者的特別注意。只有在進行這樣的考察和研究之後，才能合理解決所謂「漏寫」問題。

　　周良霄於 2001 年發表了《元代旅華的西方人——兼答〈馬可波羅到過中國嗎？〉》〔註27〕。在文章中，周良霄首先將元代旅華的西方人提出來研究，弄清當時馬可波羅在中國的大環境，這個大環境的特點就是當時旅華的西方人基本上是按宗教、民族各成聚落，且互相矛盾，彼此隔絕的。在文章的第二部分，周良霄承認《馬可波羅行紀》有關中國的部分，確有僞冒吹嘘的地方，如襄陽獻炮、揚州任官等，還指出了《行紀》的中國部分也明顯有傳聞而嚴重失誤的東西，如蒙古王朝譜系、中央政府組織的記載錯誤，但周良霄並沒有因此而否定馬可波羅到過中國，而是著重分析了其誇大吹嘘、記載錯誤的原因。周良霄認為「平心而論，在一部空前的帶有冒險性的遊記中，有誇大或張揚自己的成就與作用之處是不足爲怪的；而且，這與全書傾心極口盛贊東方繁榮富庶的整體風格也是一致的。傳聞失實乃至記憶失誤，對某些事物、事件的失載等，都是可以理解的。至於在漢籍中找不見有關他的材料，這原不值得作爲一個問題提出來，因爲即使馬可波羅曾是忽必烈宮廷中的寵臣，也遠不一定必然能有幸見諸史傳載籍」。周良霄又結合當時的大環境，即「當時旅華的西方人基本上是按宗教、民族各成聚落，且互相矛盾，彼此隔絕的」，「因此，可以毫不誇張地斷言，對漢文化的隔膜與敘述的空泛、一般化是當時西方來華旅遊者所做報導的通病」。但是，周良霄又說，「應該特別指出，馬可波羅書中記述的空泛與一般化並不是沒有例外的。當事件的發生牽涉與基督教徒有關的問題時，他的記述不但是驚人的準確，而且還能爲我們補充一些漢籍失載或載而欠詳的材料」，如對那顏叛亂、鎮巢軍的記載。

　　《蒙古學資訊》2000 年第 2 期刊載了由趙琦翻譯澳大利亞國立大學遠東系教授羅依果的文章《馬可波羅到過中國》，這篇文章是針對伍德博士的著作

〔註27〕周良霄：《元代旅華的西方人——兼答〈馬可·波羅到過中國嗎？〉》，《歷史研究》期刊，2001 年第 3 期。

《馬可波羅到過中國嗎？》而發表的。羅依果在文章中分析了伍德的觀點，
並且結合其他學者的研究成果，對懷疑論者的質疑進行瞭解答。羅依果認為，
馬可波羅能夠收集到 13 世紀亞洲大部分地區如此豐富、詳細的消息而沒有實
際到過那裡，是一個無稽之談。因此，伍德把馬可波羅描述為一個「紙上談
兵的旅行家」是難以令人信服的。〔註28〕伍德書在《〈寰宇記〉不是旅行日記》
這一章裏，提到馬可波羅所描述地區的幾個例子，以及距離細節、日期和事
件很難與事實一致的問題。羅依果認為，馬可波羅的書既不是《魯布魯克東
遊錄》，也不是《商業手冊》，諸如伍德有關《寰宇記》中旅行路線、日期及
其缺乏這些內容、純客觀的敘述風格、矛盾和錯誤之類的批評，其最終根源
是個人的錯誤估計和書的性質。羅依果認為馬可書描述的事件和人名大體上
正確，細節卻不是，並進一步分析，「我們一定不要忽略這個事實，即在馬可
返回威尼斯以後，檢查眾多細節，尤其是有關數字（距離、數量等等）的細
節是不可能的」。〔註29〕對於伍德認為馬可講述的護送蒙古公主從中國前往波
斯的著名故事是「從別處抄來的」的觀點，羅依果列舉了以下幾點進行反駁：
（1）馬可不可能從漢文或波斯文書面材料中知道這次出使，因為漢文材料沒
有提到它，而提到它的唯一波斯文史料直到 1310～1311 年間才完成。（2）他
一定非常熟悉這三位使者，他們的名字僅出現在中國關於分例和口糧的內部
公文中。如果馬可本人不熟悉他們，他不可能僅憑二手口頭資料如此準確地，
並按照正確的順序記下他們的名字。（3）馬可說旅途中三位使者中的兩位死
了，只有第三位火者活著。拉施特在敘述中僅提及火者，間接肯定了這一事
實。（4）事實上，應該感謝馬可自己的敘述，使我們能綜合漢文和波斯文中
的部分資料來完成這幅圖畫。同時，這也是對馬可故事真實性的一個考驗：
基本事實與年代彼此確證。因此，羅依果認為：「馬可波羅在熱那亞（從記憶
中）或在威尼斯（從筆記中）用他先前在克里米亞或君士坦丁堡從不為人所
知的材料中得到的二手材料構築整個情節的可能性如此渺茫，我認為不考慮
它是沒有問題的。」〔註30〕對於馬可一家作為護送闊闊真公主前往波斯但其

〔註28〕（澳）羅依果（Igor De Rachewiltz）著，趙琦譯：《馬可・波羅到過中國》，《蒙
　　　　古學信息》期刊，2000 年第 2 期。

〔註29〕（澳）羅依果（Igor De Rachewiltz）著，趙琦譯：《馬可・波羅到過中國》，《蒙
　　　　古學信息》期刊，2000 年第 2 期。

〔註30〕（澳）羅依果（Igor De Rachewiltz）著，趙琦譯：《馬可・波羅到過中國》，《蒙
　　　　古學信息》期刊，2000 年第 2 期。

名卻不見於波斯文、漢文資料的疑問，羅依果認為，「對這個問題有一個答案，那就是儘管波羅一家屬於官方使團成員，但是他們是屬於陪同主代表團的次一級官員，主代表是最初阿魯渾派出的使團。這個最初的使團不包括波羅一家，並且正是這個使團在完成出使後要返回家鄉，波羅一家附屬於它。像通常一樣，馬可誇大他的角色，以及他父親和叔父的角色」。〔註31〕針對馬可波羅為什麼在地理名詞、專有名詞、各種官銜術語、物品等上多用波斯和突厥文的疑問，羅依果結合伯希和、黃時鑒、蔡美彪、姚從吾等人的研究成果，認為這個問題是因為這兩種語言是在中國的「各種外國人」使用的通用語。這種主要外語，不僅是交流語言，而且實際上直到明代，官方外語就是波斯語，從馬可使用波斯文形式看，很清楚，這確實是他最熟悉的語言。」〔註32〕羅依果的這篇文章據理力爭，批評了伍德博士的懷疑論調，對維護馬可波羅研究的正統觀點起了積極作用。

三、爭論的焦點

　　從近幾十年馬可波羅學者爭論的話題來看，主要是圍繞著以下幾個問題展開的：（一）如何解釋《馬可波羅遊記》關於中國各種特色事物的漏載；（二）如何解釋書中的一些誇大失實或錯誤的記載；（三）為什麼找不到關於馬可波羅到過中國的史料記載，或者是如何評價楊志玖先生在《永樂大典》中的發現。前兩個問題由來已久，既是引起學者們爭論的直接原因，也是懷疑論者的重要論據，但這些都不是爭論的焦點所在。對於第一個問題，洪允息說，馬可波羅臨終前曾說過，他所寫的還不到他知道的一半；如果他願意或有機會寫續集，長城這些東西就有可能寫進去。至於書中寫什麼、不寫什麼，作者有可能考慮到當時歐洲讀者接受東方事物的能力而做現在這樣的安排。〔註33〕另外，從一些學者的研究以及旅行家的實地考察來看，《遊記》的大部分記載都是符合事實的，誇大失實的記載可能與馬可波羅愛說大話的毛病、浪漫主義文風或當時的騎士文學風格有關，而書稿文字變異只能說明作

〔註31〕（澳）羅依果（Igor De Rachewiltz）著，趙琦譯：《馬可‧波羅到過中國》，《蒙古學信息》期刊，2000年第2期。

〔註32〕（澳）羅依果（Igor De Rachewiltz）著，趙琦譯：《馬可‧波羅到過中國》，《蒙古學信息》期刊，2000年第2期。

〔註33〕弗朗西絲伍德著（吳芳思）著，洪允息譯：《馬可波羅到過中國嗎？》，北京新華出版社，1997年第8～9頁。

者本人當時所處的社會環境和後人的文字加工的影響。因此，爭論的焦點主要集中在第三個問題上：沒有找到關於馬可一家到過中國的史料記載。雖然學者做出了很大的努力，嘗試在浩如煙海的史籍中找到相關的史料記載，楊志玖先生偶然在《永樂大典》中發現了一段與《遊記》記載相互印證的史料，並把它作為馬可波羅到過中國的證據。但頗受爭議，有學者贊同這種觀點，也有學者持保守態度，認為此段材料沒有提到馬可一家的名字，只能證實馬可波羅所說的闊闊真公主去波斯確有其事，而不能作為馬可波羅到過中國的證據。因此，這段材料並不能從根本上解決馬可波羅是否到過中國這個問題。之所以會出現這樣的結果，究其根本原因，在於缺乏關於馬可波羅到過中國的史料記載，這是阻礙馬可波羅研究進一步發展的症結所在。

綜上所述，學者們雖然作出了種種考證和推論，希望找到馬可波羅到過中國的記錄。但是，他們大多是把《遊記》的內容與元代的記錄作比較，而找不到馬可在中國文獻上的直接記錄。如果這個問題沒有解決，爭論依然會繼續下去，馬可波羅學的研究就也難以得出令人信服的結論。另一方面，我們也應該看到，人們對《遊記》中的各種令人困惑的問題的探究，也是馬可波羅的研究歷久不衰的重要原因。懷疑論者當中的一些學者，原先也有馬可波羅的崇拜者。但是，他們做了各種努力，卻找不到關於馬可波羅到過的文獻記載。因此，他們轉而提出馬可波羅是否到過中國的疑問以及新的假設，本意還是為了找到馬可波羅。所以，我們應該認真思考每一位學者觀點，給予公正的評價，既要看到他們觀點的局限性，也要看到他們的對推動馬可波羅研究發展的積極意義，學習他們的研究方法，而不是一昧地否定。而當前最重要的的任務，是加大史料搜尋、搶救的工作力度，在這一方面尋求突破性的發展，進而打破這種僵局。在中國這塊遼闊的土地上尋找馬可波羅的記載，無疑是大海撈針。而且有很多文獻資料在戰亂中，或流失，或被掠奪，或在動盪的年代被國人所毀。正如學者所猜測的那樣，之所以找不到有關馬可一家的文獻記載，很可能與文獻被毀掉有關。但我們也必須看到，中國就像一個文物大寶庫，還有很多沒被完全開發的地區。中國有關當局和馬可波羅學界必須齊心合力，動員全社會的力量，並與外國的有關學者、機構攜手合作，進行艱苦細緻的史料搜尋工作，這才是解決這個難題的根本出路。

困惑二、馬可波羅的尷尬

　　眾所周知，馬可波羅是因為《馬可波羅遊記》而成為家喻戶曉的人物的。然而也正是因為《馬可波羅遊記》這部書的緣故，使得馬可波羅一直受到人們的質疑和詬病。那為什麼《馬可波羅遊記》會使馬可波羅處於這麼尷尬的境地呢？馬可波羅自己在這場鬧劇中又起到了什麼作用呢？至今為止，所有關於馬可波羅的研究都沒有考慮這些問題。而這些問題的解決，對於馬可波羅的研究確實至關重要的一步。

一、喜歡自我吹噓應該是造成馬可波羅尷尬的罪魁禍首

　　喜歡自我吹噓不是什麼大不了的事情，但對於馬可波羅來說卻是致命的。意大利人對於馬可波羅的自我吹噓是深有體會的。1295 年，馬可波羅三人回到闊別已久的故鄉威尼斯時，他的家人都不認識他們了，甚至不讓他們進屋。馬可波羅經過再三的解釋，大家還是將信將疑，直至馬可波羅他們剪開蒙古長袍的邊縫，取出從中國帶回來的各種各樣的珍寶後，大家才相信馬可波羅他們確實是從中國遠遊歸來。馬可波羅父叔三人，從外地歸來，家人都不認識他們了，這至少說明他們外出的時間相當的長久。據《馬可波羅遊記》上面的記載，這一段時間有 26 年之久，馬可波羅的變化一定會很大，家人不認識他是情有可原的。然而馬可波羅的父親和叔父的變化肯定沒有馬可波羅大，為什麼家人們也會不認識他們呢？馬可波羅的家人們一定會知道有這麼三個人在外面經商之類的事情的，很奇怪的是馬可波羅家人竟然一個也不認識他們了。只有等到馬可波羅他們從蒙古長袍裏取出從中國帶回來的各種各樣的珍寶後，大家才相信馬可波羅他們確實是從中國遠遊歸來。難道這些珍寶就能夠證明馬可波羅他

們三人是真的了嗎？《馬可波羅遊記》用這樣帶有傳奇性質的開篇，其目的是非常明顯的，也就是說這個故事一開始就不一般。

馬可波羅回家之後，人們便紛紛請馬可波羅講中國的見聞。馬可波羅一說到中國的地大物博、物產豐富以及使用無數的紙幣時，老愛用「百萬」、「幾十個百萬」、「幾百個百萬」來形容，同時馬可波羅三人帶回來的也是百萬錢財，因此大家都管他叫「馬可百萬」，管他的家叫「百萬宅第」。也許對當時的威尼斯人來說，動輒百萬可能是一個很大的數目，但也不至於用「馬可百萬」這樣的稱呼來形容吧。這明顯帶有諷刺譏笑的成份在內的，當然也說明了當時人們對馬可波羅的不相信。也就是說當時的人們普遍認為馬可波羅在說謊，他所描述的內容是假的，是不值得相信的。造成馬可波羅尷尬的局面從他一回到威尼斯的家鄉就已經開始了。

這種尷尬的局面在《馬可波羅遊記》問世後，並沒有什麼改變的迹象。遊記中所講述的中國和其他國家的奇聞異事，特別是關於中國的見聞，中國巨大的商業城市，高度發展的經濟、技術和文化，遠遠超出了西方人當時的認識水平，因此《馬可波羅遊記》被很多人看作是「天方夜譚」式的傳奇故事，馬可波羅也被認為是騙子、狂人。意大利的學生，甚至英國的學生都用「這簡直是馬可波羅」來比作騙局。可見在當時人們的心目中，馬可波羅說的內容都是假的，是騙人的。

直到馬可波羅彌留之際的時候，他的親朋好友們認為馬可波羅因為說謊撒下了彌天大罪，死後是進不了天堂的，因此，都勸馬可波羅忏悔，否定他的遊記裏的內容，以拯救馬可波羅的靈魂。但遭到了馬可波羅的斷然拒絕，並嚴肅地指出，在遊記中他不但沒有誇大，還以記述不到一半而遺憾。按照中國人的思維方式，人之將死，其言也善，那馬可波羅至少自己認為遊記所說的是真的。但又產生了另一個使人疑惑的問題，為什麼遊記中記述的還不到一半，那剩下的一大半的內容又會是什麼呢？那又為什麼不在遊記中一次說完呢？難道還有什麼玄機不成？馬可波羅至死都不承認自己說謊了，這就使得後人無法弄清楚事情的真相了，也使得馬可波羅這個人物更加神秘化了。

二、代筆人魯思梯謙諾的傳奇式寫作風格使得馬可波羅尷尬更深

眾所周知《馬可波羅遊記》不是馬可波羅自己撰寫的，而是由當時的一位傳奇作家魯思梯謙諾代筆而成的。雖然代筆人魯思梯謙諾的傳奇式寫作風

格給《馬可波羅遊記》錦上添花了，但卻進一步加深了馬可波羅的尷尬，使得馬可波羅陷入了一個更加無法自拔的尷尬境地。

魯思梯謙諾是意大利比薩人，而當時的比薩屬於法國。魯思梯謙諾從小就學習法文，後來還到法國留學過，他主要研究騎士文學。當時的騎士文學，又稱騎士宮閨傳奇，或中世紀傳奇。是一種反映騎士在宮廷裏離奇的戀愛生活並帶有很大幻想性的長篇敘事詩。騎士文學的情節，一般是騎士單槍匹馬行遊冒險以討得美人的歡心。爲年輕美人比武殺龍斬妖。騎士都是蓋世無雙的勇士，美人均爲傾國傾城的絕代佳人，騎士與美人爲了愛情生生死死，歷盡艱辛。騎士文學講究情節的曲折，場面的宏大，文字的優美，故事富於傳奇色彩，而通常又以喜劇結束。當時的騎士文學分爲古代系統、拜占庭系統和不列顛系統三個不同的流派。其中以不列顛系統影響最大。它以不列顛亞瑟王傳奇的中心人物，以其騎士圍坐在圓桌旁講述故事而得名「亞瑟王故事」，也叫「圓桌騎士故事」。

魯思梯謙諾從法國回到意大利以後，威尼斯與熱那亞這兩個城邦發生戰爭。1298 年，魯思梯謙諾參加威尼斯艦隊，在戰爭中被俘。在被囚禁期間，他十分偶然地遇上了同樣作爲囚犯的馬可波羅。作爲第一批對馬可波羅故事感興趣的人，魯思梯謙諾欣然執筆，由馬可波羅口述，在 1298 年終於完成了這部曠世奇書——《馬可波羅遊記》。因爲馬可波羅又被稱爲「馬可百萬」，所以這部書也被稱爲《關於世界的百萬書》。

我們有理由相信，擅長於寫騎士傳奇的魯思梯謙諾在記載馬可波羅的敘述時，總會有意無意的運用他那嫻熟的騎士傳奇的寫法，這點在《馬可波羅遊記》中是顯而易見的。如《馬可波羅遊記》的開頭《引子》中作者邀請「皇帝、國王、公爵、侯爵、伯爵和騎士們，以及其他各界的人們」來讀一讀這部遊記，以便能看見「亞美尼亞、波斯、韃靼和印度的人們」的偉大而不可思議的奇觀。這樣的開局結構，無疑流露出魯思梯謙諾的騎士傳奇的寫作風格。又如，《馬可波羅遊記》中有關戰鬥場面的精彩敘述，有聲有色，氣勢非凡，也可以見出描寫騎士征戰能手的魯思梯謙諾的手筆。特別是《馬可波羅遊記》的最後部分，即從第 201 章開始，傳奇的、浪漫的色彩傾向更爲加強。意大利學者貝內托曾把《馬可波羅遊記》和魯思梯謙諾的傳奇故事的許多段落進行並列比較，揭示出兩者存在相當多的共同點。

對魯思梯謙諾用騎士傳奇的筆法寫作《馬可波羅遊記》已爲中外學者所

贊同。如英國學者弗郎西絲伍德（吳芳思）就認為很可能《馬可波羅遊記》的文風主要具有魯思梯謙諾的特色。《泰晤士報》1983 年 4 月 14 日《馬可波羅遊記到過中國沒有？》的文章作者也認為「《馬可波羅遊記》恐怕要大大歸功於一位講故事人魯思梯謙諾的生動想像力及其天賦」。我國馬可波羅研究專家楊志玖教授認為「《馬可波羅遊記》是由同獄難友，比薩作家魯思梯謙諾記錄的，這就難免有些走樣或誤記。」

正是由於《馬可波羅遊記》的始創者魯思梯謙諾在記錄馬可波羅的故事時運用了他熟悉的騎士傳奇的寫法，使《馬可波羅遊記》一開始就人為地增加了許多誇大和想像的成份。或許魯思梯謙諾的初衷是為了讓《馬可波羅遊記》更引人入勝，作為文學作品這是許可的。但如果以嚴謹的歷史的眼光去審視的話，魯思梯謙諾的做法卻極易引起懷疑，失去了史料應有的嚴謹性和真實性。從這個角度看，魯思梯謙諾對馬可波羅的被神化起了巨大的推動作用。

三、《馬可波羅遊記》的不同版本使得馬可波羅更加撲朔迷離

《馬可波羅遊記》問世後即為許多人所喜愛，雖然他們中的很多人只把它當作傳奇看，並不相信其中描寫的事情。而由於當時歐洲並沒有流行印刷術，因此許多人閱讀的都是抄寫稿。而原始稿本即馬可波羅和魯思梯謙諾簽名的那本早已失傳。原始稿本的失傳並沒有阻止《馬可波羅遊記》的流行，因此出現了許多不同的版本。據穆爾和伯希和統計，在 20 世紀 30 年代末已有抄寫本及印刷版本 143 種。這麼多種版本的流傳，難免有以訛傳訛的情況。英國人亨利·玉爾（H·Yule）把國外比較流行的版本分成五種。特別是賴麥錫的意大利文版本。書中地名多經更改，被刪除多章，而又新增阿合馬一章與其它版本所無之處。全書章卷分段，亦與其它版本不同，該版本刊於 1559年。玉爾認為，這種版本是彙合數種版本編譯潤色而成的。英國弗蘭西絲伍德博士（吳思芳）在 1995 年著的《馬可波羅到過中國嗎？》一書中就認為賴麥錫的譯本比庇庇諾的譯本增加了更多生動誇張的故事。增加了許多不見於其它版本的情節。萊瑟姆也認為賴麥錫的版本收進了「用最動人的天方夜譚式的風格」敘述的有關馬可波羅本人的故事，包括他的言過其實的談話以及關於他怎樣回到威尼斯的傳奇故事。在威尼斯，馬可波羅家里人居然辨認不出那幾位衣衫襤褸的「不知道為什麼渾身有韃靼味」的至親。賴麥錫所收的許多段落都沒有在其它保存至今的版本中出現，如大不里士聖巴爾薩摩寺院

修道士的可以治病的腰帶。對杭州的描寫，還有阿合馬事件等。其中賴麥錫譯本最精彩的地方是對成吉思汗的汗宮和他眾多妃子及選妃方法的描述。然而現代的許多《馬可波羅遊記》的譯本如萊瑟姆、摩勒、伯希和譯本都在很大程度上依賴賴麥錫和托萊多抄本。這些譯本和抄本的作者把自己掌握的較多的有關中國的材料收進他們所編寫的各種版本的《馬可波羅遊記》，或許他們認為這樣可以增加其所編的《馬可波羅遊記》的趣味性和可讀性，但這些都無疑對神化和誇大馬可波羅起了推波助瀾的作用。

然而賴麥錫的譯本並不是唯一的看來有所「改進」的譯本。有人在 1932年在托萊多大教堂的圖書館發現另一部拉丁文譯本，這本 15 世紀的抄本，其中竟有 200 個段落是巴黎國家圖書館所藏版本所沒有的。然而這些段落有五分之三出現在賴麥錫的譯本中。還有大約 80 個段落是托萊多版本所獨有的，其中一個段落是對斡羅思的詳細描寫，而這是眾所周知的馬可波羅沒有訪問過的國家。

由於《馬可波羅遊記》版本繁多，而又沒有一種版本可視為「正統」。而魯思梯謙諾記錄的原始版本始終沒有找到，或許已經失傳。這一方面固然是由於年代的久遠，難免有保管不當。另一個更主要的方面是《馬可波羅遊記》及馬可波羅本人長期不為當時的歐洲人所認同。以至於在馬可波羅臨死前他的親友竟要他懺悔自己所敘述的《馬可波羅遊記》為彌天大謊。

而正是由於魯思梯謙諾原始版本的失傳，為各種版本在內容上的隨意增刪提供了可能，各種版本作者任意給《馬可波羅遊記》增刪內容，甚至給《馬可波羅遊記》加上馬可波羅回意大利後的資料，這就給閱讀帶來誤導，讓人對馬可波羅的經歷多了更多讚歎，這些無疑拔高了真實的馬可波羅，使得馬可波羅的故事更加撲朔迷離了。

四、中國人的狂熱相信

中國人知道馬可波羅的歷史並不長，從 1874 年至今僅短短的 130 多年。中國的馬可波羅迷們也許是出於民族自尊感和中國禮儀之邦的顏面，大多數國人都堅信，馬可波羅是中外文化交流的代表性人物，一定會像他的傳奇故事《馬可波羅遊記》所記載的那樣到過中國的。

早在 1941 年，楊志玖先生在做研究生論文時，在《永樂大典》卷 19418中發現了唯一的一條所謂的重要的材料，並以此推斷出馬可波羅到過中國。

但是學者們普遍懷疑該材料的作用，認爲充其量祇是一件間接材料，與馬可波羅是否到過中國沒有直接的關係。

儘管遭到國內外學者們的普遍質疑，但是以楊志玖先生爲代表的中國學者們試圖竭力要證明馬可波羅到過中國這一事實，似乎給人這樣的錯覺，甚至能外國都承認自己到過中國，那中國人就更應該證明這一事實是眞的，不然既掃了外國人的面子，連我們自己也會覺得沒有了面子了，因爲我們是禮儀之邦嘛。就算這條材料有一定的說服力的，那也是孤證。不知道我們中國的學者們是怎樣在楊志玖先生發現的材料的基礎上，推算出了一系列有關馬可波羅在中國的時間的？只能說眞是難爲你們了。

五、文獻記錄的缺失使得馬可波羅有口莫辯。

所謂成也蕭何，敗也蕭何。馬可波羅要證明自身的清白，文獻記錄是關鍵性的證據。然而翻遍古今中外的歷史記載，除了《馬可波羅遊記》提到過馬可波羅到過中國之外，沒有任何材料可以證明馬可波羅所說的關於中國的故事是眞實可靠的，哪怕是相關的旁證材料也好。

對馬可波羅其人，從威尼斯官府的檔案材料可以證明確有其人。但他 43 歲（1295 年）以前的情況不明，而他父親後來在晚年時又生了三個兒子。結合這些情況進行分析，可以肯定的是，馬可波羅和他的父親曾經有相當長的一段時間是在國外度過的。對這一點，吳思芳在書中也很無奈地以推測的方式予以承認。「如果馬可波羅不在中國，沒有材料可以證明他是在別的什麼地方。」

也正是在這段時間裏，馬可波羅在遊記裏描述自己到過中國。其實在這段時間裏，羅馬教廷和元政府應該會有相關的記錄的。因爲羅馬教廷在馬可波羅所謂的出使之前，已經派出過傳教士出使元政府，在羅馬教廷保存有這次出使的記錄，其中還包括元朝的回覆。在馬可波羅之後的羅馬教廷出使元朝也有相關的記載。唯一就是看不到馬可波羅他們出使元朝的記載。這只能夠說明馬可波羅的記載是不可靠的，是子虛烏有的事情，不然就沒有辦法解釋在羅馬教廷的檔案中唯獨沒有馬可波羅他們的記載的。

就算羅馬教廷的檔案記載沒有記載，那馬可波羅他們在這個生活了 17 年之久，爲什麼在中國的任何典籍中都找不到記錄呢？有人說馬可波羅他們是小人物，沒有記載是很正常的。那《馬可波羅遊記》爲什麼會出現那麼多錯漏呢？更加可笑的是能皇室的世系都搞錯了，這樣的錯誤似乎太過於低級了吧。

　　還有就是楊志玖先生的材料既然是能夠証明馬可波羅的確證的話，那這次護送闊闊眞公主去波斯的伊爾汗國，作爲元朝派出的使臣，爲什麼在波斯的文獻裏同樣沒有馬可波羅他們的記錄呢？這又說明了什麼呢？

　　對於這樣一個問題，由於目前還沒有發現相關的材料來證明馬可波羅所說的關於中國的故事的眞實性，就算馬可波羅在世的話，那也會是百口莫辯的事情的。

　　綜上所述，馬可波羅因爲《馬可波羅遊記》而陷入尷尬的境地，主要是因爲他本人喜歡自我吹噓，加上《馬可波羅遊記》的傳奇風格，不同版本在內容上的隨意刪增，特別是缺乏任何有力的證據材料的支持。這種尷尬的局面一時是無法改變的了。

困惑三、《馬可波羅遊記》本身在內容上的真實性問題

　　馬可波羅是意大利威尼斯商人、旅行家、探險家。在元朝期間隨從他的父親和叔叔通過絲綢之路來到蒙古帝國。自稱識蒙古語，漢語。回到威尼斯之後，馬可波羅在一次威尼斯和熱那亞之間的海戰中被俘，在監獄裏口述旅行經歷，由魯思梯謙諾寫出《馬可波羅遊記》。由於馬可波羅在給獄友描述自己在蒙古帝國等地的見聞時，老是說「百萬這個，百萬那個」，故他被人稱作「百萬先生」，而這本遊記也因此被稱作百萬。在中國、日本等地則被稱爲《馬可波羅遊記》、《東方見聞錄》等。原書現已遺失，幾個翻譯的版本並不太一樣。這本書非常流行，在當時沒有印刷術的歐洲是很難得的。在整個西方認識東方的歷史上沒有任何一本書的影響能和《馬可波羅遊記》相媲美，這位因東方而致富的百萬富翁因爲自己的遊記而成爲整個西方家喻戶曉的人物。《馬可波羅遊記》的魅力何在？楊志玖等學者肯定馬可波羅確實到過中國，但是歷史界仍舊存在許多對《馬可波羅遊記》質疑的聲音，其中便有最經典的四大質疑之處，爲什麼會出現這樣的質疑呢？學術界在長久的研究《馬可波羅遊記》中，始終未能達成共識，這中間究竟存在著多少難以解決的問題呢？

一、《馬可波羅遊記》的影響和爭論

　　馬可波羅的中國之行及其遊記，在中世紀時期的歐洲被認爲是神話，被當作「天方夜譚」。但《馬可波羅遊記》卻大大豐富了歐洲人的地理知識，打

破了宗教的謬論和傳統的「天圓地方」說；同時《馬可波羅遊記》對15世紀歐洲的航海事業起到了巨大的推動作用。意大利的哥倫布、葡萄牙的達‧加馬、鄂本篤，英國的卡勃特、安東尼詹金森和約翰遜、馬‧羅比歇等眾多的航海家、旅行家、探險家讀了《馬可波羅遊記》以後，紛紛東來，尋訪中國，打破了中世紀西方神權統治的禁錮，大大促進了中西交通和文化交流。〔註1〕因此，可以說，馬可波羅和他的《馬可波羅遊記》給歐洲開闢了一個新時代。《馬可波羅遊記》直接或間接地開闢了中西方直接聯繫和接觸的新時代，也給中世紀的歐洲帶來了新世紀的曙光。事實已經證實，《馬可波羅遊記》給這個世界帶來了巨大的影響，其積極的作用是不可抹殺的。

　　國內外「肯定論者」之所以肯定或承認馬可波羅到過中國，主要基於兩個方面的理由：一是人們對馬可波羅與《馬可波羅遊記》的善意解釋。另一方面的原因是《馬可波羅遊記》所記載的某些內容若非親身經歷是不可能知道得那樣詳細具體的。「肯定論者」與「否定論者」兩方正在進行激烈的爭辯。

二、《馬可波羅遊記》中存在的質疑

　　第一，馬可波羅自稱在中國深受忽必烈器重，但是為何元朝史書中找不到一條可供考證的記錄？他自稱揚州做官三年，揚州地方志裏為什麼無從考稽？

　　第二，馬可波羅提到的許多地方、人名、動物、器件，都使用波斯叫法，他自稱學會了蒙古語和漢語，為什麼用波斯叫法？

　　第三，馬可波羅祇是泛泛地描寫了一些中國資料，但最富中國特色的漢字、印刷、茶葉、筷子以及其他引人注目的東西沒有提到，甚至沒有提到長城。

　　第四，馬可波羅描述了許多明顯不符合史實的場面，例如他自稱獻拋石機幫助攻打襄陽，實際上襄陽在他到中國前一年就撤圍了。

　　對於這些質疑意見，中國學者有自己的看法。國學大師錢穆的回答妙趣橫生，他說他「寧願」相信他真的到過中國，因為他對馬可波羅懷有一種「溫情的敬意」。真正對那些懷疑派進行有力的批駁的，是以楊志玖教授為代表的中國學者。楊教授皓首窮經，在永樂大典殘本《站赤》中找到一條「兀魯鯙、阿必失和火者取道馬二八往阿魯渾大王位下」的記載，與《馬可波羅遊記》中的記載一致。可惜的是，這條記載沒有提到馬可波羅的名字，只能說明此事與馬可波羅的敘述一致，而不能證明馬可波羅與此事確有聯繫，更不能證

明他到過中國。

關於馬可波羅沒有提到長城的問題，中國學者認爲元代長城年久失修破敗不堪，所以不會像我們今天看到的明長城那樣引人注目。但懷疑派說，金人修建的長城受戰亂損壞並不嚴重，如果馬可波羅眞的遊遍中國，必然數經長城，不可能視而不見。

關於馬可波羅沒有提到茶葉的問題，中國學者認爲蒙古人不喜飲茶，因此馬可波羅對此也無印象。但懷疑派說，忽必烈於 1268 年開始徵購四川茶葉，1275 年逐漸徵購江南茶葉，1276 年設立專門機構「採摘茶芽，以供內府」，而且八九世紀西域商人蘇來曼所寫的《中國印度見聞錄》明確提到了茶葉。

關於馬可波羅沒有提到漢字書法和印刷術的問題，中國學者的解釋是馬可波羅不認識漢字，所以對漢字書法和印刷術不會做記載。然而懷疑派說，當馬可波羅寫書的時候，正當歐洲處於手抄書本的年代，他必然會聯想到獨特的漢字書法和先進的印刷技術，比他早三十年到蒙古的傳教士魯不魯乞就記載了中國的書法和印刷術。

此外，還有馬可波羅沒有提到筷子、纏足、魚鷹等問題，中國學者覺得這些問題根本不成問題：馬可波羅只用刀叉，所以不用筷子；他生活在蒙古人圈子裏，所以沒見過纏足的婦女；他居住在城市裏，所以不熟悉漁民以魚鷹捕魚。可是懷疑派說，其他外國人如曼德維爾爵士的《爵士遊記》、裕爾上校的《中國和通向中國之路》都有相關的記述。

有一件事是最讓人對《馬可波羅遊記》的眞實性產生懷疑的。馬可波羅自稱蒙古軍久攻襄陽不下，於是他獻出了威力巨大的拋石機，迫使襄陽守將出降。事實上，1273 年蒙古軍攻襄陽時，他還在來中國的路上，獻拋石機的不是他而是波斯的亦思瑪因和阿老瓦丁，《元史》和其他資料都有明確記載。中國學者對此也有解釋，認爲這是後人在傳抄《馬可波羅遊記》時隨意添加上去的，因爲馬可波羅的原稿已經流失了。

有的懷疑派學者進一步指出，馬可波羅可能從來沒有到比黑海沿岸和君士坦丁堡更遠的地方，有關中國的種種描述是他從經過那裡的波斯商人們口中打聽來，並加以自己的想像形成的。理由是：

馬可波羅自稱懂得蒙古語和漢語，但他在意大利用法文寫成此書時，書中的很多名稱卻偏偏採用了波斯語；當時來往的商人們以波斯人居多，可以證明遊記內容是聽來的。

　　馬可波羅在書中很少提到他的父親和叔父，也從未提到他們的生意，沒有提到在中國符合他們身份的任何經商活動；這說明他們沒有到過中國，所以經商也無從談起。

　　馬可波羅回國時沒有攜帶任何中國特有的東西，威尼斯珍寶館收藏的「馬可波羅罐」，其實上與他毫無關係；而他帶回的寶石，倒是波斯的特產。

　　馬可波羅書中道聽途說的痕跡比比皆是，除揚州做官和襄陽獻炮外，還把成吉思汗的病死說成是膝上中箭而死等等；他動輒使用「百萬」這個詞，以至於人們送他「百萬先生」的外號加以揶揄和諷刺。

　　一部《馬可波羅遊記》使作者名垂青史，也使它成了海內外專家研究的熱點。如同敦煌研究成爲「敦煌學」一樣，馬可波羅研究實際上已經成爲「馬可波羅學」。《馬可波羅遊記》在全世界的譯本，現在已經超過了一百種。

　　《馬可波羅行紀》共分四卷，第一卷記載馬可波羅東遊沿途見聞，直至上都爲止。第二卷記載蒙古大汗忽必烈及其宮殿、都城、朝政、遊獵等事，以及從大都南行至揚州、杭州、福州、泉州等事；第三卷記載日本、越南、東印度、南印度、印度洋沿岸及諸島嶼，和非洲東部；第四卷記載成吉思汗後裔諸韃靼宗王的戰爭，和亞洲北部。每卷分章，全書共有 229 章。書中記述的國家，城市的地名達一百多個。

　　《馬可波羅遊記》和中國玄奘的《大唐西域記》、日本圓仁的《入唐求法巡禮行記》被稱爲東方三大旅行記。玄奘到印度、圓仁到中國都毫無疑問，可是馬可波羅到中國卻成了謎。他究竟有沒有到過中國呢？

三、馬可波羅遊記不眞實性情況出現的原因分析

　　第一，人們對於《馬可波羅遊記》產生的質疑，或許會歸結爲一個人的責任，那就是馬可波羅口述的整理者──魯思梯謙諾，這個傳奇小說家。他更關心的是書的可讀性，而不是科學性。因此，他很有可能加進了很多虛構的元素。今天，就連魯思梯謙諾的原始版本，也早已不見。人們看到的都是經過手抄和刪改的。

　　或許能夠直接證明馬可波羅的只有一個人，根據馬可波羅的遺囑，他曾經從蒙古帶回家鄉一個奴僕。這個僕人也許是 13 世紀到達歐洲腹地最遠的一個東方人，單不幸的是，關於這個小人物，歷史上並沒有留下絲毫的記錄。

　　中國時刻的主持人李鐵剛說：「馬可波羅是個旅行家，並不是歷史學家。

並且《馬可波羅遊記》的完成也是出於當威尼斯和熱那亞發生城邦戰爭時，馬可波羅被俘後，他和他的獄友一塊兒講的一個東方故事。既然是講故事，那就難免對其中的內容添加一些水分。我們是否應該更寬容的對待這位旅行家呢？畢竟是他首先把我們這古老而神秘的東方古國介紹給了世界。」

第二，個人認為，其中存在著關乎學術的嚴謹性問題，既然歷史是不可改變，也就是說歷史是眞實發生並且一定存在的，這對於後人的教育以及影響是十分重要的。所以許許多多的歷史學家以及關注著《馬可波羅遊記》的人們，在對於《馬可波羅遊記》的研究態度上抱著嚴謹、精益求精的態度，而每個人看事物的角度都是不一樣的，於是便衍生出許許多多的疑惑。面對這些被提出來的疑惑，雖然也有一定的解釋，但是畢竟沒有確鑿可信的歷史資料供大家參加對照。那些解釋也難以讓人確切地信服，沒有人敢斷言，因為這些歷史可能性都是根據存在的一定的歷史事實，然後通過人們的主觀推測，而整理出來的解釋。這些解釋，在歷史學界上由以楊志玖先生的研究最為有力。也是《馬可波羅遊記》肯定論者的首推第一人，作為後人，他就像代表著馬可波羅的另一個聲音存在，他肯定了《波羅遊記》大部分的內容，成為公認的研究馬可波羅的權威。

第三，當時威尼斯與熱那亞戰爭的進行，《馬可波羅遊記》的原本遺失，後來出現在市面上都不是當時魯思梯謙諾所記錄完成的原本。也就是，那些流通在市面上的《馬可波羅遊記》有可能是已經經過他人修改添加，或是刪除了部分內容的版本。這樣對於要研究《馬可波羅遊記》的專家們產生疑惑。也使得資料存在了不可靠性。也許馬可波羅在講述關於這個神秘的東方古國的時候確實是有誇大或者記憶不準確的現象，但是由於大家所看到的版本並不是完全出自於馬可波羅個人眞實闡述的內容，那麼書裏面的內容就不能完全代表馬可波羅眞正想要表達的內容，他所走過的中國的河山，他所經歷的故事，他所看到的中國的特色之處等等。既然不能代表馬可波羅的眞實情況，又怎麼能夠完全憑藉《馬可波羅遊記》來判斷馬可波羅他是否到過中國，他在中國所發生的事情的眞實性。面對這種情況，人們也會容易產生分歧，各有各的看法，但是並不能說這一個看法就是錯的，那一個看法就是完全正確的。我們看待事情要辨析而理智地分析，雖然研究《馬可波羅遊記》的歷史已經很久遠，但是他始終還是個謎團留在了大家的心中，久久不能放下。我想我們還需要更多的時間，更多的資料，更充足的判斷來看待《馬可波羅遊

記》以及馬可波羅這位不一般的「旅行家」。譬如說：由於原本丟失，衍生出
來的六種漢文譯本分別是：

1. 魏易：《元代客卿馬哥博羅遊記》，1913 年北京正蒙印書局出版。
2. 張星烺：《馬哥孛羅遊記》，1929 年北美印刷局印刷，燕京大學圖書館
   發行。此前，張星烺曾將英人亨利·玉爾英譯本附注及法人亨利·考
   狄修訂補注本《遊記》導言部分譯出，以《馬哥孛羅遊記導言》書名
   於 1924 年由北京地學會發行。至 1929 年，始將所譯《遊記》正文第
   1 卷 30 章與《導言》合併印出。
3. 李季：《馬可波羅遊記》，1936 年 4 月上海亞東圖書館發行。
4. 馮承鈞：《馬可波羅行記》，1936 年 11 月上海商務印書館出版，1947
   年 2 月第三版，建國後中華書局曾於 1954 年重印。全書分上、中、下
   三冊。
5. 張星烺：《馬哥孛羅遊記》，1937 年 7 月上海商務印書館出版。
6. 陳開俊等合譯：《馬可波羅遊記》，1981 年 11 月福建科學技術出版社
   出版。

從 1913 年到 1981 年 68 年間，出了 6 種譯本，數量可謂不少。至於各譯
本質量，已有人撰文論及，無需贅述。就譯者所據版本而論，張星烺先生前
後所譯《馬哥孛羅遊記》較好。因為前者是英、法兩國對馬可波羅書深有研
究的學者的英譯本，其中附有豐富而有學術價值的注釋，對理解馬可波羅書
的記載極有幫助，可惜所譯正文僅 30 章，僅及全書七分之一；後一譯本是根
據一種較新的《遊記》版本，即稱為《Z 寫本》的拉丁文寫本，由意大利的拜
內戴拖教授譯為意大利文，又經人譯為英文，張先生即據英譯本譯出。這一
版本有許多記載為其它版本所無，彌足珍貴。不足之處是沒有注解，因原英
譯本即無注解；又因「力求忠實，所有語句，類皆照譯」（原書例言），使行
文有欠簡練流暢，但作為史料，仍極有價值。

第四，關於馬可波羅本人的記載資料較為缺乏。在西方歷史與中國歷史
當中，馬可波羅是個較為神秘的人物，雖然他的《馬可波羅遊記》成為了一
本巨作，雖然他沒想到 15 世紀後由於他書中對中國的精彩描述引起了殖民者
的貪欲，他們為了尋求黃金，征服、破壞了美洲高度文明的瑪雅和阿茲泰克
兩個王國。但是，在過往的保存下來的歷史資料當中提到的關於「馬可波羅」
的這個人物的內容實在匱乏。尤其是中國的資料記載。這使得一些本來就對

《馬可波羅遊記》存在著疑惑的學者產生了更大的遺憾，甚至設想馬可波羅並沒有在 13 世紀到達中國，所以中國的歷史資料裏才沒有出現馬可波羅。但是對於一些堅信馬可波羅曾經到過中國的學者，則不會因爲中國的史料中馬可波羅出現得太少而放棄馬可波羅來過中國這個信念。但是這樣是兩兩衝突的，使得研究《馬可波羅遊記》的不同意見的學者的分歧更多，「戰火」更激烈。譬如說，一些學者考證，馬可波羅在揚州做的可能不是地方官，而是"樞密副使"。如法國學者鮑梯先生於 1865 年出版的《威尼斯人馬可波羅遊記》中據《元史・世祖紀》至元十四年（1277）二月"以大司農、御史大夫、宣徽使兼領侍儀司事孛羅爲樞密副使，兼宣徽使，領侍儀司事"等記載，認爲此樞密副使即馬可波羅。中國學者張星烺先生又撰寫了《中國史書上之馬哥孛羅》一文，詳搜《元史》及其他資料，確證了這一說法。後來束世澂先生著《中國史書上之馬哥孛羅考》，所搜孛羅資料更爲完備。但他也提出一點「存疑」，即《元史》上的孛羅，在任樞密副使以前，至遲在至元七年（1270）已任御史中丞，若其人果爲馬可波羅，則他到中國至遲亦在是年，而據《遊記》，其抵華時間，當在至元十二年（1275）。他說：「豈樞密副使孛羅非馬哥孛羅歟？然其行事與《遊記》何無一不合者也？」這本是一個擊中要害的問題，然而因爲束先生同意樞密副史說，最後以《遊記》記載可能有誤而未作追究。至於《元史》上的樞密副使孛羅，已有人對其生平經歷作了詳盡的考證。余大鈞教授在《蒙古朵兒邊氏孛羅事輯》長文中指出，孛羅是蒙古朵兒邊部人，生年約在 1246 年左右，1283 年夏奉旨出使波斯伊利汗國，從此一去不返，於 1313 年 4 月去世。可見此人與馬可波羅毫不相干。那麼究竟的出來的哪些結論才是正確的呢？

第五，《馬可波羅遊記》中確實存在失實誇大或錯誤的地方。由於《馬可波羅遊記》是當時馬可波羅在戰爭中進入監獄中而口述寫成的一部著作。作爲一名對中國並不算是十分熟悉的外國人，尤其是當他看到一個與西方完全不一樣的神秘古典的東方世界，一切都是新奇而又特別的。這很可能會使得他忍不住在描述他在中國的所見所聞時情緒較爲激動，並且帶有虛榮的心思，他迫切地想讓大家瞭解他眼中神奇的中國。在他心裏，中國是非常奧妙的，或許很多外國人初次看到中國，瞭解中國也會產生這樣的心理。於是當他在無形中誇大了一些事情，並且存在錯誤的時候，人們就會從一些細小的地方找到他們想要發現的缺口，然後擴大這些缺口，更專注地去研究，究竟

這些存在的失實和錯誤問題是不是馬可波羅的不真實性的表現。如果，馬可波羅確實沒有到過中國，沒有親身經歷過他描述的關於他在中國發生的所有事情，那麼那些出現的問題就是證據。但是，這些證據也還是並不能完全代表了它的可行性，所以也不能代表了馬可波羅並沒有來過中國這一猜想。

第六，當時出現了由波斯人到中國經商而用波斯文寫下的《旅遊指南》，而按照我們所瞭解的，一個在中國生活了較長一段時間的人應該對漢字有一定得瞭解並且較為感興趣，但是《馬可波羅遊記》中出現的大都是以波斯文作為主要語言。這使得許多學者不得不懷疑，馬可波羅對於漢字根本不熟悉也不瞭解，而他是參考了《旅遊指南》這本書，或者通過了一些到過中國的波斯人瞭解到中國而寫出《馬可波羅遊記》的。為什麼人們會認為《馬可波羅遊記》或許是通過《旅遊指南》而寫來的呢？通過瞭解書中的內容以及資料整理出來的原因譬如說有：1. 馬可波羅自稱懂蒙古語和漢語，在意大利用法文寫成此書，書中很多名稱卻偏偏採用波斯語，我們注意到，當時來往的商人們以波斯人居多，可以證明遊記內容是聽來的。2. 書中幾乎很少提到馬可波羅的父親和叔父，也從未提到過他們的生意，沒有提到過在中國符合他們身份的任何經商活動，恰恰說明他們沒有到過中國，所以經商也無從談起。3. 馬可波羅回國時沒有攜帶任何中國特有的東西，威尼斯珍寶館收藏的馬可波羅罐，其實是十四世紀的德化白瓷，與他毫無關係，而他帶回的一些寶石倒是波斯的特產。4. 書中道聽途說的痕迹比比皆是，除揚州做官和襄陽獻炮外，還把李松壽之亂的時間整整推後十年；把成吉思汗的病死說成是膝上中箭而死；將傳說中的非洲的祭司王約翰嫁接成為忽必烈外孫闊里吉思的祖父，而記載的脫脫被那海打敗的事居然發生在他回國之後，這樣明顯的疏漏和錯誤不一而足。5. 1999 年美國組成一個科學考察隊，重走當年馬可波羅走過的道路，不過是用現代交通工具代步，然而旅程同樣十分艱辛。考察結束後，10 位考察隊員和 22 位提供後援的專家們一致認為，馬可波羅通過這條路來中國「簡直是難以想像的」。全程網上直播，一萬名對馬可波羅深信不疑的網民看過直播後舉行投票，65%認為他根本沒有到過中國。

關於這些存在的疑點，除非有確切地資料顯示，否則誰也不敢判斷，通過這一現象推理出來的可能性究竟是不是可行的。如果不可行，那麼又應該從哪裏下手了推翻這個論斷呢？由於時間已經過去太久了，很多事實都隨著時間的過去而埋沒了。歷史的腳步總是不停息，故事在硝煙中此起彼伏著，

古今多少往事都付笑談中。眞相究竟會是怎麼樣的，只有當時的人們是最清楚的。

　　西方學術界的主流一直認爲這本書是眞實可靠的，儘管有些不實之言，但他們一直把《馬可波羅遊記》做爲研究蒙古帝國和中西文化交流史的重要文獻。近年來否定這本書的眞實性的觀點再次出現，作爲學術研究這是正常的現象。筆者認爲從學術上來看，這本書基本是屬實的，如楊志玖先生所說：「馬可波羅書中記載了大量的有關中國政治、經濟、社會情況，人物活動和風土人情，其中大部分都可在中國文獻中得到證實，隨著研究的深入，還可繼續得到證實。其中不免有誇大失實或錯誤等缺陷，但總體上可以說是基本屬實的。」〔註2〕楊志玖先生早在 1941 年就第一次從中國文獻中找到和《馬可波羅遊記》完全相應的文獻，證實了馬可來華的眞實性，當年向達先生認爲楊志玖的文章爲「《馬可波羅遊記》的眞實性提供了可靠的證據」。根據學者們的研究，《馬可波羅遊記》中確有不實之詞，但書中所記載的大量的蒙元時代的歷史大都可以在歷史文獻中找到對應，如果一個人沒到過中國，不是親身經歷，幾乎不可能寫出這樣的內容。所以如楊志玖所說：「不管馬可本人和其書有多少缺點和錯誤，但總起來看，還是可靠的。他的書的眞實性是不容抹殺的。他對世界歷史和地理的影響和貢獻也是應該承認的。他是第一個橫穿亞州大陸並作出詳細記錄的人，對中國的內地和邊疆，對亞洲其他國家和民族的政治社會情況、風俗習慣、宗教信仰、土特產品、軼聞奇事，一一筆之於書，雖樸實無華，但生動有趣。在他以前和以後來華的西方人留有行記的也不少，在文才和對某一事件的記述方面也許遠勝於他，但像他這樣記事之廣、全面概括的著作去絕無僅有。」〔註3〕

　　《馬可波羅遊記》無疑是西方東方學中最重要的歷史文獻，它是中世紀西方對中國認識的頂峰，西方人在對中國的認識上翻過這座山峰是在四百年後。《馬可波羅遊記》是歷史遺留給我們的一項巨大的財富，同時也給我們出了一道大大的難題，古今多少學者爲了研究《馬可波羅遊記》的眞實問題嘔心瀝血才有了今天這樣的成就，但是這還不是我們最後想要看到的結果，我們還要繼續努力，繼續研究好《馬可波羅遊記》。我們對於爲什麼出現《馬可

〔註 2〕 楊志玖：《關於馬可波羅離華的一段漢文記載》，《文史雜志》期刊，1941 年第
　　　　1 期。
〔註 3〕 楊志玖：《關於馬可波羅離華的一段漢文記載》，《文史雜志》期刊，1941 年第
　　　　1 期。

波羅遊記》不眞實情況的原因暫時探討到這裡，希望會出現更多新的資料供我們參考研究。

困惑四、《馬可波羅遊記》在不同時期的釋讀問題

　　馬可波羅的中國之行及其遊記，在世界上有著巨大的貢獻，不僅促進了航海事業的發展，也促進了中西文化交流。但《馬可波羅遊記》本身在不同時期的不同釋讀，同樣帶來了莫大的困惑。下面介紹三個典型的時期的典型釋讀結果。

一、馬可波羅在世時期意大利人的釋讀

　　《馬可波羅遊記》在 13 世紀末年一問世在意大利便引起了巨大的轟動，當時的意大利人均爲其新奇可喜所動而爭相傳閱和抄錄，使得《馬可波羅遊記》成爲當時最受歡迎的讀物之一，被稱爲「世界一大奇書」。

　　當馬可波羅第一次來到中國後，爲中國人民創造出的燦爛文明和發達的經濟文化而感到驚歎。因此，他的遊記在紀實上又添加了自己的主觀感受，從而使得遊記富有傳奇性和誇張的成分。比如，他在見到中國都城時說：「內有一大理石宮殿，甚美，其房舍內皆塗金，會種種鳥獸花木，工巧之極，技術之佳，見之足以娛人心目。」〔註1〕也就是說，中國皇帝的皇宮是用黃金做房頂，金磚鋪地。實際上，當時的皇宮祇是在屋頂上刷了一層金粉。而所謂的金磚，祇是因爲燒製這種磚的工序極爲複雜，耗時長久，從而造價十分昂貴，幾乎等同於黃金，因而被稱作金磚。況且當時馬可波羅到皇宮後看到光

〔註 1〕 馮承鈞譯：《馬可波羅行記》，上海上海書店出版，1999 年第 172 頁。

-51-

鑒照人的地面在四周金碧輝煌的映射下，金光閃閃，他以為全是用黃金做成。他把這些都寫進了他的遊記裏。

《馬可波羅遊記》中寫的有關東方的男人同意並鼓勵他們的妻子和異鄉人一起睡覺風俗以及關於星星存在的說法，被修士們認為褻瀆了神聖的道德，汙染人們純潔的耳朵，更破壞力上帝創造完美世界和諧的秩序這一偉大真理，因而遭受了基督教庭的審判。在審判中，他一直堅信著自己的主張，並說：「我祇是說出了我所看到的一切，沒有增加，沒有減少。我的基督徒良心並不能改變我的眼睛和耳朵。至於我講的那些宗教，本身並沒有善惡之分，要看信仰他們的人心的好壞。」〔註2〕審判的結果出乎他的意料，居然沒被定罪。

在馬可波羅彌留之際，他的親友竟為他撒了彌天大謊而動員他忏悔，但他堅決拒絕了，並鄭重說明：「書中所寫，還不及我見到的一半。」〔註3〕《馬可波羅遊記》寫完後意大利教皇為了見證所說的中國，先後派許多教士到中國以及商人紛紛踏上去往東方的道路，意大利修士和德里在十四世紀20年代在中國居住了三年，和德里在1330年回到意大利後，詳細地講述了他在東方的經歷。而另外一名修士約翰·馬黎諾里在1342年訪問北京，他寫到了那裡修建的幾座精美的基督教堂，評論說住在中國小塊聚居地的歐洲基督教徒深受蒙古大公的尊敬。這些見聞都讓意大利人可以大致接受《馬可波羅遊記》的存在的事實。

之所以《馬可波羅遊記》一書在西方的影響非常之大，被譽為「世界第一奇書」，是因為這部著作是歐洲人第一本記載東方的史地資料書，也是一本遊記和元朝初期的歷史書。它介紹了東方的文明，在歐洲人眼前展開了一個新的天地。所以人們爭相傳閱、轉抄、轉譯，譯成多種歐洲文字。但那時紙張缺乏，歐洲還沒有印刷術，轉抄轉譯的幾十種不同版本難免有所損益。而《馬可波羅遊記》一書問世之時，正當西方意大利資本主義萌芽的初期。新興資產者嚮往富庶的東方，那時歐洲的絲綢、香料（胡椒、薑、桂等調料）是非常昂貴的貨物，黃金更是他們所渴望的財寶。這些東西激起了西方歐洲人士對東方的幻想，把中國和印度等地視為發財致富的天堂。

〔註2〕 史榮新編著：《馬可·波羅傳》，赤峰內蒙古科學技術出版社，2004年第162頁。

〔註3〕 計翔翔主編：《世界著名探險家傳》，鄭州河南人民出版社，2000年第71頁。

二、賴麥錫時期的釋讀

16 世紀，意大利收藏家、地理學家賴麥錫（Ramusio）說，馬可波羅在 1299 年寫完《馬可波羅遊記》，「幾個月後，這部書已在意大利境內隨處可見」。賴麥錫極力的贊同《馬可波羅遊記》，並纂有《遊記叢書》，其中所收《馬可波羅行紀》為此行紀主要傳本之一。而這時候他所推崇收藏的遊記也起著重要的作用，促使了多位冒險家前往東方之旅。13 世紀末，威尼斯商人馬可波羅的遊記，把東方描繪成遍地黃金、富庶繁榮的樂土，引起了西方到東方尋找黃金的熱潮。然而，奧斯曼土耳其帝國的崛起，控制了東西方交通要道，對往來過境的商人肆意征稅勒索，加戰爭和海盜的掠奪，東西方的貿易受到嚴重阻礙。到 15 世紀，葡萄牙和西班牙完成了政治統一和中央集權化的過程，他們把開闢到東方的新航路，尋找東方的黃金和香料作為重要的收入來源。這樣，兩國的商人和封建主就成為世界上第一批殖民航海者。葡萄牙航海家迪亞士接受了葡萄牙國王約翰二世的命令，於 1487 年 8 月率領一隻由 3 條船組成的探險隊出發尋找東方之路。然而其結果是沒到達東方但發現了非洲最南端—好望角。另一位著名航海家西班牙人哥倫布，他十分推崇曾在熱那亞坐過監獄的馬可波羅，立志要做一個航海家。他讀過《馬可波羅遊記》，十分嚮往印度和中國。1492 年 8 月 3 日，哥倫布受西班牙國王派遣，帶著給印度君主和中國皇帝的國書，率領三艘百十來噸的帆船，從西班牙巴羅斯港揚帆出大西洋，直向正西航去。經七十晝夜的艱苦航行，1492 年 10 月 12 日凌晨終於發現了陸地。哥倫布以為到達了印度，實際上是美洲大陸。1493 年 3 月 15 日，哥倫布回到西班牙。此後他又三次重複他的向西航行，又登上了美洲的許多海岸。直到 1506 年逝世，他一直認為他到達的是印度。受《馬可波羅遊記》的影響，1497 年 7 月 8 日達・伽馬奉葡萄牙國王曼努埃爾之命，率領四艘船共計 140 多水手，由首都里斯本啓航，踏上了去探索通往印度的航程。開始他循著 10 年前迪亞士發現好望角的航路，迂迴曲折地駛向東方。水手們歷盡千辛萬苦，在足足航行了將近 4 個月時間和 4500 多海裏之後，來到了與好望角毗鄰的聖赫勒章灣，看到了一片陸地。向前將遇到可怕的暴風襲擊，水手們無意繼續航行，紛紛要求返回裏斯本，而此時達・伽馬則執意向前，宣稱不找到印度他是決不會罷休的。聖誕節前夕，達・達率領的船隊終於闖出了驚濤駭浪的海域，統過了好望角駛進了西印度洋的非洲海岸。1497 年聖誕節時，達・伽馬來到南緯 31° 附近一條高聳的海岸線面前，他想起這一

天是聖誕節，於是將這一帶命名為納塔爾，現今南非共和國的納塔爾省名即由此而來，葡語意為「聖誕節」。繼後，船隊逆著強大的莫桑比克海流北上，巡回於非洲中部贊比西河河口。4月1日當船隊抵達今肯尼亞港口蒙巴薩，當地酋長自認為這批西方人是他們海上貿易的對手態度極為冷淡。然而，當達‧伽馬船隊於4月14日來到馬林迪港口拋錨停泊時，卻受到馬林迪酋長的熱情接待。他想與葡萄牙人結成同盟以對付宿敵蒙巴薩酋長，並為達‧伽馬率領的船隊提供了一名理想的導航者，即著名的阿拉伯航海家艾哈邁鎔‧伊本‧馬吉德。這位出生於阿拉伯半島阿曼地區的導航員馬吉德，是當時著名的航海學專家，由他編著的有關西印度洋方面的航海指南至今仍有一定的使用價值。達‧伽馬率領的船隊依靠經驗豐富的領航員馬吉德的導航。於4月24日從馬林迪啟航，乘著印度洋的季風，沿著他所熟知的航線，一帆風順地橫渡了浩瀚的印度洋，於5月20日到達印度南部大商港卡利卡特。同年8月29日，達‧伽馬帶著香料、肉桂和五六個印度人率領船隊返航，1499年9月帶著剩下一半的船員勝利地回到了里斯本。這一次航行基本證實《馬可波羅遊記》有關印度的記載。

　　《馬可波羅遊記》問世以來，歐洲人為追求黃金和香料而進行了航海，開闢了新航路。它打開了中古時代歐洲人的地理視野，在他們面前展示了一片寬闊而富饒的土地，國家和文明，引起了他們對於東方的嚮往，也有助於歐洲人衝過中世紀的黑暗，走向近代文明。學術界的一些有識之士，更以它所提供的最新知識，來豐富自己的頭腦和充實自己的著作。如1375年的西班牙喀塔蘭大地圖，便是衝破傳統觀念，擯棄宗教謬說，以馬可波羅的遊記為主要參考書製成的，圖中的印度，中亞和遠東部分都是取材於《馬可波羅遊記》這部著作，成為中世紀有很高科學價值的地圖，以後地圖多以此為依據。它讓西方人瞭解了「東方」，對東方充滿嚮往；也為資本主義擴張提供了理想上的對象。

三、中國學者的釋讀

　　《馬可波羅遊記》傳入中國，在國內引起極大的反響，有肯定的也有懷疑的。自1874年起，至1998年止，我國已有《馬可波羅遊記》漢譯本七種，蒙文譯本二種，介紹及研究性論文百餘篇，專冊十幾種，從中國史籍中印證、注釋《遊記》中關於中國的記述，作出一定成績。如中國史籍中發現馬可波

羅離華蹤迹，考訂其離華年代及其他年代問題，馬可波羅在華身份問題，旅程路線問題，地名勘同問題，遊記的眞實性問題等等。但人們主要圍繞著馬可波羅的可信性進行。對他的故事有質疑，持懷疑態度的學者們的疑問是，如果他眞的在中國住過那麼多年的話，那麼他的記述中爲什麼根本沒有提及中國人生活中的一些顯而易見的事實，比如茶、上層婦女纏足以及中國長城。另一方面，波羅的支持者則爭論說，原稿有部分遺失也是完全可能的。而且，他們指出，馬可波羅確實講到了屬於中國的獨一無二事物，比如用煤作燃料、印刷術和紙幣的使用。

　　國內「肯定論者」以楊志玖先生爲代表。他從40年代起就不斷地同國內外的「懷疑論者」進行論戰，先後發表了一系列影響深遠的文章，〔註4〕對馬可波羅學作出了巨大的貢獻。國內楊志玖先生在20世紀40年代的重大發現更進一步使人們相信了馬可波羅到過中國。楊志玖先生在《永樂大典》第19418卷「站」字韻引元朝的《經世大典·站赤門》上發現了記載至元二十七年（公元1290年）的那段公文，後來便成爲「肯定論者」的確鑿證據，至少國內的「肯定論者」是這麼認爲的。楊志玖先生幾乎在他的所有批駁性論文中都提到這條「確鑿證據」，用它來作爲批駁「懷疑論者」的致命武器。這段公文雖然一個字都沒有提到馬可波羅，但至少能夠說明《馬可波羅遊記》所記載的關於他們隨從波斯使臣離華回國的內容有著一致的地方。學者們根據這條材料後來還推斷出馬可波羅他們由中國泉州從海道回國的具體時間在1291年初。對於這一條材料，學術界一致認爲這是迄今爲止在漢文文獻中發現的唯一的有關馬可波羅的間接記錄。這也是國內外「肯定論」學者唯一感到欣慰的地方，至少可以用這條材料來抵擋一下「懷疑論」學者的窮追猛打了。同時，楊志玖先生在書中有寫到有關德國的馬可波羅研究專家傅海波確認的眞實性，他曾經說過：「不管怎樣，在沒有舉出確鑿證據證明馬可波羅的書衹是一部世界地理志，其中有關中國的幾章是取自其它的、也許是波斯的資料（他用了一些波斯詞彙）以前，我們只好作善意解釋，假定（姑且認爲）他還是到過中國。」〔註5〕

　　馬可波羅與他的故事《馬可波羅遊記》，在國內早已家喻戶曉、婦孺皆知了。國內「肯定論者」之所以肯定或承認馬可波羅到過中國，主要基於兩

〔註4〕　楊志玖：《元史三論》，北京人民出版社，1985年。楊志玖：《馬可波羅在中國》，
　　　　　天津南開大學出版社，1999年。
〔註5〕　楊志玖：《馬可波羅在中國》，天津南開大學出版社，1999年第126頁。

個方面的理由：一是人們對馬可波羅與《馬可波羅遊記》的善意解釋。另一方面的原因是《馬可波羅遊記》所記載的某些內容若非親身經歷是不可能知道得那樣詳細具體的。許多學者認爲《馬可波羅遊記》的內容都是在重述一些盡人皆知的故事，比如元朝的遠征日本、王著叛亂、襄陽回回炮、波斯使臣護送闊闊眞公主等。但是，《馬可波羅遊記》所記載的某些內容卻使學者們很驚奇。比如，《馬可波羅遊記》關於杭州的記載說，杭州當時稱行在，是世界上最美的城市，商業興隆，有 12 種行業，每種行業有 12000 戶。城中有一個大湖（即西湖），周圍達 30 英里，風景優美。〔註6〕這些記載在《乾道臨安志》和《夢梁錄》等古籍中得到了印證。其它的如蘇州的橋很多，杭州的人多，還有盧溝橋等等。《馬可波羅遊記》的記載都相當地詳細、具體，這些材料在當時的歷史背景下是不可能從道聽途說中得到的。

懷疑《馬可波羅遊記》的眞實性，可以說是從《馬可波羅遊記》誕生的那天就開始了。1298 年，由馬可波羅口述，魯思梯謙諾（Rusticiano）筆錄的《馬可波羅遊記》終於完成了。由於當時人們稱呼馬可波羅爲「馬可百萬」，因此，這部書也就被稱爲《關於世界奇事的百萬書》。1324 年，馬可波羅在臨終前就有人請他取消他遊記中說的「一些似乎不可相信的事」，他的答覆是：「我還沒有說出自己所見所聞的一半。」〔註7〕懷疑論者認爲：（1）在浩如煙海的中國史籍中沒有一件關於《馬可波羅遊記》的可供考證的材料；（2）馬可波羅自稱在中國 17 年深受忽必烈器重，但沒有任何一本元朝史書找不到哪怕一條可供考證的記錄。包括他自稱揚州做官三年，揚州地方志裏同樣無從考稽。關於馬可波羅自稱在揚州做總管三年的謊言，史書和揚州地方志都沒有記載。（3）馬可波羅是色目人，色目人作爲元朝的貴族階級「二等人」，他也自稱在揚州地方上擔任總管。即使不擔任要職，可揚州地方志中明確記載了元代大小官員，包括外國人的詳盡名單，仍然沒有找到他的記錄。（4）有些具有中國特色的事物在書中未曾提到，如茶葉、漢字、印刷術等。這些都構成了懷疑論者的理由。

《馬可波羅遊記》傳入中國引起的各種爭議，學者們都爭先恐後的去探索《馬可波羅遊記》的眞實性，進而推動了中國研究馬可波羅浪潮，並使中

〔註 6〕 馮承鈞譯：《馬可波羅行記》，上海上海書店出版，1999 年第 347 頁。
〔註 7〕 陳開俊譯：《馬可·波羅遊記序言》，福州福建科學技術出版社，1981 年第 7 頁。

國學術朝著新的方向邁進。

　　《馬可波羅遊記》在不同時期的釋讀之所以各不相同，是因為，一是在馬可波羅在世時期，由於他所說的這些故事有神奇色彩，因而被眾多好奇之人反覆印製。二是在賴麥錫時期，由於賴麥錫本人極力推崇遊記，加上歐洲人受遊記的影響，迫切的需要尋求黃金夢，因而開闢了海上想去東方的道路。三是在傳入中國時期，中國學者都抱有肯定和懷疑兩種態度，使遊記在中國得到深究，學者們一直在圍繞著馬可波羅真實性論證。幾種不同的原因總的來說是受到當時社會的影響，年代的不同受到社會的影響也各不相同。總體上說，馬可波羅和他的遊記有著巨大的貢獻。《馬可波羅遊記》描述了神奇的東方，中國的歷史和思想因此被介紹到西方去，並且產生巨大影響。馬可波羅到中國來，他的身份是傳教士，也就是說，他來中國的目的主要是傳教。但他驚奇地發現，中國竟然那麼大，生活那麼豐富奇特，於是開始向西方世界介紹中國。作為遊記時期漢學研究的代表作，《馬可波羅遊記》打開了西方世界認識中國的一扇門。《馬可波羅遊記》打開了歐洲的地理和心靈視野，掀起了一股東方熱、中國流，激發了歐洲人此後幾個世紀的東方情結。許多人開始湧向東方，學習東方，以致歐洲經歷了翻天覆地的變革。許多中世紀很有價值的地圖，是參考遊記製作的。許多偉大的航海家，揚帆遠航，探索世界，是受到馬可波羅的鼓舞和啟發。事實上，美洲大陸的發現純屬意外，因為遊記的忠實讀者哥倫布原本的目的地是富庶的中國。當時歐洲人相信，中國東面是一片廣闊的大洋，而大洋彼岸，便是歐洲老家了。雖然今天我們對《馬可波羅遊記》本身在不同時期的不同釋讀帶有困惑，但不可否認，馬可波羅遊記對於中西方文化的交流、科技的發展、航海事業的開拓以及西方宗教在中國的傳播引進都有著無比巨大的影響力和推動力。

困惑五、馬可波羅的身份之謎

　　馬可波羅〔公元 1254～1324 年〕，意大利旅行家，出生在意大利商業城市威尼斯的一個商人家庭。其人名先後被譯爲：「博羅瑪格」（1874 年）「馬可孛羅」（1910 年）「馬可博羅」（1913 年）「馬哥孛羅」（1929 年）「馬哥波羅」（1935 年）「馬可波羅」（1936 年）等等。馬可波羅早年隨其父、叔來到中國，並將游歷之所見所聞彙總編撰成《馬可波羅遊記》一書〔又稱《東方見聞錄》〕。馬可波羅在書中對他自己在中國擔任的角色述說不清，他先說自己爲大汗（即忽必烈）出使各地，又說曾治理揚州三年，這在中國史志上都難有蹤迹可尋。關於馬可波羅在中國的研究最早可以追溯到一百多年前中國近代第一個駐歐使臣郭嵩焘。他在其出使歐洲期間已經注意到歐洲的馬可波羅研究了。此後對於馬可波羅的身份，我國學者曾提出幾種說法，即最早的三種說法：樞密副使說、揚州總管說、斡脫商人說和新近提出的宮廷侍從「後列」之說等。

一、「樞密副使說」

　　根據《元史·世祖紀》記載：「以大司農、御史大夫、宣徽使兼領侍儀司事孛羅爲樞密副使，兼宣徽使，領侍儀司事」記事及書《阿合馬傳》中王著等殺阿合馬後，元世祖命樞密副使孛羅等「討爲亂者」等記載，法國學者頗節（一譯鮑梯）在 1865 年出版的《威尼斯人馬可波羅遊記》一書中提出觀點，認爲此樞密副使即馬可波羅。這種觀點得到了亨利玉爾等人的肯定。之後我國學者張星烺在譯亨利·玉爾英譯本《遊記導言》時，詳細搜略《元史》及其它資料，確證了頗節的說法（詳見《中國史書上之馬哥孛羅》）。束世澂先生見後，對其大爲贊同，並著《中國史書上之馬哥孛羅考》，相對張星烺所

搜集的孛羅資料更為完備。但是同時也提出一點「存疑」，即《元史》上的孛羅，在任樞密副使以前，至少是在至元七年（公元 1270 年）已經擔任御史中丞，如果所說的這個就是馬哥孛羅，那麼馬可波羅到中國的時候，至少也是在這一年了，而據《遊記》，其抵華時間，當在至元十二年（1275）。他說：「豈樞密副使孛羅非馬哥孛羅歟？然其行事與《遊記》何無一不合者也？」這本是一個擊中要害的問題，然而束先生因基本同意張先生的樞密副史說，最後仍以波羅書記載有誤的推測（此係張說）而未追究下去。〔註1〕

　　1935 年同年 12 月，中央研究院《歷史語言研究所集刊》第 5 本第 4 份刊載了岑仲勉先生的《蒙古史箚記》，其中第八篇為《樞密副使孛羅》一文，針對張星烺先生的論點作了詳細的討論。其中提出三點有充足的理由證明馬可波羅不是樞密副使：

1. 時間不符。「是波斯灣之發舶，約以夏曆四月，馬哥等離阿扣港，既如張氏言，約至元八年十月，……」〔註2〕夏曆四月從波斯灣發船，至元八年十月離港，因船舶不堪航海，改弦更張，棄海取陸，在忽里模子逗留數月後，再加上在巴達克山養病約一年，途行約一年，到達大都的行程最少需要二年半，而張星烺先生強縮為一年多，這個比較難理解，也與事實不合，這是第一個疑點；

2. 至於路途縮減的理由，張氏認為馬哥如果是從驛道過來的，應該是不需要三年半的（「既身懷金虎符」），李思純也認為既然路卜洛克於一二五三年五月，從巴勒斯坦出發，只用了五個月就抵達和林，那麼馬哥到達大都似乎也是很有可能的，但這祇是表面上看來可能實際上問題很大。因為張星烺先生既然認可馬可波羅在巴達克山養病了一年，則再怎麼縮減路程也應需時一年半，試想由至元八年十月（即一二七一年十一月）數起，計至至元十年三月，馬哥等乃能行抵上都，然而那時樊城已早拔，襄陽也已早降；李氏不顧出發之時，亂講一二七三年抵達中國，而張氏縮短行程時間目的為證實馬可父子於至元十年（1273）到中國並參加炮攻襄陽之役，但該戰役在至元十年正月，馬可父子即使能到，行裝甫卸，又怎麼能立即獻炮法攻城，這是第二個

〔註 1〕張星烺：《馬哥孛羅遊記導言》，《地學雜誌》期刊，1922 年第 1 期。
〔註 2〕張見束：《答束世澂君〈中國史書上之馬哥波羅質疑〉》，《史地學報》期刊，1924 年第 3 期。

疑點;「……今從許其到日爲陽曆元旦，——是否有此巧事？——而距樊城之拔，不過月餘，試問行裝甫御，……而送之軍前，而攻城有效，此寥寥時日，果（來得及）否？是行程從任縮減，而襄陽問題，仍不能豁除疑陣也，疑點二。」〔註3〕

3. 說法不一，前後矛盾。「張氏謂文臣除阿合馬外，見於遊記者竟無他人，馬哥果即知樞密院孛羅，則同屬辦事者如博羅歡，共鞠阿合馬者如御史大夫相威、司徒和禮霍孫、參政阿里，經其引薦者如藥失謀，非盡武人，何竟無一言及之，疑點三。」張氏還說馬可在揚州當任達魯花赤或宣慰使，如果說馬可曾爲樞密副使，那麼他出任揚州官員則爲降職，怎麼能說獲得元世祖恩寵？況且他治理揚州年代也很難確定，這是第三個疑點。

　　岑氏更進一步就樞密副使孛羅的仕官經歷與馬可入華年代不合，孛羅所任職務（如宣徽使、侍儀司等）非入華不久之馬可所能勝任等問題展開評述，否定了馬可爲樞密副使說。

　　那麼《元史》上的樞密副使孛羅又是誰呢？這個人是否就是馬可波羅或與其有何瓜葛呢？已經有人對其生平經歷作了詳盡的考證。余大鈞教授在《蒙古朵兒邊氏孛羅事輯》長文中指出，孛羅是蒙古朵兒邊部人，生年約在 1246年左右，在 1283 年（至元二十年）夏，孛羅奉旨出使波斯伊利汗國，於 1284年末或 1285 年初到達，從此一去不返，於 1313 年 4 月去世〔註4〕。可見此人與馬可波羅毫不相干。

二、「揚州總管說」

　　馬可波羅講到揚州時，說揚州「被選爲十二省城之一」，又說他「曾受大可汗的命令，治理這城三年之久」〔註5〕。他在揚州任何官職，我國史書及揚州方志均無記載。映堂居士在《元代西人入中國述》中說，博羅瑪格（這是按中國習慣以姓冠名前的譯法）「曾爲揚州總管」，這是在我國提出揚州總管說的第一人。此後，屠寄在所著《蒙兀兒史記·馬可保羅傳》中也說：「（至元）十四年（1277）……時宋已平，特授揚州路總管，在職四年。」再後來，

〔註 3〕 張見束：《答束世澂君〈中國史書上之馬哥波羅質疑〉》，《史地學報》期刊，
　　　　 1924 年第 3 期。
〔註 4〕 《元史論叢》，北京中華書局，1982 年第 179～199 頁。
〔註 5〕 馬可波羅：《馬可·波羅遊記》，北京中國文史出版社，1998 年第 145 頁。

在馮譯《行紀》的《敘言》（第9頁）及第15章（注一，第35頁）都說馬可
波羅曾被任為揚州總管，但在同書第 143 章《揚州城》一節的正文和附注中
（見中冊第 542～543 頁），卻未提總管二字。

除揚州總管說外，還有揚州宣慰使（張譯《遊記導言》第100頁）、都督
（李季譯本第226頁）、總督（張譯《遊記》第288頁，陳譯本第168頁）等
說。這些譯文都值得推敲。

其實，總管、都督、總督等都是漢譯者用的官名，與馬可波羅實際在揚
州擔任的職位都不相干。馬可波羅講到揚州城時，說揚州「被選為十二省城
之一，所以大可汗的十二總督之一駐在這城裏」。又說馬哥孛羅「曾親受大可
汗的命令治理這城三年之久」（見張譯本第 288 頁）。這是把揚州作為一個行
省的省會而說的，揚州確實曾有一段時間為江淮行省的治所。在元代，行省
的長官稱平章政事，這用歐洲文字表達不出來，只能譯為 Gouverneur 或
Gouverneur général（法文），Governor general（英文），頗節、沙海昂的法文本
和玉爾的英文本就是這樣譯的。這兩種外文再譯成漢語，則可譯為總管、總
督或都督。從翻譯的角度看，這本無可指責。但在元代，行省以下恰好有總
管一職，因此，馬可波羅便由西方人理解的行省長官變為中國人理解的揚州
路總管了。

總之，所謂馬可波羅任揚州總管一說，衹是文字翻譯的偶合或巧合，以
致誤假成真。從馬可書中的記述，是得不出這個結論的﹝註6﹞。伯希和說：「至
若馬可波羅在 1276 至 1291 年間在揚州任職三年的話，只有馬可波羅本人之
語可憑」。這倒是老實話。我們也只能說，「據馬可波羅本人講，他曾在揚州
做過三年官。」如此而已。至於總督、都督，其意思與總管相同，元代行省
並無其官，這裡不再贅論。

關於揚州宣慰使一說，是張星烺先生譯亨利・玉爾的《馬哥孛羅遊記導
言》中的話，似乎玉爾認為馬可曾任揚州宣慰使。其實，這又是張先生的漢
譯問題。查玉爾的原文是：「At one time we know tha the held for three years the
government of the great city of Yang-chau」，直譯可作：「他曾治理揚州大城三
年」，張譯則為「嘗為揚州宣慰使三年」，與原文相差甚遠。其原因可能是，
他認定《元史》上的樞密副使孛羅即馬可波羅，又認為此孛羅曾任過宣慰使。

﹝註 6﹞ 楊志玖：《關於馬可波羅在中國的幾個問題》，《中國史研究》期刊，1982 年第
　　　　2 期。

在其《中國史書上之馬哥孛羅》文中，他引《元史》卷七《世祖本紀》「至元七年十二月丙申朔……以御史中丞孛羅兼大司農卿」條後說：「此人後升御史大夫、宣慰使、樞密副使。」又引同書卷九：「至元十四年二月，以大司農、御史大夫、宣慰使兼領侍儀司事孛羅爲樞密副使兼宣徽使、領侍儀司事」，證明馬可波羅曾任宣慰使，而宣慰使是地方機構宣慰司的首長。這看起來沒有錯，可惜他引的《元史》版本錯了。據百衲本洪武版《元史》及中華書局標點本《元史》，至元十四年二月此條不作「宣慰使」，而作「宣徽使」，這是正確的。因爲此時的御史大夫孛羅是在中央任官，不可能兼地方官〔註7〕。李思純《元史學・補馬可波羅傳略》沿襲張說，謂「明年（1280年），出任淮東道宣慰使」，蓋因宣慰司係分道設置，揚州置者稱淮東道（《元史・百官志》七）。

　　實際上，馬可波羅是否在揚州任職，還難確定。亨利玉爾曾指出，有一種《遊記》版本說馬可波羅「奉大汗命居住此城三年」，未提任職。伯希和則認爲，馬可波羅所任的差使多半是鹽稅事務，他在揚州所擔任的職務，也應當是有關鹽務的官員〔註8〕。當然，這祇是一種推測，還無從證實。馬可波羅在揚州任職以及他在華17年間任職問題，還是一個懸案。

三　「斡脫商人說」

　　「斡脫商人」一說是1992年蔡美彪教授在《中國社會科學》第2期上發表《試論馬可波羅在中國》一文中提出的。他在考察了馬可波羅在華的「語言與觀念」後，他就馬可的「地位與身份」作了詳細的探索和分析，從而推斷馬可波羅是「色目商人中的斡脫商人」。理由如下：

1. 《馬可波羅遊記》中有關他是否擔任行政官員或使臣的記述模糊含混，難以置信。書中只說他被稱爲閣下（Messer或譯先生），而無任何官名和職銜。元朝出使使臣必須持有朝廷授予的牌符（牌子），馬可經行中國各地卻從未提被授牌子，不可能是正式使臣。他提到出使過哈剌章（雲南）和印度，並沒有言及執行任何行政使命，而只記當地風俗物產、貿易情況（前地）和採珠方法及寶石（後地）。「……此城爲工商輻輳之所。居民是偶像教徒而臣屬大汗。大汗軍戍此者甚眾，……此

〔註7〕　馮承鈞譯：《馬可波羅行記》，上海上海書店出版，1999年第371頁。
〔註8〕　楊志玖：《關於馬可波羅在中國的幾個問題》，《中國史研究》期刊，1982年第2期。

城製糖甚多，而珍珠，寶石之交易甚大，蓋有印度船舶數艘，常載不少貴重貨物而來也。……」〔註9〕

既無牌符，又無奉使記錄，表明他不具備使臣的地位和身份，最多不過是隨員。其揚州任職可疑，有版本說他居住此城三年，伯希和推測他是鹽務官員，並無實證。可能他以商人身份參與過揚州的商務管理。

2. 《遊記》記述中國情況涉及方面很多，但不像旅行家那樣去描述名山大川景色和文物古迹，也不像一名官員那樣去記述行政事務和官場紛爭，而是以極大興趣記錄各地物產、貿易、集市、交通、貨幣、稅收等與商業有關的事物，表明他具有豐富的商業知識和在中國從事商業的實際經歷。

「……有數地川湖中饒有金沙，其量之多，足以驚人。桂肉繁殖，珊瑚輸入之地，即是此州。其價甚貴，蓋居民樂以此物為其妻及其偶像之頸飾也。此州亦有種種金帛絲絹，並繁殖不少香料，概為吾國所未見者。」〔註10〕書中較多涉及的珍珠、寶石、香料、鹽業等等，都是元代色目商人所經營的行業，可能也是波羅一家經營過的行業。馬可不懂漢語，與漢族文士和色目文人無交往，他所交往的是商人和商務官員，因而他所記述的某些歷史事件，往往確有其事而不盡相合。

3. 波羅一家本是威尼斯富商，他們在華 17 年之久，並無奉使或任職記錄，當是繼續經商。回國時帶回大批珍寶，成為「百萬富翁」，表明他在中國經商致富。若祇是旅行家、傳教士或一般官員，不可能積累如此巨額財富。他書中記載中國麝香的出產，還帶回麝鹿的一副頭骨和腳骨，在威尼斯還因麝香貿易糾紛上訴，而販運香料是元代色目商人經營的行業。

綜上所述，馬可波羅在中國期間是一名色目商人，《遊記》只講各地見聞而很少講其本人事迹，中國文獻中不見有關他的記事，可能與此有關。作者進一步指出，波羅一家雖是色目商人，但非一般色目商人，而是色目商人中的「斡脫商人」。斡脫是突厥語 Ortoq 譯音，意為「伴當」、「夥計」，或直譯為「商賈」。他們是官商，是「見奉聖旨、諸王令旨，隨路做買賣之人」，因而與一般色目商人有所不同。《遊記》中提到的「奉使」，大約就是受忽必烈的

〔註 9〕 馮承鈞譯：《馬可波羅行記》，上海上海書店出版，1999 年第 153 頁。
〔註 10〕 馮承鈞譯：《馬可波羅行記》，上海上海書店出版，1999 年第 371 頁。

接見和委付，爲皇室做生意的人而非正式的使臣。從這個意義來理解，馬可的「奉使」不應全出於虛構。

四「宮廷侍從兼斡脫商人」

　　蔡美彪教授的斡脫商人說，在學界逐漸否定和摒棄樞密副使說和揚州總管說的基礎上，繼續反覆考證，進一步擺脫了前人爲解決馬可波羅任官問題而糾纏不清的困境，從《寰宇記》本書的記載，結合元朝的社會情況，提出了一個重要的新思路、新見解。受蔡教授論文的啓發，結合《寰宇記》對乃顏之亂的記述，南開大學的李治安在其《馬可波羅所記的乃顏之亂考釋》一文中又提出了馬可波羅的身份是宮廷侍從兼斡脫商人的新觀點。本人認爲此觀點也有一定道理。

1. 首先是宮廷侍從。因爲從《寰宇記》的多方面記載看，馬可波羅並未進入大汗忽必烈四怯薛番直宿衛的行列，他的身份和角色只能是怯薛宿衛士以外的一般宮廷侍從。其實，早在忽必烈藩邸時期已有過王府一般侍從隨同他出征的先例。如姚樞應召進入忽必烈藩府，被置於王府「從衛後列」，「惟不直宿」。忽必烈親征大理時，他也扈從左右。這裡的「後列」，應指怯薛宿衛士以外的一般侍從。估計馬可波羅的身份大體相當於侍從「後列」。他未曾進入怯薛宿衛士，也能仿照當年姚樞的舊例，隨從忽必烈親征乃顏。

2. 《寰宇記》一個較古老的版本寫作「奉大汗命居住此城中三年」，並未提到做官。伯希和也認爲，馬可波羅所幹的差使多半是鹽稅事務，他在揚州的職務可能是管理鹽務的官。揚州是全國最大的兩淮鹽課徵集地，平定南宋後不久，元廷即設都轉鹽使司於揚州，總轄鹽課事。由於兩淮鹽課數額巨大，忽必烈派遣宮廷使者較長時間地駐於揚州，代表皇帝監督鹽務或收取屬於皇帝的鹽課「份子」，也不是不可能的。馮承鈞漢譯本第一五二章載：「敘述此事之馬可波羅閣下，曾奉大汗命審察此蠻子第九部地（杭州）之收入」。既然馬可波羅能「奉大汗命審察」杭州地區的稅收，奉命監督揚州鹽課也是情理中事。就是說，馬可波羅不擔任正式官職，「奉大汗命」居揚州三年而辦理或監督鹽務，與之前所言宮廷侍從「後列」的身份基本吻合。只有當我們把馬可波羅在華身份詮釋爲宮廷侍從「後列」時，有關他「奉大汗命居住

此城（揚州）中三年」而不擔任正式官職的說法，也才會講得通、立得住。

3. 馬可波羅確實不像是持有牌符的正式使臣。我們注意到，元朝時期宮廷中承擔出使任務的大多是正式的怯薛宿衛士。即使馬可波羅僅僅是斡脫商人，充任使臣的隨員也有些勉強。如果馬可波羅的身份同時又是宮廷侍從「後列」，充任使臣的隨員，倒算是合乎典制和順理成章的。對此，蔡美彪教授也曾提出過質疑，認為他出使時既未被授予牌符，又無出使記錄，不具備使臣的地位和資格，最多不過是隨員。陳得芝教授也說，蒙古貴族經常以色目商人作為近侍，馬可波羅很像是忽必烈所派近侍身份的小使者。更何況世祖朝也不乏其他侍從充任使臣隨員的例子。如至元十六年（1279 年）崔彧「奉詔偕牙納木至江南，訪求藝術之人」。從史傳材料看，崔彧並非正式的番直宿衛士，卻因「負才氣，剛直敢言」，受到忽必烈的特別「器重」，旋授集賢侍讀學士。估計崔彧的身份也類似於宮廷侍從「後列」。

4. 澳大利亞學者羅依果教授在非常贊同蔡美彪先生的斡脫商說的同時，又指出，馬可波羅在中國的主要角色就是一個中層的「視察員」，除了做斡脫商，皇帝還讓他搜集情報，充當耳目。看來羅依果教授也覺察到馬可波羅並非單純的斡脫商人。而「視察員」和耳目，完全可以看作宮廷侍從「後列」所擔負的具體任務或職能。從這個意義上說，筆者的宮廷侍從兼斡脫商人說，與羅依果教授所見，又有某些相契合之處。

5. 有元一代的斡脫商人，分屬於蒙古諸王等各投下。具體到馬可波羅，應是大汗御位下的斡脫商人。作為大汗御位下的斡脫商人，完全有可能同時兼任忽必烈宮廷外圍侍從。聯想起《寰宇記》對宮廷朝儀、大汗行獵和節慶宴飲，記述甚詳，顯而易見，馬可波羅獲取這些資訊時利用了宮廷外圍侍從的便利條件。前述馬可波羅隨從忽必烈親征乃顏，估計也是以宮廷侍從「後列」角色出現的。如果馬可波羅未任職宮廷而祇是單純的斡脫商人，他就不太可能隨從大汗忽必烈親征乃顏，也不可能把漢文史書上載錄零散的乃顏之亂及宮廷朝儀、大汗行獵、節慶宴飲等，記述的如此詳細逼真。只有其基本身份是宮廷侍從，同時又兼斡脫商人，隨從大汗親征才合乎元廷的典制。

綜上所述，斡脫商人說和新近提出的宮廷侍從「後列」之觀點擺脫了之前學界為解決馬可波羅的任官問題而糾纏不清的困境，從《遊記》本書的記載，結合元朝的社會情況，提出一個新思路、新見解，是馬可波羅研究上的一個突破。不管讀者贊成與否，就文章本身而論，可以說是持之有故、言之成理的。

總之，馬可波羅和其《馬可波羅遊記》流傳已久且意義非常，但其在書中對自己在中國擔任的角色卻述說不清。對此，我國學者也曾提出三說：樞密副使說、揚州總管說、斡脫商人說。近來學界以李治安學者為代表又提出第四種說法「宮廷侍從兼斡脫商人」。其實前兩者的論據有待商榷和進一步的探究，「斡脫商人說」和「宮廷侍從兼斡脫商人」之說較之前兩者有較充分的理由。因為其書記述中國情況涉及方面很多，但不像旅行家那樣去描述名山大川景色和文物古蹟，也不像一名官員那樣去記述行政事務和官場紛爭，而是以極大興趣記錄各地物產、貿易、集市、交通、貨幣、稅收等與商業有關的事物，表明他具有豐富的商業知識和在中國從事商業的實際經歷。

困惑六、馬可波羅到底與中國有多大關係？

　　《馬可波羅遊記》裏無疑真實地記載了許多有關中國元代時期的奇聞趣事，對世界影響深遠。但是，《馬可波羅遊記》的主人翁馬可波羅他到底與中國有沒有關係？有多大的關係？也就是馬可波羅他究竟到過中國沒有？這個問題一直是困擾學術界的一大難題，對於中國學者來說更是難上加難的問題，因為它一直在阻礙著馬可波羅研究的進一步深入。目前在學術界形成了兩個派別，就是所謂的「肯定論者」和「否定論者」。但是由於「肯定論者」和「否定論者」都沒有掌握確切的直接材料，無法很好地說服對方，而《馬可波羅遊記》內容的本身存在的的誇張和虛構等缺陷，也證明了馬可波羅的部分記載只不過是傳聞而已。問題越來越複雜了。

一、馬可波羅有可能來過中國嗎？

　　國內外學術界對於馬可波羅的研究表明，馬可波羅是確有其人的，也就是說馬可波羅不是什麼虛構的人物。但研究又發現，馬可波羅的生平確實存在許多不解之謎的需要解決。

　　首先，對於馬可波羅這個人物的存在，國內外學術界都是肯定的。馬可波羅誕生地是威尼斯，是意大利東北部的商業城市，地擠亞得里亞海，原屬東羅馬帝國，公元 10 世紀末建為一個獨立的共和國。由於交通便利，成為西方與東方貿易的中心之一。

　　其次，對於馬可波羅是否到過中國這個問題，國內外學術界的爭議是很

明顯的。肯定馬可波羅到過中國的所謂肯定論派與否定馬可波羅到過中國的
所謂否定論派，他們都沒有證據來證明馬可波羅曾經到過中國。

（一）肯定馬可波羅來過中國的「證據」

對於馬可波羅和《馬可波羅遊記》的研究，大多數學者從謹慎的角度出
發，基本上同意或者承認馬可波羅到過中國，也相信《馬可波羅遊記》的眞
實性。國內「肯定論」者以楊志玖先生爲代表，他從 20 世紀 40 年代起就不
斷地同國內外的「懷疑論者」進行論戰，先後發表了一系列影響深遠的文章，
對「馬可波羅學」做出了巨大的貢獻。國外「肯定論」者以英國的亨利‧玉
爾（Henry Yule）和德國的傅海波（Herbert Franke）爲代表，他們在指出《馬
可波羅遊記》的缺陷和失誤的同時，基本上還是承認馬可波羅到過中國。國
內外「肯定論」者們之所以肯定或承認馬可波羅到過中國，主要基於兩個方
面的理由：一是對馬可波羅與《馬可波羅遊記》的善意解釋。由於學者們無
法找到任何一條材料來證明馬可波羅和《馬可波羅遊記》，因此，人們只好善
意地認爲馬可波羅曾經來過中國，以及《馬可波羅遊記》的眞實性了。正是
由於這個原因，早在楊志玖先生找到《永樂大典》上那段公文之前，國外許
多學者就已經認爲或承認馬可波羅曾到過中國以及《馬可波羅遊記》的眞實
性。國內楊志玖先生在 20 世紀 40 年代的重大發現更進一步使人們相信了馬
可波羅到過中國。楊志玖先生在《永樂大典》第 19418 卷「站」字韻引元朝
的《經世大典‧站赤門》 上發現了記載至元二十七年（1290）的那段公文，
後來便成爲「肯定論」者的確鑿證據，至少國內的「肯定論」者是這麼認爲
的。楊志玖先生幾乎在他的所有批駁性論文中都提到這條「確鑿證據」，用它
來作爲批駁「懷疑論」者的致命武器。這段公文雖然一個字都沒有提到馬可
波羅，但至少能夠說明《馬可波羅遊記》所記載的關於他們隨從波斯使臣離
華回國的內容有著一致的地方。學者們根據這條材料後來還推斷出馬可波羅
一行回國的具體時間在 1291 年初，是由中國泉州從海道回國的。對於這一材
料，這是迄今爲止在漢文文獻中發現的唯一的有關馬可波羅的間接記錄，可
以用來用來抵擋一下「懷疑論」者的追問。雖然在這一材料中沒有提及到馬
可波羅一家的名字，但其與《馬可波羅遊記》中的相關記載有著驚人的相同
之處，可信程度很高，大致可以證明馬可波羅是來過中國的。

另一方面的理由是《馬可波羅遊記》所記載的某些內容若非親身經歷是
不可能知道得那樣詳細具體的。《馬可波羅遊記》對江蘇鎮江基督教禮拜堂的

記載，已在當時元朝人俞希魯的《至順鎮江志》所記吻合〔註 1〕。《馬可波羅遊記》關於杭州的記載說，杭州當時稱「行在」，是世界上最美的城市，商業興隆，有 12 種行業，每種行業有 1.2 萬戶。城中有一個大湖（即西湖），湖圍達 30 英里，風景優美。這些記載在《夢粱錄》中得到了印證〔註 2〕。《馬可波羅遊記》的記載都相當詳細、具體，這些材料在當時的歷史背景下是不可能從道聽途說中得到的，是馬可波羅親身觀察訪問所知的。

（二）否定馬可波羅到過中國的「論據」

　　長期以來，一直有人懷疑《馬可波羅遊記》的真實性，他們既有國外的學者，也有國內的學者。19 世紀末，經過法國學者頗節（G.Pauhtier）英國學者玉爾和法國的伯希和等為《馬可波羅遊記》所做出的辯解和努力，再加上歐洲人對於世界地理知識認識的擴大和深入，《馬可波羅遊記》中的許多問題都已經得到合理的說明，其真實性問題似乎得到瞭解決。然而到了 20 世紀的 70 年代美國學者海格爾（J・W・Haeger）認為馬可波羅只到過中國的北方；80 年代英國學者克魯納斯（C・Clu-nas）甚至全盤否定《馬可波羅遊記》的真實性，認為它是馬可波羅與筆錄者魯思梯謙諾合作的一場「克裏空」；到了 90 年代，英國學者伍德（FrancesWood）出版了一部題為《馬可波羅到過中國嗎？》的著作，執著地堅持「懷疑論」的立場〔註 3〕。

　　「懷疑論」者的懷疑和否定可以歸納為以下四點：（一）在浩如煙海的中國史籍中沒有一件關於《馬可波羅遊記》的可供考證的材料。（二）有些具有中國特色的事物在書中未曾提到，如茶葉、漢字、印刷術等。（三）書中有些記載誇大失實或錯誤，如冒充獻炮攻襄陽、蒙古王室譜系混亂不清等。（四）從波斯文的《導游手冊》中抄來的。黃時鑒先生認為「懷疑論」者的第一個論據實際上並沒有說服力，理由有兩點：一方面，並非所有來華的外國人都會被載入中文文獻。這一點吳思芳（即伍德博士）自己也承認，她說中世紀「越過中亞」的傳教士「多如牛毛」，但在中文史料中找不出幾個人的姓名來。另一方面，來華的外國人即使被載入某一中文文獻，但隨著歷史的變遷也有可能佚失。馬可波羅的名字不見於存世的中文文獻，是否即可確證他並未到

〔註 1〕楊志玖：《馬可波羅在中國》，天津南開大學出版社，1999 年第 24 頁。
〔註 2〕楊志玖：《馬可波羅在中國》，天津南開大學出版社，1999 年第 25 頁。
〔註 3〕弗朗西絲伍德著（吳芳思）著，洪允息譯：《馬可波羅到過中國嗎？》，北京新華出版社，1997 年。

過中國？儘管某些學者提出這個問題的大前提是中文文獻十分豐富，而且記載詳細，馬可波羅這樣一個有名的人物，一定會被記錄下來，不會漏記。但是這個大前提是不成立的。現在我們看到的元代文獻中，留下名字的實在是太少了，馬可波羅並不是一個特殊的例外情況。楊志玖先生從「站赤門」中發現的這條珍貴的史料，現在也只見於明朝初年編撰的《永樂大典》的殘本之中，設想如果當年英法聯軍將《永樂大典》毀滅得更加徹底的話，今天還有誰能發現它呢？

也許是由於「懷疑論」者多少意識到他們的第一個論據缺乏說服力，所以他們更喜歡在第二個論據上大加發揮，即吳思芳所說的「漏寫」問題〔註4〕。懷疑論者因為在馬可波羅的著作中找不到一些中國特有的事物而否定他到過中國。從研究方法上說，這樣的論證也是不能成立的。如果只要指出某部遊記沒有記載某些內容，就否定它的真實性，那就幾乎可以否定全部遊記，但這只能是對歷史的一種苛求，缺乏邏輯的說服力。如果根據「懷疑論」者的這種邏輯進行推論，那麼，人類的許多重大歷史活動都可能被宣布是不存在的。

據說馬可波羅臨終前，有人要他聲明他在書中所說的都是些無稽之談，但馬可波羅卻回答道：我所說出來的還不到我所見到的一半。長期以來，許多人都用馬可波羅的這句臨終遺言來解釋馬可波羅為什麼沒有提到那些所謂「漏寫」的事情，也就是說，馬可波羅還沒有來得及將這一切說出來。也許，就有些中國事物而言，馬可波羅確實看到了但沒有來得及告訴世人。但是，另一類中國事物，馬可波羅或者根本就看不到，或者即使看到了也不會留下特殊的印象。我們認為，「懷疑論」者列舉的那些「漏寫」的事物，大多是屬於這一類的。

比如茶的問題，到 13 世紀的 70 年代，還沒有資料證明蒙古人與回回人已經普遍飲茶，即使到了 90 年代初，也很難說蒙古人與回回人已飲茶成風。這樣，長期生活在蒙古人與回回人中間的馬可波羅，自然就不一定能夠得到茶的資訊，或者他沒有把飲茶當做中國特有的重要事物。這樣，他在書中沒有記茶也可以說是合乎情理的。比如女子纏足問題，吳思芳認為是最奇怪的事情，「因為這幾乎是後來的旅行者首先看得入迷的習俗」〔註5〕。確實，纏

〔註4〕 弗朗西絲伍德著（吳芳思）著，洪允息譯：《馬可波羅到過中國嗎？》，北京新華出版社，1997 年第 88～89 頁。

〔註5〕 弗朗西絲伍德著（吳芳思）著，洪允息譯：《馬可波羅到過中國嗎？》，北京新華出版社，1997 年第 99 頁。

足是中國歷史上的一種陋俗，楊志玖先生在文章中說，纏足之風大致是在北宋神宗時期（1068～1085）開始的，當時尚不普遍。到南宋時期則流行較廣，但仍限於上層社會及大城市，並且是從北方傳到南方的。但北方在遼、金、元統治時期，契丹、女眞、蒙古族婦女不纏足，統治者也不提倡。在蒙元時期纏足之風還沒有廣泛流行，外國旅行者有可能見不到那些不能走遠路的纏足婦女〔註6〕。比如長城問題，在馬可波羅時代，歐洲人根本不知道中國有長城，就是在中國，長城也不是人們普遍重視的主要景物，更談不上是中國的重要象徵了。長城被看做中國的一個重要象徵，是從明代開始的。比如漢字問題，在元朝，做官的蒙古人、西域人中讀書的不多。因此，不通漢語或漢文並不妨礙一個外國人在中國從事各種活動。馬可波羅是商人，他關心的是各地的物產、工商業和一些奇風異俗，以他的文化水平，很難顧及到難識的漢字。我們認爲，要說明爲什麼《馬可波羅遊記》會「漏寫」一些關於中國的事物，首先就必須考察這些事物在當時是否存在；如果存在的話，又是什麼樣子；它們當時是不是已成爲中國的重要標誌，是不是必然會引起旅遊者的特別注意。只有在進行這樣的考察和研究之後，才能合理解決所謂的「漏寫」問題。

當「懷疑論」者以上述邏輯否定馬可波羅到過中國時，他們似乎忘記了一個最重要的基本事實，這就是：馬可波羅固然「漏寫」了一些中國的事物，但與那些事物相比，書中更多的則是對中國的正確描述。如果就此否定馬可波羅到過中國。那麼，「懷疑論」者就必然會面臨著這樣一個難題：如何合理地解釋馬可波羅著作中關於中國的大量記述的正確性，特別是那些具體細節的正確性。對此，「懷疑論」者很少有人給予正面的討論，只有傅海波先生提出過《馬可波羅遊記》可能是從某個波斯文導游手冊中抄來的。但這裡的關鍵是，迄今爲止，還沒有人發現過一本這樣的導游手冊。所以，傅海波本人又回過頭來說，在確證《馬可波羅遊記》有關章節是採自其它（可能是波斯的）資料以前，必須假定和推測他畢竟是到過中國〔註7〕。而馬可波羅對中國的記述那麼翔實，有史可查，絕非一般導遊手冊所能夠做到的，也絕非短期居住中國所能夠瞭解和體會到的。因此，「懷疑論」者的第四條論據，純粹是一種推測。

〔註6〕弗朗西絲伍德著（吳芳思）著，洪允息譯：《馬可波羅到過中國嗎？》，北京新華出版社，1997 年第 96～97 頁。

〔註7〕黃時鑒、龔纓晏：《馬可波羅與萬里長城——兼評〈馬可·波羅到過中國嗎？〉》，《中國社會科學》期刊，1998 年第 4 期。

　　至於「懷疑論」者的第三條論據，顯然是馬可波羅的記載有些誇大失實和錯誤之處，這是事實。馬可波羅把蒙古攻取襄陽歸功於他們一家的獻炮，顯然是錯誤的。這可能是他身陷囹圄之中、百無聊賴之際的一種自我解嘲、自我安慰心態及當時對待史實態度不嚴肅的表現，但蒙古用炮攻破襄陽的事實確實是存在的。馬可波羅當然是在中國聽到的，而且可能是在襄陽聽到的，至於蒙古王室譜系的錯誤，主要在他敘述成吉思汗後、忽必烈汗前的幾位皇帝的名字和次序上。而馬可波羅是在忽必烈在位時來到中國的，對於前面幾位皇帝的情況，他衹是傳聞而已，因而發生這樣的錯誤是可以理解的。

　　綜上所述的，肯定論派提出的證據，雖然只能作為一種間接的材料，但在這些間接的材料加上學者們正確的邏輯上的猜想，而且馬可波羅對中國的的大部分的記載都是相當的詳細的，如果沒有來過中國是很難寫出這樣眞實的情況的，而否定論派對馬可波羅的某些苛刻的要求，在邏輯上也很難站得住腳。

二、《馬可波羅遊記》的內容本身

　　《馬可波羅遊記》和它的主人翁馬可波羅現在已經是家喻戶曉的了。然而今天我們單就《馬可波羅遊記》本身在發展的過程中所出現的事實，來揭開馬可波羅以及《馬可波羅遊記》的神秘面紗，還歷史以眞實，讓人們更多地瞭解馬可波羅和《馬可波羅遊記》。

　　首先是政治上馬可波羅說自己很受忽必烈的重用：《馬可波羅遊記》中說自己是「宮廷的寵臣、皇帝的密友、一個省的地方官和一位重要人物」，並說他「曾受大可汗的命令，治理這城（指「被選為十二省城之一」的揚州——作者注）三年之久」。而眞實的情況並非如此。元朝時，各級官府長官的設置是以蒙古人為長，總領於上；色目人，漢人為貳，分任務而相互牽制。以地方的府、州為例，蒙古人任達魯花赤，即府尹；色目人充同知，漢人充總管，共同作為達魯花赤的副貳，掌管實際的政務活動，而漢人對封建體制的精通，便客觀上使色目人成為蒙古統治者「制衡術」中的重要一極。因此，如果作為色目人連蒙古語和漢語都不通的話，是決難起到監視和牽制漢人的作用的。元史學者邵循正教授認為，「我們敢說他簡直不懂漢語，蒙古語也很有限，他比較有把握的就是波斯語（包括波斯語中習用的大食語字）」。〔註8〕楊志玖

〔註 8〕邵循正：《語言與歷史——附論〈馬可·波羅遊記〉的史料價值》，《元史論叢》第一輯，1982 年。

教授也推測馬可波羅不會漢語。余士雄在《中世紀的大旅行家馬可波羅》一書中也認爲馬可波羅不懂漢語。因此，馬可波羅在元朝想掌握實權受到重用是不太可能的。

　　另一方面，馬可波羅又提及自己對各地情況的反映爲忽必烈所重視，並因此受到重用。而從元朝的歷史情況看，至少馬可波羅對於漢人汗地的情況的瞭解是不可能的。這是由於元朝的特殊社會狀況所決定的。在元朝，東來的中亞、西亞人士，基本上都是依其所屬部族成原籍貫集結聚居的。在廣大的漢人社會裏，形成了大分散、小集中的局面。而這些外來商人在有元一代時的經營方法也決定了他們與漢民族的隔閡甚至是仇視。他們的經營方法主要有兩大特色：一是中寶制度大行。即色目商人勾結朝中的色目權要，以向皇帝呈獻海外寶貨的形式，而從政府那取得數倍、百倍的賞值，權要則從中分得大利；二是斡脫制度的盛行。「斡脫」即夥伴，指由官府或勢要人員出具資本，夥同色目商人營運，而分取大利。由於有官府或勢要的特權庇護，故可以取得許多特權，甚至發生巧取豪奪、威逼地方官吏的事。無論是中寶商人還是斡脫商人，他們的活動範圍都限於色目官員的上層，廣大的漢人厭惡他們，和他們不可能有什麼來往。因此可以想見，這些東來的色目人對漢人的情況是無從瞭解的。具體到馬可波羅，他是來自意大利的羅馬天主教徒。他們隻身東來，必須有所依靠。而在宗教上與他最可能親近的是由阿速人、欽察人等基督教徒所組成的小群體。這就決定了馬可波羅即使在中國逗留了17 年之久，其活動範圍也很小。邵循正教授就認爲馬可波羅雖然寓華多年，耳聞目睹的事實也不少，但是他交往的人都是西域人，蒙古人很少，漢人怕是沒有。《馬可波羅遊記》中他從未提到一個漢人朋友的名字。他不易有漢人朋友，也不易有蒙古朋友。〔註9〕這從同時代西歐來的如孟德科兒維諾、彼烈格林、馬利諾里等人留下的記敘中可以證明。而他們在描述中國時也和馬可波羅一樣流於浮泛和一般化，這點正是中外馬可波羅研究專家和學者感到遺憾的地方。以上兩個方面決定了馬可波羅並不具備在元朝擔任重要官職的可能性。而元初的政局並不穩定，暴動疊起。在《馬可波羅遊記》也記載了兩起重大的叛亂：一是內訌，即乃顏反叛；一是暴動，即王著殺阿合馬事件。在這種情況之下，忽必烈決不會以封官許願作兒戲，置自己的安危與江山社

〔註 9〕邵循正：《語言與歷史——附論〈馬可・波羅遊記〉的史料價值》，《元史論叢》
　　　　第一輯，1982 年。

稷於不顧，放心讓一個到中國沒多久、人生地不熟、沒有從政經驗的外國人擔任任何重要職務。況且忽必烈朝中人才濟濟，而忽必烈本人對建統治也有認識，並採用了金、宋兩朝的制度建立政府。在這種情況下，很難想像馬可波羅會得到重用。

其次是「冒領軍功」，誇大自己在元朝起的作用：《馬可波羅遊記》145 章「襄陽府大城及其被城下炮機奪取之事」。拋石機攻陷南宋襄陽城的事在中國的《元史》和波斯的《史集》中都有記載，但獻拋石機的並不是馬可波羅一家，而是從波斯來的回回人亦思馬因。時間在 1273 年 1、2 月間（至元十年正月），而那時馬可波羅一家還在來中國的途中，他們要在 1275 年夏天才到上都呢。

另外，他對很多元朝官場的常識都不知曉：在敘述蒙古王朝的世次時，成吉思汗之後為貴由汗，三拔都汗，四阿刺忽汗，五蒙哥汗，六忽必烈汗；又說忽必烈有子 22 人，長成吉思，「蓋追憶韃靼第一君主成吉思汗而取此名」；元代的重要政府組織曰省（刺木學本又有臺，與省並列兩院），名稱雖差不多，可一涉及行政組織，則無論是中央還是地方，都近於完全無知，等等。

一個混迹與官場 17 年，為最高統治者所重用的人，對這些基本的知識會如此缺乏瞭解嗎？如果馬可波羅真的如他所說的那麼重要，那麼為何「中國的歷史書中確實到目前為止還沒有發現馬可波羅的名字」〔註 10〕。在意大利《馬可波羅遊記》被看做是「克裏空」（意即虛假的報導）。這與馬可波羅的自我吹噓不無關係。

從以上《馬可波羅遊記》的內容本身就證明了馬可波羅只不過是傳聞而已的，這點經過上面的分析可以說是確定無疑的。而我們試圖還馬可波羅以真實，也正是出於讓《馬可波羅遊記》能夠繼續流芳千古的心願。可以斷定，馬可波羅在熱那亞監獄中是在一種難以明狀的心態下對自己的中國之行添加了許多自我吹噓的東西。不過在這種情況下出現自我慰藉自我吹噓的的心態，也是可以理解的。

綜上所述，《馬可波羅遊記》一書中雖摻雜了不少傳聞失實，或出自馬可波羅本人的誇張與虛構，使這部為千萬人所崇拜和歌頌的「世界一大奇書」，為之減色，然而瑕不掩瑜，雖然《馬可波羅遊記》中確實存在誇大失實或錯

〔註10〕 楊志玖：《馬可‧波羅與中國——對〈馬可‧波羅到過中國沒有？〉一文的看法》，《環球》期刊，1982 年第 10 期。

誤等缺陷，但並不影響馬可波羅和《馬可波羅遊記》所帶給世界的影響，它的總體情況可以說是「基本屬實」。我們不能以一概全，誇大這些缺陷，而抹殺該書的價值和貢獻。畢竟它在幾百年前為歐洲人開闢了一個新的天地。它對中世紀的地理、民族、風俗、物產、政治、經濟、文化和宗教等方面，提供了不少可貴的資料，在許多世紀中一直成為歐洲人瞭解亞洲和中國的依據。《馬可波羅遊記》同馬可波羅一起都是偉大的。《馬可波羅遊記》重要的學術價值和史料價值已經和將來必將永遠為我們所重視，它對世界歷史地理、世界航海事業做出了和繼續做出重大貢獻，對推動中西文化、科學技術的交流和發展起著重大的作用。

中篇　《馬可波羅遊記》的困惑新解

新解一、是誰神化了馬可波羅？ [註1]

　　《馬可波羅遊記》和它的主人翁馬可波羅現在已經是家喻戶曉的事情了。然而縱觀《馬可波羅遊記》的不同版本，包括歐洲流傳至今的不同版本以及後來多種語言的翻譯本，可以發現一件很有趣的事情，《馬可波羅遊記》使得馬可波羅這個人物越來越神秘化。本文單就《馬可波羅遊記》本身在發展的過程中所出現的變化，來揭開馬可波羅以及《馬可波羅遊記》的神秘面紗，還歷史以眞實，讓人們更多地瞭解馬可波羅和《馬可波羅遊記》。

一、馬可波羅是神化他自己的始作俑者

　　馬可波羅自己在《馬可波羅遊記》中的自我吹噓和把別人的功勞據爲己有等，這些就在無形中拔高了自己，爲後來神化馬可波羅打下了基礎。

　　在《馬可波羅遊記》中不難發現，馬可波羅是如何神化自己的。

　　首先是政治上馬可波羅說自己很受忽必烈的重用：《馬可波羅遊記》中說自己是「宮廷的寵臣、皇帝的密友、一個省的地方官和一位重要人物」，並說他「奉大汗的特令，擔任這個城市（指「被選爲十二省城之一」的揚州——作者注）的總督達三年之久」[註2]。而眞實的情況並非如此，有關考證詳見本文第四部分。

　　其次是「冒領軍功」，誇大自己在元朝所起的作用。《馬可波羅遊記》131

〔註1〕 該文發表在《湛江師範學院學報》2005 年第 2 期。《高等學校文科學術文摘》2005 年第 5 期轉載。

〔註2〕 陳開俊等譯：《馬可·波羅遊記》，福州福建科學技術出版社，1981 年第 168頁。

章講述了馬可波羅的父親和叔父向大汗獻計製造拋石機，使元軍攻陷了已經圍城三年的南宋襄陽城。拋石機攻陷南宋襄陽城的事在中國古籍中確有記載，但據《元史》和波斯的《史集》，獻拋石機的是從波斯來的回回人亦思馬因，時間在 1273 年 1、2 月間（至元十年正月），而那時馬可波羅一家應該還在來中國的途中，他們要在 1275 年夏天才到上都呢。

另外，他對很多元朝官場的常識都不知曉。在敘述蒙古王朝的世次時，成吉思汗之後為貴由汗，三拔都汗，四阿剌忽忽汗，五蒙哥汗，六忽必烈汗；又說忽必烈有子 22 人，長成吉思，「蓋追憶韃靼第一君主成吉思汗而取此名」；元代的重要政府組織曰省（剌木學本又有臺，與省並列兩院），名稱雖差不多，可一涉及行政組織，則無論是中央還是地方，都近於完全無知。此外還有李松壽之亂的時間整整推後了 10 年；把成吉思汗的病死說成是膝上中箭而死；把傳說中的非洲祭司王約翰嫁接成忽必烈外孫闊里吉思的祖父。等等。

試想，一個混迹於官場 17 年之久且為最高統治者所重用的人，對這些基本的知識會如此缺乏瞭解嗎？退一萬步說，如果馬可波羅真的如他所說的那麼重要，那麼為何「中國的歷史書中確實到目前為止還沒有發現馬可波羅的名字」〔註3〕。這就難怪當時歐洲的知識界普遍認為「此等故事被認為傳言過甚，他（指馬可波羅——作者注）那不尋常的遊記，看起來像是想像得來的，不像是忠實的觀察家的報告」〔註4〕。在意大利《馬可波羅遊記》被看做是「克裏空」（意即虛假的報導）。這與馬可波羅的自我吹噓不無關係。

二、馬可波羅迷們的功勞

人們常常把《馬可波羅遊記》看成是馬可波羅的作品，其實這是一個誤會，它真正的作者（確切地說應該是執筆人）是當時的一位通俗傳奇作家魯思梯謙諾。只有他才可以稱為歷史上第一個真正全面接觸到馬可波羅及其故事的人，即第一個馬可波羅迷。

魯思梯謙諾是意大利比薩人，而當時的比薩屬於法國。魯思梯謙諾從小就學習法文，後來還到法國留學過，他主要研究騎士文學。當時的騎士文學，是一種反映騎士在宮廷裏離奇的戀愛生活並帶有很大幻想性的長篇敘事詩。

〔註 3〕 楊志玖：《馬可·波羅與中國——對〈馬可·波羅到過中國沒有？〉一文的看法》，《環球》期刊，1982 年第 10 期。

〔註 4〕 《18 世紀歐洲大陸諸國》，北京商務出版社，1982 年第 72 頁。

　　魯思梯謙諾從法國回到意大利以後，威尼斯與熱那亞這兩個城邦發生戰爭。1298 年，魯思梯謙諾參加威尼斯艦隊，在戰爭中被俘。在被囚禁期間，他十分偶然地遇上了同樣作為囚犯的馬可波羅。作為第一批對馬可波羅故事感興趣的人，魯思梯謙諾欣然執筆，由馬可波羅口述，在 1298 年終於完成了這部曠世奇書——《馬可波羅遊記》。因為馬可波羅又被稱為「馬可百萬」，所以這部書也被稱為《關於世界的百萬書》。

　　我們有理由相信，擅長於寫騎士傳奇的魯思梯謙諾在記載馬可波羅的敘述時，總會有意無意的運用他那嫻熟的騎士傳奇的寫法，這點在《馬可波羅遊記》中是顯而易見的。如《馬可波羅遊記》的開頭《引子》中作者邀請「皇帝、國王、公爵、侯爵、伯爵和騎士們，以及其他各界的人們」來讀一讀這部遊記，以便能看見「亞美尼亞、波斯、韃靼和印度的人們」的偉大而不可思議的奇觀。這樣的開局結構，無疑流露出魯思梯謙諾的騎士傳奇的寫作風格。又如，《馬可波羅遊記》中有關戰鬥場面的精彩敘述，有聲有色，氣勢非凡，也可以見出描寫騎士征戰能手的魯思梯謙諾的手筆。特別是《馬可波羅遊記》的最後部分，即從第 201 章開始，傳奇的、浪漫的色彩傾向更為加強。〔註 5〕意大利學者貝內托曾把《馬可波羅遊記》和魯思梯謙諾的傳奇故事的許多段落進行並列比較，揭示出兩者存在相當多的共同點。

　　對魯思梯謙諾用騎士傳奇的筆法寫作《馬可波羅遊記》已為中外學者所贊同。如英國學者弗郎西絲·伍德（吳芳思）就認為很可能《馬可波羅遊記》的文風主要具有魯思梯謙諾的特色。《泰晤士報》1983 年 4 月 14 日《馬可波羅遊記到過中國沒有？》的文章作者也認為「《馬可波羅遊記》恐怕要大大歸功於一位講故事人魯思梯謙諾的生動想像力及其天賦」。我國馬可波羅研究專家楊志玖教授認為「《馬可波羅遊記》是由同獄難友，比薩作家魯思梯謙諾記錄的，這就難免有些走樣或誤記。」〔註 6〕

　　正是由於《馬可波羅遊記》的始創者魯思梯謙諾在記錄馬可波羅的故事時運用了他熟悉的騎士傳奇的寫法，使《馬可波羅遊記》一開始就人為地增加了許多誇大和想像的成分。或許魯思梯謙諾的初衷是為了讓《馬可波羅遊記》更引人入勝，作為文學作品這是許可的。但如果以嚴謹的歷史的眼光去審視的話，魯思梯謙諾的做法卻極易引起懷疑，失去了史料應有的嚴謹性和

〔註 5〕利卡多馬薩諾：《馬可·波羅》，意大利巴厘，1962 年。
〔註 6〕楊志玖：《馬可波羅在中國》，天津南開大學出版社，1999 年第 107 頁。

真實性。從這個角度看，魯思梯謙諾對馬可波羅的被神化起了巨大的推動作用。

然而對《馬可波羅遊記》影響最大的應該歸功於另外一個馬可波羅迷——賴麥錫（G.B.Ramusio 1485～1557，有人翻譯為拉木學）了，他極盡搜索和整理之技能，使《馬可波羅遊記》更加豐富多彩。

賴麥錫編撰了一套《航海與旅行》的叢書（1559 年，即在賴麥錫去世後兩年出版），其中把《馬可波羅遊記》也收進去了。賴麥錫堅持認為他是根據一部大約成書於 1438 年的《寰宇記》早期拉丁寫本編撰《馬可波羅遊記》的。但是他新出版的譯本（《馬可波羅遊記》的一個譯本）和皮皮諾的譯本（《馬可波羅寰宇記》）很不相同。英國弗蘭西絲伍德博士（吳思芳）在 1995 年著的《馬可波羅到過中國嗎？》一書中就認為賴麥錫的譯本比庇庇諾的譯本增加了更多生動誇張的故事。增加了許多不見於其它版本的情節。萊瑟姆也認為賴麥錫的版本收進了「用最動人的天方夜譚式的風格」〔註7〕敘述的有關馬可波羅本人的故事，包括他的言過其實的談話以及關於他怎樣回到威尼斯的傳奇故事。在威尼斯，馬可波羅家里人居然辨認不出那幾位衣衫襤褸的「不知道為什麼渾身有韃靼味」〔註8〕的至親。賴麥錫所收的許多段落都沒有在其它保存至今的版本中出現，如大不里士聖巴爾薩摩寺院修道士的可以治病的腰帶。對杭州的描寫，還有阿合馬事件等。其中賴麥錫譯本最精彩的地方是對成吉思汗的汗宮和他眾多妃子及選妃方法的描述。

賴麥錫譯本是在馬可波羅去世 200 多年後出版的，但他的本子竟然比保存至今較早時期的寫本有更多有趣的內容。這就不得不令許多專家和學者提出質疑。

然而賴麥錫的譯本並不是唯一的看來有所「改進」的譯本。有人在 1932 年在托萊多大教堂的圖書館發現另一部 15 世紀的拉丁文譯本，其中竟有 200 個段落是巴黎國家圖書館所藏版本所沒有的。然而這些段落有五分之三出現在賴麥錫的譯本中。還有大約 80 個段落是托萊多版本所獨有的，其中一個段落是對斡羅思國的詳細描寫，而眾所周知這是馬可波羅沒有訪問過的國家。

然而現代的許多《馬可波羅遊記》的譯本如萊瑟姆、摩勒、伯希和譯本都在很大程度上依賴賴麥錫和托萊多抄本。這些譯本和抄本的作者把自己掌

〔註7〕羅納德萊瑟姆：《馬可・波羅遊記》，英國：哈蒙沃斯，1958 年第 16 頁。
〔註8〕羅納德萊瑟姆：《馬可・波羅遊記》，英國：哈蒙沃斯，1958 年第 58 頁。

握的較多的有關中國的材料收進他們所編寫的各種版本的《馬可波羅遊記》，
或許他們認爲這樣可以增加其所編的《馬可波羅遊記》的趣味性和可讀性，
但這些都無疑對神化和誇大馬可波羅起了推波助瀾的作用。就這樣，在這幾
百年的一次次的提升中，馬可波羅被人爲地擡高到了一個比他眞實面目要高
不知多少的位置。於是，我們似乎只能「仰望」馬可波羅了。

三、歐洲版本隨意刪改

　　《馬可波羅遊記》問世後即爲許多人所喜愛，雖然他們中的很多人只把
它當作傳奇看，並不相信其中描寫的事情。而由於當時歐洲並沒有流行印刷
術，因此許多人閱讀的都是抄寫稿。而原始稿本即馬可波羅和魯思梯謙諾簽
名的那本早已失傳。原始稿本的失傳並沒有阻止《馬可波羅遊記》的流行，
因此出現了許多不同的版本。據穆爾和伯希和統計，在 20 世紀 30 年代末已
有抄寫本及印刷版本 143 種。這麼多種版本的流傳，難免有以訛傳訛的情況。
　　英國人亨利玉爾（H・Yule）把國外比較流行的《馬可波羅遊記》版本分
成 5 種：第一種是法國地理學會版，或名老法文版。1824 年法國地理學會刊
印。他認爲這是馬可波羅在獄中口述，魯思梯謙諾所記錄的版本。其書不分
卷，共 232 章。現在這種版本唯有巴黎圖書館所藏是完整的。第二種是改定
的 5 種法文寫本，其中 3 種於巴黎圖書館，1 種藏於瑞士首都伯爾尼（Bern），
1 種藏於牛津大學伯得雷恩（Bodleian）圖書館。其中有 2 本，證實爲 1307 年
馬可波羅親自贈送給迪博（Thibaud de cepoy）的。法國學者鮑梯（Pautheir）
考證，此類版本都是得到馬可波羅親自改定，或得到其允許而改定的。第三
種是庇庇諾（Pipino）拉丁譯本。此類寫本其中節略刪除之處，比第二種爲多。
庇庇諾的翻譯，成於馬可波羅晚年。意大利研究《馬可波羅遊記》者認爲，
馬可波羅當時知道這種版本，並加以修改。第四種是賴麥錫（G.B. Ramusio）
的意大利文版本。書中地名多經更改，被刪除多章，而又新增阿合馬一章與
其它版本所無之處。全書章卷分段，亦與其它版本不同，該版本刊於 1559 年。
玉爾認爲，這種版本是彙合數種版本編譯潤色而成的。第五種版本是「Z 寫本」
（codex Z）。20 世紀 20 年代佛羅倫薩市（Florence）意大利國家圖書館委託
拜內戴拖（Benedetto）教授編輯一種全新的《馬可波羅遊記》。他游歷全歐洲，
共走訪了 50 多個圖書館，研究了所有知悉的版本。後來在米蘭市安白洛襄圖
書館（Milan Ambrosian library）發現了一種拉丁文寫本。這本被稱爲「Z 寫本」

（取藏書者蔡樂達的首個字母）是從紅衣主教蔡樂達（Cardinal Zeladal）所藏的 14 或 15 世紀一種寫本上抄下來的。

由此可以看出，《馬可波羅遊記》版本繁多，而又沒有一種版本可視為「正統」。由於魯思梯謙諾記錄的原始版本始終沒有找到，或許已經失傳。這一方面固然是由於年代的久遠，難免有保管不當。另一個更主要的方面是《馬可波羅遊記》及馬可波羅本人長期不為當時的歐洲人所認同。以至於在馬可波羅臨死前他的親友竟要他忏悔自己所敘述的《馬可波羅遊記》為彌天大謊。

而正是由於魯思梯謙諾原始版本的失傳，為各種版本在內容上的隨意增刪提供了可能，各種版本作者任意給《馬可波羅遊記》增刪內容，甚至給《馬可波羅遊記》加上馬可波羅回意大利後的資料，這就給閱讀帶來誤導，讓人對馬可波羅的經歷多了更多讚歎。

四、歐美學者們的推波助瀾

歐美學者對馬可波羅的學術研究開展得較早，從 19 世紀至今，先後出現了許多著名的馬可波羅研究專家，英國的學者亨利・玉爾，法國著名的東方學家伯希和（Pellio），德國學者傅海波（Herbert Franke，一譯為福赫伯）。這些學者的研究成果對後來世界性馬可波羅研究熱潮的推動之巨、影響之大、流傳之遠，是不可估量的。他們主要做了下面三方面的工作。

一是對馬可波羅在中國時的身份的確認。法國學者鮑梯（一譯頗節）認為揚州在至元十三年（公元 1276 年）為行省，至元十四年（公元 1277 年）為路，他推測馬可波羅在這段時間內成為江淮行省或路的長官。頗節在為馬可波羅書寫的敘言中，又明確推斷出馬可波羅在 1277 年到 1280 年間，做揚州及其附屬的 27 個城池的長官。沙海昂在把頗節的舊法文轉為新法文的同時，完全接受了頗節的解析，肯定了馬可波羅曾做過揚州行省的長官即漢語的「總管」。這種說法也為我國早期的馬可波羅研究者所認同。此外還法國學者鮑梯於 1865 年出版的《威尼斯人馬可波羅遊記》中提出的樞密副使說，這種說法又為英國學者亨利玉爾所認同。

二是對馬可波羅所通曉的語言確認。法國學者鮑梯在 1865 年刊行和注釋的《忽必烈樞密副使博羅》中首先認為馬可波羅學會的四種語言是漢文、維吾爾文、八思巴蒙古文和利用阿拉伯字母書寫的波斯文。這種說法在我國曾廣泛流行。

　　三是肯定《馬可波羅遊記》的眞實性。德國學者傅海波雖然認爲馬可波羅一家是否到過中國，還是個沒有解決的問題。他還列舉了《馬可波羅遊記》中一些可疑的地方，如在揚州做官、獻投石機攻陷襄陽等虛誇之辭以及書中未提中國的茶葉和漢字書法等問題。「這些事倒使人們對波羅一家長期住在中國一說發生懷疑。」「但是，不管怎樣，在沒有舉出確鑿證據證明波羅的書衹是一部世界地理志，其中有關中國的幾章是取自其它的、也許是波斯的資料（他用了一些波斯詞彙）以前，我們只好作善意解釋，假定（姑且認爲）他還是到過中國。」〔註9〕傅海波儘管有所懷疑，但還是沒有否定馬可波羅到過中國的事實。英國學者亨利玉爾（Henry Yule）在其《馬可波羅遊記·導言》中也指出了書中有多處遺漏，但他對這些遺漏作出了相應的解釋。法國著名的東方學家伯希和在他爲《馬可波羅遊記》所作的宏篇注釋也中體諒了書中的疏失。歐美學者們的研究成果，進一步肯定了《馬可波羅遊記》的眞實性。

五、中國馬可波羅迷的執著、固守

　　中國人知道馬可波羅的歷史並不長，從 1874 年至今僅短短的 130 年中。中國的馬可波羅迷們也許是出於民族自尊感和中國禮儀之邦的顏面，爲馬可波羅在中國人心目中紮根做了許多切實有效的工作。

　　首先他們是找到了馬可波羅到過中國的確切證據。早在 1941 年，楊志玖先生就在《永樂大典》卷 19418 中發現了一條重要的材料，該材料引用了元朝的《經世大典·站赤門》紀事，記錄了元朝 1290 年的一篇公文。其中公文提到了波斯三位使者的名字。這三位使者的名字與馬可波羅在書中所講到的阿魯渾的三位使者名字完全一樣，這足以證明馬可波羅到過中國。到目前爲止，該材料是唯一能夠說明馬可波羅到過中國的材料。但是也有學者懷疑該材料的作用，認爲充其量衹是一件間接材料。

　　其次是弄清了馬可波羅的眞實身份。從樞密副使說、揚州總管說、使臣說到最後的斡脫商人說，馬可波羅的眞實身份經過 100 多年的考證，已經越來越清晰了。馬可波羅由一個「宮廷中的寵臣、皇帝的密友、一個省的地方官和一個主要人物」逐漸回歸到普通的商人身份。但是很遺憾的是，一方面有關專家和學者沒有最終考證出馬可波羅的眞實身份，使眞實的馬可波羅依舊「猶抱琵琶半遮面」。另一方面有關馬可波羅的非研究性讀物如旅游手冊或

〔註 9〕楊志玖：《馬可波羅在中國》，天津南開大學出版社，1999 年第 126 頁。

通俗讀物依然把馬可波羅看做是忽必烈身邊一個舉足輕重的人物。而這類介紹馬可波羅的讀物往往又是廣大讀者瞭解馬可波羅的主要渠道。〔註10〕

再次對馬可波羅在中國時出使旅行的路線和時間問題界定。陳得志先生經過考證認為，1280～1281年期間馬可波羅奉命出使雲南，1282～1287年期間在揚州任職以及在杭州檢校歲課，1287～1289年期間奉命出使印度，1290～1291年期間從大都出發至泉州，準備出海回威尼斯。〔註11〕如果能馬可波羅是否到過中國這個問題都還是疑問的話，那馬可波羅在中國時出使旅行的路線和時間問題界定似乎就沒有什麼意義了。

最後是確定了馬可波羅離開中國的確切時間為1291年。楊志玖先生、黃時鑒先生等學者經過考證一致認為馬可波羅離開中國的時間應該是在1291年。這個觀點得到了外國學者的認同。

綜上可見，在各種版本的《馬可波羅遊記》中的馬可波羅並不真實，甚至或多或少被「神化」著。而這種神化的過程是漫長的，是由各種原因造成的。而要促使馬可波羅回歸到真實，這個過程也必然是漫長的。

但是，這並不是要否定《馬可波羅遊記》本身的價值和歷史意義。相反的，我們認為《馬可波羅遊記》同馬可波羅一起都是偉大的。《馬可波羅遊記》重要的學術價值和史料價值已經和必將永遠為我們所重視，它對世界歷史地理、世界航海事業做出了和繼續做出著重大貢獻，對推動中西文化、科學技術的交流和發展起著重大的作用。而我們試圖還馬可波羅以真實，也正是出於讓《馬可波羅遊記》能夠繼續流芳千古的心願。

〔註10〕余士雄：《馬可波羅介紹與研究》，北京書目文獻出版社，1983年。
〔註11〕陳得芝：《馬可波羅在中國的旅程及其年代》，《元史及北方民族史研究集刊》第10期，1986.年第1～9頁。

新解二、馬可波羅獨享盛名的原因 何在？〔註1〕

　　馬可波羅這個名字早已家喻戶曉了，但爲什麼祇是他能夠成爲了元代中國與西方歐洲國家文化交流的一個具有時代特徵的代表人物呢？目前學術界還很少有人涉足這一關鍵性的問題。而這一問題的正確解答，對於早日破解馬可波羅之謎，進一步消除人們對馬可波羅到過中國的疑慮，一定會提供更加有利的證據支持的。

一、間接接觸時期的道聽途說加劇了西方國家對東方中國瞭解的迫切性

　　在元帝國興起以前，古代東方中國與西方歐洲國家的文化交流一致停留在一種間接接觸和交流的狀態，對對方的瞭解和認識完全停留在道聽途說的狀態。因此，不可避免地出現雙方互爲神秘化的現象，這就在一定程度上加劇了西方國家對東方中國瞭解的迫切性。

　　在歷史上，東方文明古國中國與西方文明的發源地希臘、羅馬之間相距數萬里的路途，可以說是遠隔千山萬水，還有茫茫戈壁、沙漠橫亙其中，當時的條件是完全不可能實現雙方之間的直接接觸的。但是，雙方都在爲實現直接接觸在努力著。東方的中國從西周穆天子西遊就開始了對西方世界的探索之旅。到西漢漢武帝時期，東方中國才開始眞正意義上的向西擴張。經過漢、唐幾代的努力，東方中國的唐朝最盛時期的西部疆域已經達到中亞地

〔註 1〕該文發表在《湛江師範學院學報》2007 年第 4 期。

區，但與當時西方國家的羅馬帝國還祇是遙遙相望而已。與此同時，西方歐洲國家也在致力向東擴張。亞歷山大遠征軍隊的前鋒就曾經到達了阿姆河和錫爾河之間的粟特地區，這在一定程度上拉近了東方中國與西方歐洲國家的距離。

由於古代東方中國與西方歐洲國家之間的距離，使得雙方無法實現直接的接觸。因此，對對方的認識和瞭解，還一直處在道聽途說階段。諸如中國史書上記載西方的大秦帝國政治昌明，疆土遼闊，物產豐富，多出產金銀奇寶，大秦人長得很高大魁梧等等，當時的西方人認爲東方中國人也身材很高大，並且壽命超過200歲。同時也盛贊中國絲織品的質地優良等等。從漢代以後，經常有些商人冒充對方的使節，但決不是雙方眞正意義上的直接接觸。長期以來對對方的道聽途說，使得對方在己方心目中的神秘感越來越強烈。這種強烈的想瞭解對方的迫切感，爲後來馬可波羅的成名創造了不可或缺的機遇。馬可波羅正是抓住這種機遇，從而使得自己能夠一夜之間便留名千古。

二、強大、遼闊的元帝國是馬可波羅成名的物資後盾

對於馬可波羅的成名，張星烺先生認爲：「馬可波羅不過商人之子，非有過人之才，及超人之智，而得享盛名者，完全風雲際會使之也。造此風雲際會者，蒙古人也。」〔註2〕張先生對這一點的論述可以說是很精闢和很獨到的。試想一下，幾千年都沒有直接接觸的西方歐洲國家的客人，突然站在東方國家統治者的面前，那將會是一種什麼樣的場面和一種什麼樣的心理呢？

而強大、遼闊的元帝國確實使得古代東方中國與西方歐洲國家長期以來要求直接接觸的夢想終於成爲了一種可以實現的現實。首先，元帝國擁有遼闊的疆域。元帝國從成吉思汗開始，不斷向西擴張，到1242年，蒙古軍隊先後征服了俄羅斯、波蘭、匈牙利、奧地利、德意志、羅馬尼亞等國家，歐洲的東部地區已經全部歸入元帝國的版圖。蒙古軍隊的鐵騎一度直指歐洲的心腹地區——意大利、維也納等地。因此，在十三世紀的時候，蒙古民族建立了一個地跨歐亞的龐大帝國。除了元朝爲宗主國外，還有 4 個龐大的宗藩之國，即欽察汗國、伊利汗國、察合臺汗國和窩闊臺汗國。在這一時期裏， 古代東方中國與西方歐洲國家之間的距離從遙遠不可企及到可以直接握手言歡

〔註 2〕 張星烺：《歐化東漸史》，北京商務印書館，2000 年第 136 頁。

的鄰居關係。這樣，中西之間的直接交流就變得方便多了。其次，元帝國擁有四通八達的驛站系統，爲中西交流提供了優質的後勤保障系統。據至順二年（1331 年）成書的《經世大典》記載，元朝全國擁有驛站總數達 1500 多處，還不包括西北諸汗國的驛站在內，構成了以大都爲中心的稠密交通網。其覆蓋範圍之廣，爲前代所未有。並且有軍隊保護商旅往來。只要有乘驛的憑證，就可以利用驛站所提供的一切便利條件。這些就爲西方歐洲國家的商旅、使節來東方中國提供了非常便利的後勤保障。再次，元帝國對遠方客人的熱情接待，使得西方歐洲國家的客人絡繹不絕地到中國來，瞭解中國，介紹中國。有元一代，西方歐洲國家派往東方中國的有教會的使者、各國政府的使節以及商旅往來等。對於這些遠道而來的客人，元朝都熱情接待，禮遇有加。

三、《馬可波羅遊記》讓西方歐洲國家有機會第一次瞭解到眞正的東方中國

在十三世紀的元朝，西方國家派往元朝的使者、商旅可以說是不計其數的。根據文獻記載，有教皇派來的傳教士使者，有西方國家政府派來的使者，也有一些商旅代表等。而據目前爲止已知的材料來看，馬可波羅既不是教皇的使者，也不是西方國家政府的使者，充其量不過是西方國家商人的代表。而爲什麼就是他寫的《馬可波羅遊記》會成爲轟動一時並流傳後世爲世人津津樂道的談資呢？最關鍵的問題就是馬可波羅他以一個世俗的普通人的視覺，清楚地回答了西方歐洲人對東方中國的好奇心，也是第一次讓西方歐洲國家有機會瞭解到眞正的東方中國。

《馬可波羅遊記》除序言外，分爲 4 卷 217 章。大致內容是：第一卷，從小亞美尼亞到大汗上都沿途各地的見聞錄。第二卷，忽必烈大汗和他的都城、宮廷、政府以及西南行程中經歷的各城市和省的見聞錄。第三卷，日本群島、南印度和印度海的海岸與島嶼。第四卷，韃靼各王公之間的戰爭和北方各國的概括。據統計，全書大約有 1/4 弱講的是契丹和蠻子省（指南宋地區）的事，1／4 強是唐古特（党項）和上都地區。也就是說，《馬可波羅遊記》全書有一半的內容是介紹東方中國情況的。就關於中國的記載來看，談的最多的是歷史、經濟、道路走向、一般禮俗、商業和地形地貌，也有少量關於宗教禮俗、政治關係和動物的介紹。這些都是西方歐洲人迫切想知道的東西。

　　然而，在馬可波羅到達中國之前，1245 年，教皇教皇英諾森四世曾派遣柏朗嘉賓出使蒙古。柏朗嘉賓把自己的見聞寫成了《蒙古史》一書，這部書是西方世界第一份關於遠東地區的確鑿的文字記載，被譽為在《馬可波羅遊記》寫成以前，歐洲人寫作的東方見聞錄中的兩部傑作之一。從內容來看，柏朗嘉賓的報告力圖全面介紹蒙古人各方面的情況，而以摸清對方的軍事實力、作戰特點、武器裝備等為重點。所以他的出使，軍事目的遠重於傳教目的。其後教皇有先後派遣阿西林和郎久木出使蒙古，但都無功而返。1253 年，法國國王路易九世派遣方濟各會教士魯布魯克出使蒙古。魯布魯克將旅途見聞寫成《出使蒙古記》報告給法國國王。從宗教的目的看，魯布魯克此行同樣是不可避免地失敗了。然而他所寫的旅行報告，卻為研究早期蒙古國的歷史提供了甚至比柏朗嘉賓更詳盡準確的記錄。魯布魯克的報告共分 38 章。雖然他也像柏朗嘉賓那樣企圖全面報告蒙古人的情況，但是重點並不在軍事方面，而是在蒙古人的風俗習慣和宗教信仰方面。

　　在馬可波羅離開中國之後，也有很多關於東方中國的記載。意大利人鄂多立克以旅行者的身份，在 1325 年來到中國，並停留了 3 年時間。他在自己的遊記《鄂多立克東遊錄》中有約 1／3 的篇幅來描述東方中國即契丹和蠻子省的情況。他對中國的描述偏重於政治方面，他讓大家把眼光集中在大汗的形象上。他不厭其詳地敘述朝廷的集會，朝參的秩序，覲見皇帝的場面，軍隊和狩獵，驛站的快捷等。他說這個帝國的行政區劃為 12 個省，蠻子省有 2000 個城市，這還不包括 5000 個島嶼在內。其中許多關於政治的描述都直接或間接與大汗有關。但是，鄂多立克筆下的大汗，卻是抽象的統治者的形象，而不是像馬可波羅所寫的那樣是有名有姓的具體人物。1338 年馬黎諾里作為教皇的使者出使蒙古帝國。1354 年，馬黎諾里把自己在東方的見聞寫成了《馬黎諾里遊記》，放在他的著作《波希米亞史》的書末。他的遊記關於中國內地的敘述基本限於杭州和泉州。他說：蠻子國疆域廣大，城邑無數，未歷其境的人是難以置信的。他還證實，過去旅行者記述杭州有石橋一萬，飾以雕塑和畫像，「讀之皆以為不經之談，然其所言者，皆確實事情也」。但是《馬黎諾里遊記》記述的重點是印度，他對蠻子省的地理方位並不清楚，他說這個地方古時的名字叫「大印度」。他是否把契丹看成一個獨立的地理政治實體，是否知道它同蠻子省的密切關係，也並不清楚。〔註3〕

〔註 3〕 申友良：《馬可波羅時代》，北京中國社會科學出版社，2001 年第 63～70 頁。

　　雖然這些使節和旅行家他們大多把自己的見聞寫成報告或者遊記性質的書，但是他們所寫的關於東方中國的東西，大多放在教廷或國家的檔案室裏，能夠見到的人少之又少，根本無法滿足西方歐洲人對東方中國認識和瞭解的迫切要求。

四、《馬可波羅遊記》長期被歐洲人視爲怪誕神話並被肆意增刪其中的內容，這些反而幫了馬可波羅的忙，使得馬可波羅的名氣越來越大

　　在中世紀時期的歐洲，《馬可波羅遊記》長期被認爲是神話，被當作「天方夜譚」。當時人是這樣評價馬可波羅的：「馬可波羅與其父親及叔居韃靼多年，聞見頗廣，富有資財，心甚巧敏。在基奴亞獄間時，將其所見世間奇異，著爲一書。其中荒誕不經之事甚多，蓋非彼親見，乃據之造謠說謊者之口傳。此輩散佈流言，以欺他人，而其心中則自亦不解不信也。波羅氏乃亦輕率據之以筆於書，其難取信於當代博雅君子，亦宜矣。故於其將死時，友朋親臨床側，乞其將書中不合理之記載，難於取信者，刪除之，而馬可波羅則執迷不悟，謂其友曰，書中所記，尚不及吾所親見者一半之數也。」〔註4〕

　　《馬可波羅遊記》誕生後，在一段時期裏都是以手抄本的形式流傳著，因此，出現了各種不同的版本，對《馬可波羅遊記》隨意增刪的現象非常普遍，這也使得《馬可波羅遊記》面目全非，也爲持懷疑態度的人抓住了把柄。在這些不同的版本中，以賴麥錫編輯的《馬可波羅遊記》影響最大。賴麥錫堅持認爲他是根據一部大約成書於1438年的《寰宇記》早期拉丁寫本編撰《馬可波羅遊記》的。但是他新出版的譯本和庇庇諾的譯本很不相同。英國弗蘭西絲伍德博士（吳思芳）在1995年著的《馬可波羅到過中國嗎？》一書中就認爲賴麥錫的譯本比庇庇諾的譯本增加了更多生動誇張的故事，增加了許多不見於其它版本的情節。萊瑟姆也認爲賴麥錫的版本收進了「用最動人的天方夜譚式的風格」敘述有關馬可波羅本人的故事，包括他的言過其實的談話以及關於他怎樣回到威尼斯的傳奇故事。在威尼斯，馬可波羅家里人居然辨認不出那幾位衣衫襤褸的「不知道爲什麼渾身有韃靼味」的至親。賴麥錫所收的許多段落都沒有在其它保存至今的版本中出現，如大不里士聖巴爾薩摩寺院修道士的可以治病的腰帶。對杭州的描寫，還有阿合馬事件等。其中賴

〔註4〕張星烺：《歐化東漸史》，北京商務印書館，2000年第155～156頁。

麥錫譯本最精彩的地方是對成吉思汗的汗宮和他眾多妃子及選妃方法的描述。

　　賴麥錫譯本是在馬可波羅去世 200 多年後出版的，但他的本子竟然比保存至今較早時期的寫本有更多有趣的內容。這就不得不令許多專家和學者提出質疑。然而賴麥錫的譯本並不是唯一的看來有所「改進」的譯本。有人在 1932 年在托萊多大教堂的圖書館發現另一部拉丁文譯本，這本 15 世紀的抄本，其中竟有 200 個段落是巴黎國家圖書館所藏版本所沒有的。然而這些段落有五分之三出現在賴麥錫的譯本中。還有大約 80 個段落是托萊多版本所獨有的，其中一個段落是對斡羅思的詳細描寫，而這是眾所周知的馬可波羅沒有訪問過的國家。而現代的許多《馬可波羅遊記》的譯本如萊瑟姆、摩勒、伯希和譯本都在很大程度上依賴賴麥錫和托萊多抄本。這些譯本和抄本的作者把自己掌握的較多的有關中國的材料收進他們所編寫的各種版本的《馬可波羅遊記》，或許他們認為這樣可以增加其所編的《馬可波羅遊記》的趣味性和可讀性，但這些都無疑對神化和誇大馬可波羅起了推波助瀾的作用。就這樣，在這幾百年的一次次的提升中，馬可波羅被人為地擡高到了一個比他真實面目要高不知多少的位置。於是，我們似乎只能「仰望」馬可波羅了。

　　綜上所述可以看出，馬可波羅之所以能夠成名，很明顯與當時時代有著密切的關係，強大的元帝國是其中至關重要的因素。而後人對《馬可波羅遊記》的隨意增刪以及長期被視為怪誕神話，反而使得馬可波羅的名氣越來越大。

新解三、魯思梯謙諾與《馬可波羅遊記》的傳奇風格的關係何在？

　　知道《馬可波羅遊記》的人一定很多，但知道《馬可波羅遊記》的真正作者的人肯定很少。相信很多人都以為，《馬可波羅遊記》就是馬可波羅寫的。其實不然，《馬可波羅遊記》的真正作者卻是魯思梯謙諾。公元 1298 年，意大利的熱那亞和威尼斯因商業衝突爆發了戰爭，威尼斯戰敗，馬可波羅及其七千多戰友淪為戰俘，被投入獄中。在獄中，馬可波羅結識了魯思梯謙諾。為熬過漫長的獄中歲月，馬可波羅向這位獄友講了許多他在東方的見聞，魯思梯謙諾將這些口述記錄了下來……這就是轟動世界的《馬可波羅遊記》的誕生過程。

　　《馬可波羅遊記》自誕生以來，人們就因其荒誕離奇的內容而懷疑其真實性，甚至對馬可波羅是否來過中國產生懷疑。國內外研究學者對此也一直存在爭論，分成了肯定論者和懷疑捆著兩大陣容，各持其證，言辭鑿鑿，實可謂「此『辯』綿綿無絕期」，久久爭執不下。本文暫不討論《馬可波羅遊記》的真偽以及馬可波羅是否來過中國的問題，只就《馬可波羅遊記》作者與內容的傳奇風格試作簡要分析。

一、魯思梯謙諾的生平

　　魯思梯謙諾（Rusticiano），又叫魯斯蒂凱洛（Rustichello），意大利比薩人，生活在 13 世紀，生卒年不詳。〔註1〕

〔註 1〕 楊志玖：《馬可波羅在中國》，天津南開大學出版社，1999 年第 55 頁。

　　魯思梯謙諾的一生可以分爲三個非常明顯的階段。第一階段是魯思梯謙諾的少年階段。在這段時期裏，魯思梯謙諾生活在意大利的比薩這座城市裏。意大利的比薩城也是一座歷史悠久的文化古城，它位於意大利的中部大平原上，土地肥沃，氣候溫和。特別是它的地理位置相當重要，瀕臨利古里海，處於聯結意大利南北的通道上，還與法國以及地中海地區有著密切的交往，是當時東西方貿易的樞紐之一。而當時的比薩屬於法國。魯思梯謙諾從小就受到了比薩文化傳統的熏陶，並且對外部世界有著濃厚的興趣。起先他在比薩學習法文，因爲法語是當時地中海地區交往時廣泛使用的語言，很受當地知識階層的重視和推崇。

　　第二階段是魯思梯謙諾的青年階段。在這段時期裏，魯思梯謙諾生活在法國。他前往法國深造，專門研究騎士文學。當時法國是歐洲騎士文學最興盛的地方，他到法國後，很快就熟悉了法國騎士文學的經典。由於他廣博的學識，再加上富有教養，所以人們都尊敬地稱他爲「魯思梯謙諾老師」。大約在 1270 年，魯思梯謙諾用法文寫成了一部騎士傳奇《梅里亞杜斯》（Meliadus）。《梅里亞杜斯》很快就傳入意大利，在各個城邦君主、貴族的宮廷裏以及騎士傳奇讀者中廣爲流傳，受到意大利民眾的熱烈歡迎。據說，當時常常有謳歌詩人在街頭、廣場說唱這個傳奇故事，在一些城市還出現了以梅里亞杜斯的事迹爲題材的雕塑藝術品。

　　第三階段是魯思梯謙諾的中老年階段。在這段時期裏，魯思梯謙諾生活在意大利的威尼斯這座城市裏。大約在 13 世紀末葉，魯思梯謙諾返回意大利，定居在威尼斯。不久之後，熱那亞與威尼斯這兩座海上城市發生戰爭。1298年，魯思梯謙諾參加到威尼斯的艦隊，在庫爾佐加海戰中不幸被俘，身陷囹圄。機緣巧合，馬可波羅也在同一次戰役中被俘，囚禁在熱那亞監獄，成爲魯思梯謙諾的獄友。但也有人認爲，魯思梯謙諾入獄的時間要比馬可波羅早數年，係在梅洛里亞戰役中被俘。在獄中，馬可波羅向魯思梯謙諾口述了他在中國和東方的見聞，魯思梯謙諾用法文記錄下來。一部舉世聞名的曠世奇書《馬可波羅遊記》或稱《東方見聞錄》在 1298 年終於誕生了。〔註2〕現在人們要瞭解和研究魯思梯謙諾，反而要通過《馬可波羅遊記》了。

〔註 2〕呂同六：《〈馬可‧波羅遊記〉的筆錄者魯思梯謙諾》，人民日報 1980 年 9 月
　　　22 日。

二、魯思梯謙諾作品的風格

　　十二、十三世紀是騎士文學的繁榮時代，騎士文學描寫騎士，採取傳奇的題材，即非現實的敘事詩和幻想小說；以忠君、護教、行俠為內容；以英雄與美人，冒險與戀愛為題材；採用即興的、自由的、浪漫的創作方法編纂而成。魯思梯謙諾就是一位擅長寫作這種具有濃重的傳奇色彩的騎士文學風格作品的小說家。能夠反映魯思梯謙諾騎士文學風格的作品就是在 1270 年寫作的《梅里亞杜斯》。魯思梯謙諾在這部作品中，有一個貫穿整個故事的人物，就是梅里亞杜斯。梅里亞杜斯是特利斯坦的父親，此人武藝高強，英勇過人，在比武場上所向無敵，在征戰中又是攻城略地的英雄。梅里亞杜斯總是能夠憑藉驚人的英明果斷和聰明才智，戰勝艱難險阻，建立各種業績。所以這部傳奇故事集取名《梅里亞杜斯》。在作品中，魯思梯謙諾塑造了一個剛毅無畏、倔強忠直的典型騎士形象，體現了封建統治階級理想中的騎士精神。但在作品中所反映出來的對現世生活的興趣和追求，對人的才能和智慧的歌頌，卻是與中世紀基督教所宣揚的禁欲主義、來世思想和蒙昧主義相背離的。在《梅里亞杜斯》中，魯思梯謙諾還描寫了人們熟悉的不列顛傳統傳奇中的其他人物，比如有特利斯坦、亞瑟、加爾瓦諾等。

　　魯思梯謙諾的《梅里亞杜斯》受到當時騎士文學的影響是非常深刻的。13 世紀的騎士文學大致可以分為三個系統，古代系統、拜占庭系統和不列顛系統。其中古代系統是依據古希臘、羅馬文學作品改寫而成的，拜占庭系統是依據拜占庭晚期故事改寫而成的，只有不列顛系統在當時最為典型、最有影響力。因為不列顛系統的傳奇中始終貫穿著一個中心人物，即不列顛國王亞瑟，所有的傳奇通常以亞瑟的騎士圍聚在圓桌敘述故事的形式展開，所以又稱為「亞瑟王的故事」或「圓桌騎士的故事」。不列顛系統中最重要的作品是產生於 12 世紀的《特利斯坦與綺瑟》，它描寫特利斯坦與綺瑟這一對青年男女因誤飲藥酒，真摯相愛，最後被綺瑟的丈夫國王馬克迫害致死的遭遇。魯思梯謙諾非常喜歡這部作品，遺憾的是，這部作品在 13 世紀沒有完整地遺留下來。於是，魯思梯謙諾便對法國 12 世紀的兩位騎士作者具盧勒和湯姆遺留下來的《特利斯坦與綺瑟》殘本進行深入、細緻的研究，同時又攻讀了法國另一位 12 世紀詩人克雷蒂·德·特洛阿寫的騎士傳奇《郎斯洛或坐囚車的騎士》（約 1165 年完成）、《培斯華或聖杯傳奇》（約 1180 年完成）。魯思梯謙諾仔細揣摩了這些騎士文學的經典作品在構思主題、編織情節、描寫技巧等

方面的特點後，大約在 1270 年用法語寫成了自己第一部成名作——騎士傳奇《梅里亞杜斯》。

《梅里亞杜斯》在 13 世紀的意大利文學史上，是具有一定的價值的。首先，《梅里亞杜斯》是意大利人在 13 世紀時寫作的一部最有影響的騎士傳奇，是 13 世紀意大利騎士文學的經典作品之一。其次，《梅里亞杜斯》是法國騎士傳奇特別是不列顛系統的騎士故事藉以傳播到意大利的主要文學作品之一，後來的意大利文藝復興特別是但丁的《新生》和《神曲》以及文藝復興時期另外兩位著名詩人博亞多、阿利奧斯托在它們的傳奇敘事長詩《熱戀的羅蘭》（1494）、《瘋狂的羅蘭》（1516～1532）中，都明顯地吸取了法國的騎士傳奇的因素。應該說，意大利文藝復興時期的文學，直接地或者間接地受到了魯思梯謙諾的《梅里亞杜斯》的影響。

三、《馬可波羅遊記》的風格

《馬可波羅遊記》記載了威尼斯著名商人和冒險家馬可波羅到中國經商時一路的沿途見聞。全書共分四卷，第一卷記載了馬可波羅諸人從小亞美尼亞到大汗上都沿途各地的見聞。第二卷記載了蒙古大汗忽必烈及其宮殿、都城、朝廷、政府、節慶、遊獵等事；自大都南行至杭州、福州、泉州及東地沿岸及諸海諸州等事。第三卷記載了日本、越南、東印度、南印度、印度洋沿岸及諸島嶼，非洲東部。第四卷記載了成吉思汗後裔諸韃靼宗王之間的戰爭和亞洲北部各國的概況。

書中記述的國家、城市的地名，達一百多個。語言簡明，沒有華麗的詞藻和複雜多變的故事情節，但其以傳奇的寫法，向讀者展示了一幅令人耳目一新的絢麗多彩的東方古國的圖畫：

大亞美尼亞的中部有一座險峻的大山，山上停泊著諾亞方舟。邊境地區有一座噴油井，產量很高，噴出的油必須用很多駱駝才能裝載。這種油可以用來製造一種軟膏，醫治人畜的皮膚病和其他病痛。還可以當作燃料，臨近各國的燈火都燒這種油。

葉爾羌城的基督教徒建造了一座紀念聖約翰的教堂，教堂的屋頂的一切重量都集中在中央的一根石柱上，他們從回教的一座清真寺中取來一塊石頭，作為基礎安置在石柱底下。回教徒恢復了龐大的勢力後，令基督教徒歸還石頭，希望因為石頭的移動而使整個教堂倒塌。但是奇跡出現了，因聖徒

的保祐，石柱竟自動升起，離基石有三掌高，這樣易於移動石頭。教堂在這種狀況下，沒有任何一種支持，一直保存到今天。

大汗所供養的占星家精通巫術。在每年祭奉他們所崇拜的神靈和偶像的時候，陰雲密布，將下雨時，他們就登上大汗所住的宮殿的屋頂，用法術驅散烏雲，使天氣平靜下來。此時四周雷鳴電閃，風雨大作，而皇宮上卻滴雨全無。這些占星家還有一種十分可怕的行為，即吃人肉。每當有罪犯被處死後，他們就把屍體擡回去用火烤後食用。

慣於訓練暗殺者的山中老人，住在裝飾著金線刺繡、繪畫和各種富麗堂皇的傢具，安裝著各種流淌著美酒、牛乳、蜜糖和清水的管子的華麗宮室中，利用美麗的少女、美酒佳肴以及麻醉藥，把十二至二十歲的青少年們訓練成為他的暗殺者。這些暗殺者只要能夠履行他們主人的意志，即使犧牲自己的性命，也在所不惜。

在貝恩凡結過婚的男人離家外出二十日，他在家的妻子就有改嫁的權利，男子也同樣可以到別處另外娶妻安家；契丹所掘的黑石像木炭一樣容易燃燒，但它的火焰比木材還要好，甚至可以整夜不滅；羅布荒原（戈壁沙漠）住著許多可惡的幽靈，他們戲弄商旅，使他們產生可怕的幻覺，陷入危險的境地，悲慘地餓死在荒原中……

這些充滿了傳奇色彩的描寫，幾乎令人難以置信。類似的情節在《馬可波羅遊記》中舉不勝舉：帶有花園和人造湖的大汗宮廷；裝載銀挽具和寶石的大象；大運河上，商人船只每年川流不息；各個港口，停泊著比歐洲人所知道的還要大的船只……《馬可波羅遊記》以獨到的意象，運用奇崛的文筆，對中國及亞洲其他國家和民族的介紹，從山川地形到風俗習慣，從物產氣候到商賈貿易，從宗教信仰到奇聞異事，甚至當時中國的政治、軍事和經濟情況，無不充斥著傳奇風格。無論是寫作手法還是事物本身，都是如此。

四、魯思梯謙諾與《馬可波羅遊記》

綜上所述，我們將魯思梯謙諾的其他作品與《馬可波羅遊記》的風格作一比較，不難發現它們的共同之處總結起來主要是兩個字——傳奇。其特點是對事物的敘述已不再是簡單的客觀的紀實性描寫，而是通過想像將事物誇張化、神秘化，從而構成情節離奇或人物行為不尋常的故事。寫慣了騎士傳奇的魯思梯謙諾的寫作風格自然是帶有濃重明顯的傳奇色彩的，而我們有理

由相信，擅長於寫騎士傳奇的魯思梯謙諾在記載馬可波羅的敘述時，總會有意無意的運用他那嫻熟的騎士傳奇的寫法，這點在《馬可波羅遊記》中是顯而易見的。魯思梯謙諾絕非僅僅扮演一個機械地筆錄馬可波羅口述的角色。除去有限的文字修飾潤色，《馬可波羅遊記》的某些地方也反映出文學家魯思梯謙諾的個性和風格。對這一點，意大利著名學者賽爾焦·索爾米提出這樣兩點看法：第一，他認為《馬可波羅遊記》以《引子》（中譯本譯作《序》）開局，而在《引子》的開頭，作者又邀請「皇帝、國王、公爵、侯爵、伯爵和騎士們，以及其他各界的人們」都來讀這部遊記，以便能夠看到「亞美尼亞、波斯、韃靼、印度和許多其他地域的人民的偉大而不可思議的奇觀，千殊萬美的奇異」。這樣的開局結構，這樣的筆法，與其說是威尼斯商人馬可波羅的敘述，毋寧說這明顯地流露出魯思梯謙諾所擅長寫作的騎士傳奇的傳統風格。第二，《馬可波羅遊記》中有關戰爭場面的某些精彩敘述，有聲有色，氣勢非凡，也可以反映出魯思梯謙諾是描寫騎士征戰方面的能手。意大利學者貝內托曾把《馬可波羅遊記》和魯思梯謙諾的傳奇故事的許多段落進行並列比較，揭示出兩者存在相當多的共同點。〔註3〕

也有專家認為，《馬可波羅遊記》的最後一部分，以事實為依據、具體的敘述，明顯地減少了，而傳奇的、浪漫的色彩、講究文辭的傾向卻加強了。騎士傳奇作家魯思梯謙諾又在這裡顯示了自己的作用。

對魯思梯謙諾用騎士傳奇的筆法寫作《馬可波羅遊記》已為中外學者所贊同。如英國學者弗郎西絲伍德（吳芳思）就認為很可能《馬可波羅遊記》的文風主要具有魯思梯謙諾的特色。《泰晤士報》1983年4月14日《馬可波羅遊記到過中國沒有？》的文章作者也認為「《馬可波羅遊記》恐怕要大大歸功於一位講故事人魯思梯謙諾的生動想像力及其天賦」。我國馬可波羅研究專家楊志玖教授認為「《馬可波羅遊記》是由同獄難友，比薩作家魯思梯謙諾記錄的，這就難免有些走樣或誤記。」

五、魯思梯謙諾的貢獻和《馬可波羅遊記》的價值

根據一些對《馬可波羅遊記》的真實性和馬可波羅是否到過中國持懷疑論的學者的觀點，其論據有：在浩如煙海的中國史籍中沒有找到一件有關馬可波羅的可供考證的材料；有些具有中國特色的事物如長城、茶葉、印刷術

〔註 3〕申友良：《馬可波羅時代》，北京中國社會科學出版社，2001年第236頁。

等在書中未曾提到；地方名多用韃靼語或波斯語；書中有些記載誇大失實或錯誤；其他奇技巧術，怪異風俗，不下數十……等等。後兩個論據，其實也正是《馬可波羅遊記》傳奇風格的體現。的確，由於書是魯思梯謙諾寫的，在他寫慣了騎士傳奇的筆下，馬可波羅的故事帶上了不少的傳奇色彩，使《馬可波羅遊記》一開始就人爲地增加了許多誇大和想像的成分。他可能對他自己感興趣的多加描述誇大，不感興趣的就了了帶過，甚至憑空想像捏造。如果用嚴謹的歷史眼光去審視的話，魯思梯謙諾的做法極易引起懷疑。但如果從文學的角度看，魯思梯謙諾的初衷也許是爲了增加趣味性，讓《馬可波羅遊記》更加引人入勝，作爲文學作品，他的做法是允許的。

　　魯思梯謙諾把騎士傳奇的寫作手法運用到《馬可波羅遊記》中，使《馬可波羅遊記》顯然不再是一本嚴謹的遊記。但是，我們並不能因此而否定魯思梯謙諾的貢獻，單單就魯思梯謙諾筆錄馬可波羅的口述，使得《馬可波羅遊記》成書並廣爲流傳，以致名揚世界這一點而言，魯思梯謙諾的功勞是不可磨滅的。我們更不能因此而否定《馬可波羅遊記》本身的價值：第一，它最基本的價值，就在於把東方介紹給西方。它是人類史上西方人感知東方的第一部著作，它向整個歐洲打開了神秘的東方之門。第二，推動了東西方文化、科技的交流。尤其在把中國文化藝術傳播到歐洲這一方面，《馬可波羅遊記》具有重要意義。西方研究馬可波羅的學者莫里斯科利思（MauriceCollis）認爲，馬可波羅的遊記「不是一部單純的遊記，而是啓蒙式作品，對於閉塞的歐洲人來說，無異於振聾發聵，爲歐洲人展示了全新的知識領域和視野。這本書的意義，在於它導致了歐洲人文科學的廣泛復興」。第三，爲西方商人來東方經商提供指南，促進了東西方商業貿易的發展。第四，開拓了航海事業，催生了地理大發現。第五，使西方宗教在中國得以傳播引進。

　　而且我們不要忽略了，《馬可波羅遊記》並不是通篇純屬傳奇，其內容記載還是以事實爲基礎的。西方學術界的主流一直認爲這本書是眞實可靠的，儘管有些不實之言，但他們一直把《馬可波羅遊記》做爲研究蒙古帝國和中西文化交流史的重要文獻。我國歷史學家楊志玖先生認爲，《馬可波羅遊記》中的記載，大部分都可在中國文獻中得到證實，隨著研究的深入，還可繼續得到證實。其中某些記事確有誇大失實、錯誤、不清楚和疏失的地方，但總體上可以說是基本屬實的。懷疑論者並沒有仔細地對這些缺陷加以分析研究，找出其缺陷的原因，或根據可靠的資料證明其缺陷並非缺陷，而是以偏

概全，誇大這些缺陷，進而懷疑其全部記載的真實性，抹煞馬可波羅書的價值和貢獻。〔註4〕因此，《馬可波羅遊記》還是具有一定史料價值的。

綜上所述，《馬可波羅遊記》在擅長於寫騎士傳奇的魯思梯謙諾的筆下，帶上了傳奇風格，這種傳奇風格導致《馬可波羅遊記》的內容有一定的誇大和失實。魯思梯謙諾的做法究竟允不允許，不能絕對而論，主要是看從哪個角度，史學的還是文學的來看待而已。另外，雖然今天學術界對《馬可波羅遊記》的真實性依舊爭論不休，但不可否認，《馬可波羅遊記》對於文化事業、航海事業、宗教事業等方面的發展都有著無比巨大的影響力和推動力，誰也無法抹殺它的歷史意義。因此，我們不能因為《馬可波羅遊記》的傳奇風格而否定魯思梯謙諾的貢獻和《馬可波羅遊記》本身的價值。

〔註 4〕楊志玖：《再論馬可波羅書的真偽問題》，《歷史研究》期刊，1994 年第 2 期。

新解四、羅馬教廷沒有馬可波羅出使記錄的原因何在？

　　眾所周知，在馬可波羅出使前和馬可波羅出使後也有羅馬教廷的使者來過中國，關於他們的出使都有記載，例如在他出使前的柏朗嘉賓、阿西林、朗久木、魯布魯克等以及在他出使後的鄂多立克、馬黎諾里，那麼同樣的，為什麼偏偏馬可波羅的出使就沒有呢？本文就這一問題，淺探一下其緣由。

一、一切祇是子虛烏有

　　馬可波羅的《馬可波羅遊記》這本書一出來就受到不少人的懷疑，美國學者梅格爾認為馬可波羅祇是到過當時中國的北方，英國學者克魯納斯全盤否定了其真實性，祇是馬可波羅自己編的空話。關於這個觀點，來自英國的吳芳思教授與其有著相同的看法，在其寫的《馬可波羅到過中國嗎？》一書裏我們可以找到很多和「子虛烏有」有相同看法的論證和觀點。如：「西方人所想像的象徵中國的三樣東西——茶、漢字和纏足——在被公開宣布為廣受歡迎的文本中竟然一無所見，這是令人迷惑不解的事。」〔註1〕「一個從西方旅行至中國的人竟然沒有注意到長城，這是十分難解的事；可見《寰宇記》漏掉長城是很能說明問題的。」〔註2〕德國著名蒙古學者傅海波也有一篇懷疑馬可波羅到過中國的文章。他認為，波羅一家是否到過中國還是個沒有解決

〔註 1〕弗朗西絲伍德著（吳芳思）著，洪允息譯：《馬可波羅到過中國嗎？》，北京新華出版社，1997 年第 99 頁。

〔註 2〕弗朗西絲伍德著（吳芳思）著，洪允息譯：《馬可波羅到過中國嗎？》，北京新華出版社，1997 年第 132 頁。

的問題。他舉出《馬可波羅遊記》中一些可疑之點，如在揚州做官、獻投石機攻陷襄陽等虛誇之辭以及書中未提中國的茶葉和漢字書法等問題，他說這些事倒使人們對波羅一家長期住在中國一說發生懷疑。也有學者翻查了中國文獻。他們的最大疑點是：中國史官的記錄就像記流水帳那樣詳盡，可是馬可波羅連名字都沒出現過。所以說記載雖然看起來有理有據，但是還是很多人對其中的記載提出了質疑，懷疑者們的論據大概有以下幾個方面，「一是，在浩如煙海的中國史籍中沒有一件關於馬可波羅的可供考證的材料。二是，有些具有中國特色的事物在其書中未曾提到，如茶葉、漢字、印刷術等。三是，書中有些記載誇大失實或錯誤，如冒充獻炮攻襄陽、蒙古王室譜系等。四是，從波斯文《導游手冊》上抄來的。」﹝註3﹞真如此的話，馬可波羅似乎真的沒有來過中國，這樣看來，那麼羅馬教廷沒有其出使的檔案記載也是無可厚非的。

然而，馬可波羅真的沒到過中國嗎？其實不然。對於各個學者對馬可波羅來過中國的各種懷疑的觀點，持肯定論的學者也幾乎一一作了反駁，如研究這一方面的著名的學者楊志玖教授已經對這些懷疑者們的論據已經做了很詳細的回答以及辯駁。

據記載，馬可波羅，世界著名旅行家和商人。1254 年生於意大利威尼斯一個商人家庭，也是「旅行世家」。他的父親尼科洛和叔叔馬泰奧都是威尼斯商人。17 歲時，馬可波羅跟隨父親和叔叔，途經中東，歷時四年多，於 1275 年到達蒙古帝國的夏都上都（今中國內蒙古自治區多倫縣西北），與大汗忽必烈建立了友誼。他在中國游歷了 17 年，曾訪問當時中國的許多古城，到過西南部的雲南和東南地區。回到威尼斯之後，馬可波羅在一次威尼斯和熱那亞之間的海戰中被俘，在監獄裏口述旅行經歷，由魯斯蒂謙寫出《馬可波羅遊記》。這就是《遊記》中的馬可波羅。

而現實中的馬可波羅，從威尼斯官府的檔案材料我們可以找到相關的證明，但是他 43 歲（1295 年）以前的情況是不明的，而他父親後來在晚年時又生了三個兒子。可以肯定的是，「馬可波羅和他的父親曾經有相當長的一段時間是在國外度過的」﹝註4﹞。到目前為止，有關馬可波羅的證明材料一共發現了三件，這些都保存在威尼斯檔案館裏。一件是馬可波羅的小弟弟，小馬菲

﹝註 3﹞ 楊志玖：《再論馬可波羅書的真偽問題》，《歷史研究》期刊，1994 年第 2 期。
﹝註 4﹞ 申友良：《馬可波羅時代》，北京中國社會科學出版社，2001 年第 207 頁。

奧的遺囑，一件是威尼斯官府的法律糾紛材料，一件是馬可波羅的遺囑。這三件材料儘管不能全面的反映馬可波羅的生平情況，但至少說明了一個事實，即馬可波羅這個人是確實存在的。

肯定論者關於馬可波羅到過中國的證據有很多，主要是對上面懷疑論者的四個論據做出辯解，這些證據大概可以總結如下：並非所有的的來華的外國人都會被載入史冊，即使被載入了也可能遺失了；說在《遊記》漏寫了很多中國有特色的事物就否認其真實性，這是對歷史的一種苛求。因為並不是說沒記載就不存在的，就像玉爾先生所說的，在巴塞羅那的檔案中找不到歡迎哥倫布入城的記載，在葡萄牙的檔案中也沒有亞美利哥為國王遠行的記載，難道就可以根據此來懷疑他們二人沒有到過美洲嗎；《遊記》中馬可波羅的有些記載的確誇大和錯誤所在，這是我們都得承認的，然而馬可波羅並不是一個歷史學家，況且即使是一名歷史學者，有的時候也會有記載錯誤的情況；至於說是從波斯文《導游手冊》上抄來的，就更不用說了，因為馬可波羅對中國的記述很多都是事實，都是有史可查的，不是一般的導游手冊可以做到的。

另外楊志玖先生還找到了一個新的論據，那就是在《永樂大典》19418 卷「站」字韻引元朝的《經世大典‧站赤門》記事載有至元二十七年（1290 年）的一篇公文「（至元二十七年八月）十七日，尚書阿難答、都事別不花等奏平章沙不丁，上言：『今年三月奉旨遣兀魯䚟、阿必失呵、火者取道馬八兒，往阿魯渾大王位下。同行一百六十人，內九十人已支分例，餘七十人，聞是諸官所贈遺及買得者。乞不給分例口糧。』奉旨：勿與之。」該段材料中所提到的三位使者的名字，與馬可波羅書中所講的阿魯渾就是馬可的三位使臣的名字。這也可以間接的證明馬可波羅到過中國的。這一史料的發現可以說是馬可波羅研究的一大突破。

因此，我更願意相信馬可波羅是到過中國的，正如古語所說無風不起浪！

二、馬可波羅的身份方面的原因

《馬可波羅遊記》一書自其出版以來就受到人們的極大關注，因為這本書記述了很多不為當初的西方所知的有關東方的東西。在當時人們就開始知道馬可波羅的出使，當然也有不少人認為其在撒謊。可是令人們疑惑的是，既然馬可波羅的出使在當時就那麼的備受關注的話，那麼當時最具權威的羅

馬教廷沒有把這次出使記載下來呢？

（一）非羅馬教廷的使者

羅馬教廷不把馬可波羅出使記載下來的一種可能那就是馬可波羅並沒有受到過羅馬教廷任何正式的委託，派其代表羅馬教廷出使中國。為什麼這樣說呢？馬可波羅在《馬可波羅遊記》曾說他小時候，他的父親和叔叔到東方經商，來到元大都（今天的北京）並朝見過蒙古帝國的忽必烈大汗，還帶回了大汗給羅馬教皇的信。他們回家後，小馬可波羅天天纏著他們講東方旅行的故事。這些故事引起了小馬可波羅的濃厚興趣，使他下定決心要跟父親和叔叔到中國去。1271 年，馬可波羅 17 歲時，父親和叔叔拿著教皇的覆信和禮品，帶領馬可波羅與十幾位旅伴一起來到中國的。假設馬可波羅說的是真的，那麼從他的記述中我們知道，馬可波羅並不是羅馬教廷和蒙古帝國之間所進行的政治活動中的一員，祇是跟隨其家人一起去東方而已。同時，我們也可以知道，就連馬可波羅的父親與其叔父是一開始祇是去東方經商的，碰巧受到蒙古帝國的大汗的歡迎，後來無意中成了蒙古的使節罷了。所以一個本來就不是羅馬教廷出使，而且還是蒙古帝國這邊先派來的，於情於理似乎羅馬教廷沒有其出使的檔案的記載也是很正常不過的事情了。

而當時的蒙古帝國是非常強大的，蒙古族在 13 世紀初崛起，從此逐步的建立了一個歷史上前所未見的大帝國。蒙古通過三次西征，征服了大半個亞洲，其統治地域西達到黑海南北和波斯灣地區。疆界被掃除，建立起一個完善的驛傳體系，傳統的陸路、海路交通範圍比前代擴大，來往也更加頻繁。「元覆蓋範圍之廣，是前代所未有。」〔註5〕

也可以猜測，在羅馬帝國強大的勢力下，其父親和叔父不得不接受了蒙古方面的邀請及使命回到教廷，所以我們有理由懷疑當時的教廷並不是很重視或信賴他們這一次的出使，這就導致了羅馬教廷並沒有做下任何的檔案記載。

（二）羅馬教廷的秘密使者

也有另一種可能，即他們是羅馬教廷的秘密使者，肩負著秘密的使命，以致羅馬教廷不敢記錄下來，以免惹來不必要的麻煩。在 13 世紀，當蒙古西

〔註 5〕申友良：《馬可‧波羅獨享盛名之原因分析》，《湛江師範學院學報》期刊，2006 年第 4 期。

征的消息傳到西方時候，歐洲和小亞細亞一帶正處於變動時期，「主要表現在以下幾個方面：天主教內部教宗爭立，教廷遷徙不定；同時教宗和日耳曼的神聖羅馬帝國皇帝互爭主權；由教廷和君主組織的遠征東方伊斯蘭教的十字軍，屢次失敗而回；拜占庭帝國因穆斯林的日趨強大和不斷攻擊而漸漸衰落；東歐出現了波蘭、匈牙利、羅馬尼亞、塞爾維亞、波西米亞和保加利亞等小國，且無力抵抗蒙古的入侵局面。」〔註6〕1241 年裏格尼茨戰役後，歐洲各國對蒙古勢力的強盛始感到震驚。1245 年，教皇英諾森四世在里昂召集宗教大會商討對策，又先遣使者赴蒙古議和，並偵察蒙古情況及其意圖。「試圖締結和約，窺探蒙古的軍事實力，並考察是否能使蒙古人改宗天主教。」〔註7〕

1248 年，法國國王聖路易駐塞浦路斯島，有蒙古統將野里知吉帶遣使往見，說貴由大汗願保護基督教徒，聖路易即遣教士安得烈出使蒙古，受到攝政皇后斡兀立海迷失的接見。1253 年，聖路易復遣教士盧布魯克往見拔都，請許在蒙古境內傳教。盧布魯克至和林南汪吉河行宮謁見蒙哥，次年攜蒙哥致法王信返回，將所見所聞的蒙古軍事、政治、民情風俗等情況向法王作了詳細報告。

看起來東西方似乎一直在進行著友好的交往，但是，我們可以從雙方之間的信件窺探其關係，可以看出並不是如表面上所說的那麼友好。從這些使者所帶來的來信和回函，我們可以知道雖然當時的蒙古帝國很強大，但當時羅馬教廷對蒙古還是不服的，對蒙古的種種行為還是有不少微詞的，如柏朗・嘉賓給貴由汗呈上的兩道赦令中提到「從今以後，完全停止這種襲擊，特別是停止迫害基督徒。……全能的上帝迄今曾容許許多民族在你們面前紛紛敗亡；這是因為有的時候上帝在現世會暫時不懲罰驕傲的人。因此，如果這些人不自行貶抑，在上帝面前低首表示卑下，那麼上帝不僅不可能再延緩在今生對他們的懲罰，而且可能在來世格外加重其惡報。」〔註8〕而貴由汗在回函的最後說：「你們西方人，自以為獨奉基督教鄙視別人，但……我亦信上天，賴天上之力，我將自東但西，征服世界。」〔註9〕還有拜住的回信中的言辭也是非常倨傲的。繼阿西林之後，出使蒙古國的有法國多明我會教士安德魯朗

〔註6〕 顧衛民：《中國與羅馬教廷關係史略》，北京東方出版社，2000 年第 3～4 頁。
〔註7〕 羅光：《教廷與中國使節》，台灣傳記文學出版社，1983 年第 22～23 頁。
〔註8〕 道森編，呂浦譯：《出使蒙古記》，北京中國社會科學出版社，1983 年第 90～93 頁。
〔註9〕 方豪：《中國天主教史人物傳》，北京宗教文化出版社，2007 年第 18 頁。

久木，當時貴由汗去世，皇后海迷失攝政，海迷失接受國書後，卻「卻致以詞義傲慢的覆書，要求對方歸順，並繳納貢賦。」〔註10〕

因此，可見當時兩者的關係並不是很友好的。所以，馬可波羅出使沒記載的原因，從其社會背景來看，是因為雙方關係不友好導致羅馬教廷不敢再明目張膽的出使蒙古，把自己的目的表現出來，而當時的教廷與商人的關係是既複雜又密切的，「如教廷與商人的關係而言，在中古時代更多的是相互利用，商人為教廷服務，後者則提供保護。到近代早期，教廷變為依賴商人借貸生活，商人則通過教廷的這種依賴，最後躋身於教會貴族的行列。」〔註11〕

所以其出使很有可能肩負著羅馬教廷的秘密使命，以致羅馬教廷不敢對其出使進行檔案記載。

三、歷史記載方面的原因

為什麼沒有馬可波羅的記載呢？會不會沒有為什麼，衹是因為當時的人覺得沒這個必要呢？因為並不是所有的歷史都會被記載下來的，同樣的，並非所有的出使都會有記載，也有可能，隨著歷史的變遷，馬可波羅的出使史料已經遺失了。這就涉及到歷史記載的問題。而這一方面，也是可以作為馬可 波羅的出使在羅馬教廷沒有其檔案記載的一個原因。

（一）並非所有的歷史都會被記載下來

馬可波羅的出使作為羅馬教廷出使中的一小部分，也有不被記載下來的可能。馬可波羅出使前以及出使後，都曾有不少的使者出使中國，大家的側重點各有不同，有的也根據自己的見聞寫下了相關的著作，如柏朗嘉賓的《蒙古史》，這是西方世界第一份確鑿的關於遠東地區的文字記載；魯布魯克的《出使蒙古記》；鄂多立克的《鄂多立克東遊錄》和馬黎諾里的《馬黎諾里遊記》等等，這些人為什麼就沒有為人們所懷疑呢？因為這些出使幾乎都是有記載的，有的覆函都還在檔案館裡保管著，他們對中國的相關記載也是實事求是的，並沒有過多的誇大或捏造過分的事情。而馬可波羅在《馬可波羅遊記》裏記述的情況涉及到政治、軍事、法律、奇聞異事、風土人情等許多方面。這些都很符合他商人的身份，因為「他沒有像一個旅行家那樣去描述

〔註10〕 申友良：《馬可波羅時代》，北京中國社會科學出版社，2001 年第 67 頁。
〔註11〕 龍秀清：《羅馬教廷與商人關係的歷史考察》，《世界史》期刊，2007 年第 1 期。

名山大川的秀麗景色和文物古迹，也沒有像一名官員那樣去紀述行政事務和官場紛爭，而是以極大的興趣紀錄了各個地區的物產、貿易、集市、交通、貨幣、稅收等等與商業有關的事務。」〔註12〕歐洲人還曾把它看成是東方的「商業指南」。關於馬可波羅的出使不用說在羅馬教廷檔案裏沒有，就連在中國的史籍也暫時沒發現關於其出使的確切的證據。但是就因為這樣並不能說明馬可波羅的出使不存在，沒發生過。「正如玉爾早已經指出的那樣，在巴塞羅那的檔案中找不到歡迎哥倫布入城的記載，在葡萄牙的檔案中沒有關於亞美利哥的為國王遠航的文件，難道我們就可以據此否定他們兩個到過美洲嗎？」〔註13〕並不是所有的歷史都是會被記載下來，歷史上發生的事何其多，如此浩瀚的過去如何能一一的記載下來呢？同樣，並不是所有的出使都能被記載下來的，更不可能所有的記載都能完完整整的流傳至今。

（二）史料遺失

隨著歷史的變遷，無論哪個國家，那個年代，史料都所遺失。

當時的元朝是以少數民族統治者的身份，採取各種暴力手段和高壓政策來欺壓廣大漢民族人民維護其統治的朝代。而且元王朝還利用外來的民族壓迫漢族人民，更甚採取了分化漢人的手段來鞏固其統治。當時元朝有四等人之分，分別有蒙古人、色目人、漢人、南人。「蒙古人居最高統治地位，享有特殊權益；色目人中的上層分子，是被利用為統治全國各族人民的得力助手，僅次於蒙古人而高於漢人、南人。」〔註14〕絕大多數漢人都處於被奴役的地位，而處於最末等的南人更不用說了，連極少數做官的南人，與其他等級的人遇到爭執時，也要忍氣吞聲。而且漢南兩等人裏面絕大多數是漢族人。所以當時的民族仇恨是廣泛而又激烈的。那麼到了漢民族掌握政權的朝代，昔日的嬌兒會遭到什麼樣的待遇呢？在民族壓迫的背景下背景下，不僅毀壞了蒙古和色目人的遺迹，而且銷毀蒙古和色目人的文書，至今流傳下來的元朝的路、府、州、縣的志書，稀如鳳毛麟角。「朱江教授曾指出：明代初期，受過欺壓的漢民族對蒙古人、色目人的文化遺迹進行了針對性、報復性的大規模摧毀，而且摧毀延續過多年。當年在揚州，連阿拉伯、波斯和意大利人的

〔註12〕中國國際文化書院編：《中西文化交流先驅——馬可波羅》，北京商務印書館，1995 年第 308 頁。
〔註13〕申友良：《馬可波羅時代》，北京中國社會科學出版社，2001 年第 203 頁。
〔註14〕中國國際文化書院編：《中西文化交流先驅——馬可波羅》，北京商務印書館，1995 年第 64〜65 頁。

大量墓碑都被掘來作了牆基。」〔註15〕明朝人在編纂《元史》和地方志的過程中，除了必不可少的與蒙古人有關的史實之外，省寫了大量與色目人有關的遺跡，或者說提都不提了。

而作為色目人的馬可波羅煩的考證的資料有多大的機率可以幸存至今呢？所以說，由於各種的原因，即使羅馬教廷把馬可波羅的出使記載下來也有可能遺失了。不得不說的是馬可波羅的出使的時代已經很久遠了，隨著時光的流逝，歷史的變遷，也存在著，可能有著那樣的檔案，但是在流傳的過程中遺失了，或在世界的某一角落，我們還沒找到這些歷史的痕跡罷了。

（三）未被髮現

羅馬教廷沒有關於馬可波羅出使的檔案記載的原因，還有這麼一個原因那就是也許羅馬方面曾經存在過這一方面的記載的，可能人們還沒有發現，這也是有可能的。歷史研究本來就是需要一個過程的，也許不見得將來我們能找到能證明馬可波羅出使的證據也不一定。

以前很多人都說中國很多人都承認馬可波羅來過中國，可是就像很多懷疑者說的那樣，在中國縱多的歷史古籍中，為什麼沒有關於這個被人們如此關注的馬可波羅的出使的丁點記載呢？隨著時間的流逝，人們對馬可波羅的研究越來越深入，瞭解的就越來越多。而對馬可波羅有著很深研究的楊志玖教授也發現了能證明馬可波羅來過中國的一段史料，就是在《經世大典·站赤》裏面。楊志玖先生根據這一段史料，寫了一篇《關於馬可波羅離華的一段漢文記載》，證實馬可波羅一家真的到過中國。所以說歷史記載有時候也是需要人們去發現的，同樣的，或許羅馬教廷不是沒有馬可波羅出使的檔案記載，而是有，祇是還沒有被人們發掘出來。

四、其他原因

無可置疑的馬可波羅的東方見聞，帶給歐洲人一片全新的知識天地。遊記打破了很多猜疑和宗教謬論，激起歐洲人對東方的嚮往，自此兩大洲的距離，才開始拉近。既然有著如此重大的意義，在當時也引起了相當大的回響。為什麼沒有可信的史料有記載呢？難道當時所有的人都認為馬可波羅在撒

〔註15〕中國國際文化書院編：《中西文化交流先驅——馬可波羅》，北京商務印書館，1995年第64～65頁。

謊？我們知道，當時的教會的東方「觀念」，不是那裡空無人煙，就是說住的都是野獸和妖魔。當然，在一般基督徒心目中，和妖魔打交道是靈魂的墮落。「在中世紀時期的歐洲，《馬可波羅遊記》長期被認爲是神話，被當作「天方夜譚」。〔註16〕作爲第一個足迹橫跨亞洲大陸的歐洲人，他告訴老鄉們，蒙古可汗並不可怕，他還很希望直接和歐洲貿易。而更爲重要的是：可汗政權的根基地中國，擁有遠遠在歐洲之上的文明。這是不是和羅馬教廷的初衷相反了呢？這是不是又對教皇、教廷的權威做出了挑戰呢？而對教皇、教廷的權威挑戰的一般會有著怎樣的結局呢？

　　1533 年，60 歲的哥白尼在羅馬做了一系列的講演，提出了他的學說的要點，並未遭到教皇的反對。但是他卻害怕教會會反對，甚至在他的書完稿後，還是遲遲不敢發表。直到在他臨近古稀之年才終於決定將它出版。1543 年 5 月 24 日去世的那一天才收到出版商寄來的一部他寫的書。而文藝復興時期意大利偉大的哲學家、科學家以及思想家喬爾丹諾·布魯諾，因信奉哥白尼學說，所以成了宗教的叛逆，被指控爲異教徒並被革除了教籍。公元 1576 年，年僅 28 歲的布魯諾不得不逃出修道院，並且出國長期漂流在瑞士、法國、英國和德國等國家，他四海爲家，在日內瓦、圖盧茲、巴黎、倫敦、維登堡和其他許多城市都居住過。布魯諾在天主教會的眼裏，是極端有害的「異端」和十惡不赦的敵人。他們施展狡詐的陰謀詭計，以收買布魯諾的朋友，將布魯諾誘騙回國，並於公元 1592 年 5 月 23 日逮捕了他，把他囚禁在宗教裁判所的監獄裏，接連不斷地審訊和折磨竟達 8 年之久！公元 1600 年 2 月 17 日，布魯諾在羅馬的百花廣場上英勇就義了，一個偉大的科學家就這樣被燒死了。而馬可波羅所說的話沒人相信也是情有所緣的了，而當時的羅馬教廷爲了制止這些言論的影響，當然不會把馬可波羅的出使記載下來，使得馬可波羅的出使讓人看起來就像中國的《西遊記》一樣，祇是馬可波羅的一個想像罷了。

　　當然，只是我根據當時的一些情況做的一個揣測，沒有什麼直接的證據證明。

　　綜上所述，關於羅馬教廷沒有馬可波羅出使檔案記載的原因，是有幾個方面原因的，一是，一切祇是子虛烏有，但這個可能性不大；二是，馬可波羅身份上的原因，並非羅馬教廷的使者或者說肩負著羅馬教廷的秘密使命，

〔註16〕申友良：《馬可·波羅獨享盛名之原因分析》，《湛江師範學院學報》期刊，2006年第 4 期。

以致羅馬教廷不敢記載下來；三是，歷史記載上的問題，可能是沒被記載下來或者是已經被記載卻遺失了，也或許是因為馬可波羅的出使不值得羅馬教廷為其保留檔案記載，當然也還有其他的原因。因為任何事情的發生都是各種原因綜合，達到一定程度才促成的。

相信隨著時間的推移，羅馬教廷沒有馬可波羅檔案記載的原因也會日趨浮出水面的。

新解五、《馬可波羅遊記》在內容上隨意增刪的原因何在？

　　以「世界奇書」著稱的《馬可波羅遊記》，自十三世紀末問世後，儘管當時的歐洲人都把它所敘述的東方各國的奇聞異事看作是神話，是天方夜譚一樣，但一般人都為其新奇可喜所動，爭相傳聞和翻印。七百多年來，世界各地用各種文字輾轉翻譯，出現了許多不同的版本，然而由馬可波羅和魯思梯謙諾簽名的原始稿本的失傳，卻使各種版本在內容上的隨意增刪成為可能，甚至馬可波羅在世時，《馬可波羅遊記》的內容就已經開始被不斷地增刪。在此，本文暫且不去談論《馬可波羅遊記》的內容真實與否，馬可波羅是否說謊了等問題，而是就幾百年來，人們對《馬可波羅遊記》原書的內容的增刪情況作了系統的總結和分析，力求還《馬可波羅遊記》以本來面貌，還歷史以真實，讓人們能更客觀地瞭解馬可‧波羅和《馬可波羅遊記》。

一、《馬可波羅遊記》的多種版本

　　《馬可波羅遊記》問世後，儘管在很長一段時期內，遭到了許多歐洲人的諷刺和質疑，但是遊記所記述的東方各國的一些奇聞異事又確是歐洲人以前所不知道的，從而也都深深地吸引著許多讀者，成為當時很受歡迎的讀物。《馬可波羅遊記》流行甚廣，並且出現了許多不同的版本，據穆爾和伯希和統計，直至 20 世紀 30 年代末就已經有抄寫本及印刷版本 143 種。現國外比較流行的版本，根據英國人亨利玉爾（H‧Yule）所分，可以分為五種：

第一種是法國地理學會版，或名老法文版。1824 年法國地理學會刊印。他認爲這是根據馬可波羅在獄中口述，而由魯思梯謙諾所記錄的原文直接傳抄下來未經修改的原本。該書不分卷，總共二百三十二章。現今此種版本只有巴黎圖書館所藏本是完整的。

第二種是改定的五種法文寫本。在這五種寫本當中，其中有三種是藏於巴黎圖書館的，一種藏於瑞士首都伯爾尼（Bern），一種藏於牛津大學伯得雷恩（Bodleian）圖書館。其中有兩本是被證實爲 1307 年馬可波羅親自贈送給迪博（Thibaud de cepoy）的。據法國學者鮑梯（Pautheir）考證，此類版本都是得到馬可波羅親自改定，或是得到其允許而改定的。

第三種是庇庇諾（Pipino）拉丁譯本。這類寫本當中節略刪除的地方，比第二種版本還多。庇庇諾的翻譯是成於馬可波羅晚年的。意大利研究《馬可波羅遊記》的人認爲，對於這種譯本，當時馬可波羅是知道的，並且還對它加以改訂。

第四種是賴麥錫（G .B .Ramusio）的意大利文版本。這種版本，跟前面所提到的三種版本是完全不同的。書中的地名多經更改，被刪除多章，而且又新增入了阿合馬一章及其他版本所無之事。全書在章卷分段方面，也與其他版本不同，該版本刊於 1559 年。據認爲，這種版本是彙合數種版本翻譯潤色而成的。而近代各種版本，大多是根據第二種與這種版本參酌而成。

第五種是「Z 寫本」（codex Z）。該版本是二十世紀二十年代初佛羅倫薩市（Florence）意大利國立地學委員會委託拜內戴拖（Benedetto）教授編輯的一種新版《馬可波羅遊記》。他游歷了全歐洲，一共走訪了五十多個圖書館，研究了所有知悉的各種寫本。後來在米蘭市安白洛襄圖書館（Milan Ambrosian library）發現了一種拉丁文寫本，而這寫本被稱爲「Z 寫本」，「Z」即蔡樂達名字的第一個字母，是一七九五年從紅衣主教蔡樂達（Cardinal Zeladal）所藏的十四世紀或十五世紀的一種寫本抄下來的。「Z 寫本」被認爲是比老法文版本及肖似的各版本均好。

《馬可波羅遊記》版本繁多，可是凡是抄本都不可避免存在抄寫者的文字錯訛問題，而這些錯訛有可能在以後的轉抄中重複出現或是變得更加混亂，抄寫還存在從一種語言翻譯成另一種語言的問題以及陌生的外國名字帶來問題，再加上各個事件在時間上的間隔，作品的編纂以及保存至今的最早文本所存在的問題，使各本子在內容方面存在著極大的差異，可以說是在這

大約一百四十多種抄本中，沒有兩種本子是完全相同，而且沒有一種版本被視為是「正統」的。然而，魯思梯謙諾原始版本的失傳，則讓各種版本在內容上的隨意增刪成為了可能。

二、不同時期的增刪情況

（一）馬可波羅在世時的增刪情況

對《馬可波羅遊記》內容的隨意增刪，馬可波羅在世時便已經開始了。但此時期，各寫本對《馬可波羅遊記》原書內容的增刪是得到了馬可波羅允許的。

對於五種法文寫本，據法國學者鮑梯（Pautheir）考證，此類版本都是得到馬可波羅親自改定，或是得到其允許而改定的。而庇庇諾（Pipino）拉丁譯本，此譯本是成於馬可波羅晚年的，當中被節略刪除的地方較多，但對於這種譯本，當時馬可波羅是知道的，並且還對它加以改訂。

（二）14～16 世紀的增刪情況

這一時期的譯者或抄寫者為《馬可波羅遊記》增加了許多較之其它早期文本所沒有的材料。

賴麥錫譯本是在馬可波羅去世 200 多年後出版的，書中地名多被更改，且被刪除多章，可是他的本子居然增加了更多比保存至今較早時期的寫本有趣的內容。英國弗蘭西絲伍德博士（吳芳思）認為，在大約 400 年的時間裏，馬可波羅書的賴麥錫譯本一直都是「最生動有趣」〔註1〕的一個本子。它增加了許多生動誇張的故事。例如大不里士聖巴爾薩摩寺院修道士的可以治病的腰帶，成吉思汗和祭司王約翰的女兒結為伉儷的故事、還有對成吉思汗的汗宮、他的眾多妃子和選妃方法的精彩描述等等，這些內容是其它版本所沒有的情節。而萊瑟姆則認為賴麥錫的版本收進了「用最動人的天方夜譚式的風格」〔註2〕敘述的有關馬可波羅本人的軼事，包括他的言過其實的談話以及關於他怎樣回到威尼斯的傳奇故事。譬如描寫波羅氏一行從東方回到威尼斯時候的情景，說他們身穿韃靼式的服裝，衣衫襤褸，容顏全變，除了縫在大袍裏的翡翠、紅寶石等外一無所有，馬可波羅家裏的人已經辨認不出那幾位衣

〔註 1〕　弗朗西絲伍德著（吳芳思）著，洪允息譯：《馬可波羅到過中國嗎？》，北京新華出版社，1997 年第 59 頁。
〔註 2〕　羅納德萊瑟姆：《馬可·波羅遊記》，倫敦哈蒙沃斯出版社，1958 年第 16 頁。

衫襤褸的「不知道爲什麼渾身有韃靼味」﹝註3﹞的至親。這些描述是賴麥錫在馬可波羅歸國 200 年之後才增加進去的。對杭州的記述較之那些早期文本更詳盡。像紐綸堡的刊本（1477 年）、弗蘭普頓的英文本（刊印於 1579 年），大約成書於 1400 年的博德利抄本（博德利抄本第 264 號）、1457 年的一部威尼斯方言抄本（斯隆 251 號）等這些早期文本對杭州的記述都只有兩頁長，並且當中並沒有摘自「蠻子國王後」寫給伯顏的信的材料，可是這些材料卻被賴麥錫補充到了對杭州的記述中去，從而使記述內容長達許多頁。

然而，「賴麥錫的譯本並不是唯一的看來有所『改進』的譯本」。﹝註4﹞1932 年在托萊多大教堂的圖書館發現另一部拉丁文譯本的《馬可波羅遊記》，是在 15 世紀譯自法意混合語或羅曼語的抄本。愛德華·丹尼森·羅斯爵士（1871～1940 年，外交家，博物館館長及大學波斯文講師）指出，托萊多抄本有 200 個段落是巴黎國家檔案館所存的抄本所沒有的，其中這些段落有五分之三出現在賴麥錫的刊本裏，仍有大約 80 個段落是托萊多抄本所獨有的。其中有一個段落就是對幹羅思的詳細描寫，而誰都知道這是馬可波羅沒有訪問過的國家。馬可波羅將摩尼教徒說成是基督教徒的那段文字也衹是出現在托萊多抄本之中，脫脫被那海打敗的故事亦衹是出現在 15 世紀的托萊多抄本裏，這很顯然表明抄寫者充當了「加工者」和編纂者的角色。

（三）19 世紀以後的增刪情況

自 1818 年，馬斯頓譯本出版後，大多的《馬可波羅遊記》都注重注釋和考證，因此，19 世紀以後的譯者們都以補注或附錄的形式爲該書增添了許多內容。

隨著人們對中國的認識越來越豐富，並掌握了更多有關中國的材料，研究者們更加注重對《馬可波羅遊記》內容進行考訂或補充，使得該書自馬斯頓本以後，由原來的一本而擴充到三大本，注解比原文多出若干倍。比如玉爾及考狄合注本，就是在翻譯《馬可波羅遊記》原文的基礎上，再以補注的形式將其掌握的更多的材料對原書內容加以擴展、補充。譬如，馬可波羅書的原文中提到在熱國居住的人，熱的時候，屋子裏都會使用通風筒來邀風。玉爾則加注對這種通風筒作詳細的說明，稱其爲「一種磨工所用之風帆」，並

﹝註3﹞ 羅納德萊瑟姆：《馬可·波羅遊記》，倫敦哈蒙沃斯出版社，1958 年第 58 頁。
﹝註4﹞ 申友良、蕭月娥：《是誰神化了馬可波羅？》，《湛江師範學院學報》期刊，2005 年第 4 期。

且還指出今日埃及、美索不達米亞、波斯及印度北部都在使用。而這種設計，最早出現在波斯。又如，遊記原文中提到，韃靼人飲用馬乳，稱之為忽迷思（Kumiz）。對此記述，玉爾又根據其所掌握的資料加以補注，詳細地介紹忽迷思的用途及製法。再如，馬可波羅書中有記載到忽必烈製造紙幣並發行的事，對此，玉爾及考狄又加以附注，討論紙幣的發行及其價格的起跌，提出在中國發行紙幣，這並非第一次，玉爾說在第六世紀就已經使用紙幣，第一次蒙古發行紙幣在 1236 年，忽必烈因循遺法，從 1260 年至他死之日 1294 年發行紙幣等等這些內容都是玉爾及考狄通過搜集、整理資料對馬可波羅原書內容加以補充的，使原書內容更豐富，更便於理解。二人對《遊記》的補注被 E.W.古德格謂之為「宏博」。

張星烺譯玉爾及考狄刊本《馬可孛羅遊記》，先漢譯兼注《〈馬可孛羅遊記〉導言》一書，而對《遊記》原文則僅譯第一卷三十章。張星烺譯的《導言》是在玉爾考訂外增補許多。原書沒有詳細地介紹馬可波羅在中國的事迹，張星烺在《導言》的第三章便增加了《中國史書上之馬可孛羅》來加以討論，又增補附錄甲：元《經世大典西北地圖》和《元史地理志西北地附錄》，中西地名對照表；附錄乙：元代西北三藩源流略記。

1981 年，陳開俊等合譯的新版本《馬可波羅遊記》，也以對原文補添注解的形式對原作的一些錯誤進行糾正或加注使原作更易於理解。比如該譯本的第 191 頁的「沿著同一方向，再前進二十四公里，便抵達福州。」譯者加注指出：「原文為十五英里，這些數字有誤。」同頁「離開福州市，渡過這條河，往東南方向，繼續前進。」譯者又加注指出「該為西南方向」等等，這些被補充進去的注釋使原作的錯誤得到了糾正。此外，譯者又增加了一些腳注，比如第 8 頁的：「他們是聶斯脫利教派（Nestorians）。」譯者加注說：這個教派為「基督教的一個派別，七世紀時傳入中國，取名『景教』」。〔註5〕

另外，1938 年，拜內戴拖意大利文新版本《馬可波羅遊記》問世，該版本雖說是忠實地轉錄了老法文版本的三分之二，卻「武斷」地刪節了三分之一，此外，還有兩百段是第一系統（老法文版本及肖似的各版本統稱為第一系統）諸本所沒有的。

〔註 5〕陳開俊等譯：《馬可・波羅遊記》，福州福建科學技術出版社，1981 年第 191 頁。

三、《馬可波羅遊記》隨意增刪的原因

（一）為增加《馬可波羅遊記》的趣味性，使作品更加引人入勝

　　一些抄寫者或譯者吸收《馬可波羅遊記》原書以外的材料是為了增加他們所編版本的趣味性，使作品更加引人入勝。賴麥錫的譯本是在馬可波羅去世 200 多年後出版的，這個本子比保存至今的較早時期的寫本有更多更有趣的內容，譬如，大不里士聖巴爾薩摩寺院修道士的可以治病的腰帶，成吉思汗和祭司王約翰的女兒結為伉儷的故事，還有對成吉思汗的汗宮、他的眾多妃子和選妃方法的精彩描述等等，作為讀者很自然都會被這些奇聞異事所吸引。而賴麥錫編撰的《馬可波羅遊記》是被收進他所編撰的一套《航海與旅行》叢書當中去的，也就是說，其實賴麥錫之所以成為馬可波羅迷，對馬可波羅產生巨大的興趣，並且極盡所能進行搜索和整理，以使《馬可波羅遊記》更加豐富多彩，歸根到底還是源自他對遊記和探險書研究的熱情，與其說賴麥錫編撰的《馬可波羅遊記》，是把它看作是具有嚴謹性和真實性的史書，還不如說他是把《遊記》看作是一本記述各種奇聞異事的遊記叢書或是探險書。此類書籍的作者為增加其作品的趣味性，使其更加引人入勝而隨意增添一些想像和誇大的內容，也不會引起世人的指責或是刻意去考證其的客觀性和真實性，因為人們往往都會把這類書籍當作是一種開闊眼界或是娛樂的讀物。因此，基於這種原因，對於賴麥錫隨意對《馬可波羅遊記》增添更多具有趣味性的內容以使作品更加引人入勝的做法，我們也不難理解了。相反地，對於《馬可波羅遊記》某些內容的刪除，可能是作者認為這些內容不可信或不會引起公眾的興趣而隨意予以割棄。

（二）對《馬可波羅遊記》的修正和完善

　　《馬可波羅遊記》原書中本來就有著一些誇張失實、記載錯誤、疏失遺漏等不足之處。加上，後來被世界各地用各種文字輾轉翻譯，這就很難避免各譯本存在著翻譯上的錯誤。

　　十三世紀末，《馬可波羅遊記》問世後，書中記述的東方奇聞異事，譬如，元代通用的鈔票，中國使用已久的煤，唐宋以來使用的紙幣等，都是當時歐洲以前所不知道的。由於歐洲人對中國認識的缺乏，儘管對遊記的真實性存在懷疑，卻難以對其所記載內容的真假與否進行考證，人們祇是把它看作是與《一千零一夜》（又名《天方夜譚》）同類的讀物，以滿足他們的好奇心。

可是，15、16 世紀以後，東西交通逐漸恢復，對於東方的歷史和地理知識，也逐漸豐富起來了。隨著對中國的認識越來越多，人們已不再僅僅將《馬可波羅遊記》看作是神話讀物或是記述各種奇聞異事的遊記叢書或探險書，研究者們開始注重對其內容進行校勘、考證，從而使得原書中或一些較早版本中的不足之處逐漸披露。在此基礎上，後來的譯者們對《遊記》的翻譯也是秉著嚴謹性、客觀性的研究作風對其內容進行適當的增刪，以使其得到修正和完善，他們更多的是把《遊記》看作是具有史料價值和學術價值的書籍，力求使《遊記》能夠以記載正確、詳實的面貌呈現給讀者。譬如我國馮承鈞先生的《馬可波羅行紀》譯本所據的底本是法國人沙海昂（後入華籍）的法譯本，根據馮先生所說，沙海昂譯本祇是出於業余愛好，不是專家之作，他的個人注解不免有誤，因此，馮譯本則是「取其所長，棄其所短」，〔註 6〕好的注釋就一概轉錄，牽強附會的地方就不惜刪削，最後還增補了附錄：伯希和《〈馬可波羅行紀〉沙海昂注正誤》，使馮譯本在沙海昂譯本的基礎上得到修正。又如玉爾、考狄合注本，他們將其所掌握的更多的材料以補注的形式對《遊記》原書加以擴充。馬可波羅在《遊記》原文中提到韃靼人飲用的是馬乳，稱為忽迷思，而玉爾、考狄則在原文的基礎上加注，詳細地介紹了忽迷思的用途和製法，使《遊記》的記載更加豐富、詳盡，在不失原書面貌的基礎上使《遊記》更加完善。

（三）受譯者個人主觀因素的影響

自從馬可波羅被關在熱那亞監獄時，由同獄的小說家魯思梯謙諾記錄了他的口述，寫成《馬可波羅遊記》以後，抄本流傳風行一時，各種文字都皆有譯本，自遊記的第一個版本即一四七七年德文譯本出版以後，至一九二九年，西方各種文字的譯本出版者就達到七十六種，到了二十世紀八十年代左右，西方再加上東方譯本，《馬可波羅遊記》的各種譯文版本就將近一百種左右。七百多年來，世界各地用各種文字輾轉翻譯，而許多學者也是根據不同版本進行翻譯的，這樣我們就不能不考慮《馬可波羅遊記》各種譯本的客觀性。首先，由於各國翻譯者受自身翻譯水平的限制，很難避免其在翻譯《馬可波羅遊記》上存在錯誤、遺漏或增刪等情況。再且，每個著作者都會有自己個人不同的撰寫風格，受個人撰寫風格及認識、領悟的差異等因素的影響，

〔註 6〕楊志玖：《百年來我國對〈馬可波羅遊記〉的介紹與研究》，《天津社會科學學報》期刊，1996 年第 1 期。

也很難避免其對《馬可波羅遊記》原本的修改與隨意增刪。魏易是第一個將《馬可波羅遊記》譯爲中文的人，他在其所翻譯的《遊記》序言裏自謂：「惟馬氏 原本，於敘述戰事，幾於千篇一律，茲偏亦稍稍去其繁複之處。」而在余士雄的《馬可波羅介紹與研究》中也提到拜內戴拖（Benedetto）所編輯的新版《遊記》即「Z寫本」（CodoxZ.）是「武斷」地將老法文版本刪節了三分之一。而又有誰能保證當年小說家魯思梯謙諾在記錄馬可波羅口述時沒有滲入個人感情色彩及其作爲寫騎士傳奇的小說家本有的撰寫風格。「擅長寫騎士傳奇的魯思梯謙諾在記載馬可波羅的敘述時，總會有意無意的運用他那嫻熟的騎士傳奇的寫法，這點在《馬可波羅遊記》中是顯而易見的。」「正是由於《馬可波羅遊記》的創始者魯思梯謙諾在記錄馬可波羅的故事時運用了他熟悉的騎士傳奇的寫法，使《馬可波羅遊記》一開始就人爲地增加了許多誇大和想像的成分。」〔註7〕因此，各種譯本之間的輾轉翻譯，與老法文版《馬可波羅遊記》的精神和文體已遠，而由於受個譯者個人主觀因素的影響，對《馬可波羅遊記》內容的隨意增刪也自然不在話下。

四、《馬可波羅遊記》被隨意增刪的影響

無可否認，各種版本的《馬可波羅遊記》在內容上的隨意增刪，在一定程度上大大地豐富了該書的內容，同時更有利於該書的修正和完善，但值得引起注意的是，由於魯思梯謙諾編寫的原始稿本的失傳，各種版本在內容上的隨意增刪，會給閱讀者帶來誤導，讓人無法客觀地認識眞實的馬可波羅及其經歷的原貌，給《馬可·波羅遊記》及馬可波羅本人蒙上了一層神秘的面紗，無法還歷史以眞實性、客觀性。

（一）引起了後人對《馬可波羅遊記》及馬可波羅本人眞實性的質疑，在一定程度上使他們更加神秘化

對《馬可波羅遊記》內容的隨意增刪引起了後人對該書及馬可波羅本人眞實性的質疑，從而也都引發了學術界對於「馬可波羅是否到過中國」的爭論，其中有學者認爲馬可波羅可能根本就沒有訪問過中國，認爲他可能是看過某種波斯的「導游手冊」，再加上個人的道聽途說，因而成書的。主要證據之一便是，對於中國兩件最具特色的文化產物——茶和漢字，以及中國的重

〔註7〕申友良、蕭月娥：《是誰神化了馬可波羅？》，《湛江師範學院學報，》期刊，2005年第4期。

大發明印刷術，書中都沒有提及。茶從漢代（公元前 206-公元 220 年）起就成爲中國南方的飲料，8 世紀末葉，茶在中國的北方眞正成爲廣爲普及的飲料，以後茶就成爲全中國的標準飲料，馬可波羅在中國逗留了十七年而不知這種飲料廣受歡迎，這是難以想像的。雖說印刷術是當時歐洲人還不知道的中國一大發明，而一個在中國住了十幾年的人難道眞會沒有注意到這個重大的技術突破嗎？爲此，有學者提出了這樣的反駁：代筆人魯思梯謙諾由於對中國文化缺乏興趣或者只具有狹隘的歐洲人的觀點，認爲開水沏茶、印刷術之類的東西不可信或意思不大，不會引起公眾的興趣，而把馬可波羅講述的這些材料摒棄，也有可能是後來文本千變萬化和抄寫者爲數眾多而將這些內容人爲地刪除。暫且，我們不予以評論上述反駁觀點的客觀性和可信任度，但有一點我們可以肯定的是，確實存在著譯者們或抄寫者對《馬可波羅遊記》內容的隨意增刪情況。因爲歷史唯物論認爲：社會存在決定社會意識。只有對《馬可波羅遊記》內容隨意增刪的情況確實存在，才會有上述反駁觀點的提出，而也正因爲這種隨意增刪《遊記》的內容，原稿本又早已疊失，使《馬可波羅遊記》存在不少漏洞，讓人對馬可波羅的經歷多了更多的疑問或者驚歎，使《馬可波羅遊記》及馬可波羅本人變得更加神秘化。

（二）可能造成《馬可波羅遊記》出現錯誤，給後世讀者造成誤解

後人對《馬可波羅遊記》原書的加工和纂改可能是造成該書出現錯誤的原凶。《馬可波羅遊記》中的有些錯誤不是馬可波羅的「過錯」，或許是他人利用了第二手資料。按照拉希德的記述，脫脫與那海的這場戰鬥是發生在 1298～1299 年，而按《寰宇記》序言所說的編書時間，該書可能作於 1298 年，因此馬可波羅和魯思梯謙諾不可能及時瞭解這段故事並把它收進手稿裏去，而這種錯誤的造成可能並非歸咎於馬可波羅的「過錯」，除非我們懷疑序言所說的時間，並且脫脫被那海打敗的故事也只出現在 15 世紀的托萊多抄本裏，所以，可以斷定這段故事一定是抄寫者對原書的「加工」和纂改。而後人對原書的這種「加工」和纂改造成了《馬可波羅遊記》內容的不少錯誤，或許抄寫者對原書的「加工」和纂改的初衷是好的，是爲了讓其內容更加豐富，更加引人入勝，可這種做法卻是無法還原歷史的眞實面貌，給後世讀者造成誤解。

（三）對編造傳奇人物的神話起到了推波助瀾的作用

把一些後來增添的內容都委功於馬可波羅，對編造傳奇人物的神話起到

了推波助瀾的作用。譬如托萊多抄本中有一個段落是對幹羅思的詳細描寫，可是誰都知道這是馬可波羅沒有訪問過的國家；抄本中還有一段文字是關於馬可波羅將摩尼教徒說成是基督教徒的敘述，可是經過對那些最早期的文本進行仔細比照，這些材料似乎同馬可波羅或者他的原稿毫不相干，「馬可波羅他沒有在福州看到過摩尼教徒也沒有對他們作過記述」；〔註 8〕對於只出現在托萊多抄本中的脫脫被那海打敗的故事，按照拉希德的記述，脫脫與那海的這場戰爭是發生在 1298～1299 年，可按《寰宇記》序言所說的編書時間，該書可能作於 1298 年，也就是說馬可波羅和魯思梯謙諾是不可能及時瞭解這段故事並把它收進手稿裏面去的。可見，這些內容都是後來被人爲地增添的，可是這些譯者或抄寫者並沒有承認是自己添加了這些材料，這就容易造成後來讀者對《馬可波羅遊記》的誤讀，認爲馬可波羅確實到過幹羅思，在福州看到了摩尼教徒，也瞭解脫脫被那海打敗的戰爭等等，人們都把這些後來增添的內容都委功給了馬可波羅，這無疑是人爲地提高了馬可波羅的歷史地位，並對編造傳奇人物的神話起到了推波助瀾的作用。

（四）有助於人們更好、更深入地理解《馬可波羅遊記》

無可否認，《馬可波羅遊記》書中確有一些誇張失實、記載錯誤、疏失遺漏、行文單調或其他不足之處。而各譯者在譯書的基礎上，作一些校勘、補注、考證等工作，給譯本附有豐富而有學術價值的注釋，對理解馬可波羅書的記載極有幫助。譬如，東方是什麼時候能製造西米粉及其用途傳入歐洲，現今已不可考了。惟有馬可波羅先生航海繞蘇門答臘時，見南巫里（Lambri）國已有製而用之者，其書第三本第十一章中有云：「其地有一種樹，可以生產面粉，其品甚良可作食料。其樹高而且大，但其皮則甚薄，樹皮之內，填粉至滿。」這種敘述，尚欠缺明瞭，只有馬可波羅實親見過，因此在剌木學（一譯賴麥錫）的譯本，詳細介紹了製造法，並且謂馬可波羅曾親帶少許回祖國，玉爾援剌木學之語至盡，而考狄（在第三版中）又引華勒斯（A.R.Wallace）之書名《馬來群島》（Malay Archipelago）者以實其言。從而證明此事尚非臆造。由此可見，各種對《馬可波羅遊記》增添的補注等內容，爲人們更好、更深入地理解該書是大有裨益的。

總之，各種版本作者對《馬可波羅遊記》在內容上的隨意增刪，無論是

〔註 8〕弗朗西絲伍德著（吳芳思）著，洪允息譯：《馬可波羅到過中國嗎？》，北京新華出版社，1997 年第 203 頁。

對《馬可波羅遊記》、馬可波羅本人還是讀者都有著極大的影響。在某種程度上，確實會使原本失去樸質風味，甚至會降低馬可波羅和他的遊記的可信度，給他們蒙上了一層神秘的面紗。而對讀者而言，更是無法客觀、正確地瞭解該書。但是，對於這些在內容上已被隨意增刪的各種版本，我們不能予以全盤否定，畢竟由馬可波羅和魯思梯謙諾簽名的原始稿本早已遺失，儘管它們存在著不足之處，但至少它們作為《馬可波羅遊記》的譯本或抄寫本，是忠實地轉錄了原稿本的絕大部分內容，它們的重要學術價值和史料價值應該足以受到我們的重視。

新解六、眞實的馬可波羅與《馬可波羅遊記》中的馬可波羅

　　古代中國，地大物博，物產豐富，國力強盛，中華文明影響範圍大增。特別是自唐宋之後，封建經濟高度發展，吸引了大批的西方商人前來中國進行貿易，馬可波羅就是其中的一個。1271 年 11 月馬可波羅跟隨父親尼可羅·羅可和叔父馬飛阿踏上了前往中國的征途，歷經三年半於 1275 年 5 月到達上都。隨後馬可波羅寓居中國 17 個春秋，1292 年護送蒙古闊闊眞公主離開中國，1295 年冬回到了闊別已久的故鄉威尼斯。1296 年馬可波羅參與威尼斯對熱那亞的海上戰爭，兵敗被俘入獄。在獄中，他口述他在中國和東方諸國的見聞，由同獄的意大利文學家魯思蒂謙諾筆錄、潤色而成書，即是舉世聞名的《馬可波羅遊記》（又名《見聞錄》、《寰宇記》、《行紀》），此時爲 1298 年。1324年，馬可波羅逝世於美麗的水上城市、著名商城威尼斯。

　　關於研究馬可波羅和其遊記的學問，在學術上被稱爲馬可波羅學。《馬可波羅遊記》問世後，在歐洲大陸刮起了一陣狂風，各國爭相傳閱和翻印，並進行了注釋等研究工作，馬可波羅學成爲了一門熱門研究學科。

　　《馬可波羅遊記》不像旅行家去描述名山大川的秀麗景色和文物古迹，沒有像歷史學家一樣去記述國家大事，也沒有像一名官員那樣去記述行政事務和官場紛爭，而是以極大的興趣記錄了各個地區的物產、貿易、集市、交通、貨幣、稅收等等與商業有關的事物。《馬可波羅遊記》中關於商務的記錄，約占中國部分的 1/6 以上，以致歐洲人曾把它看成是東方的「商業指南」。

　　歐洲人對中國的認識不是在瞬間完成的，他們心目中的中國面貌，從模

糊到清晰，經歷了漫長的過程。馬可波羅第一次比較全面地向歐洲人展示了高度發達的中國文明，一定程度上衝擊了長期以來歐洲流行的「歐洲中心」和「基督文明至上」的偏見，開闊了中世紀歐洲人的地理視野。《馬可波羅遊記》打碎了歐洲便是世界的神話，把一個有血有肉的中國呈現在歐洲人的面前，令他們無比驚奇，以致於不敢相信。同時也大大地拓展了歐洲人的精神視野，這對於擺脫原有的地域限制和中世界的狹隘眼光，無疑是起到了重要的啓蒙作用。此外，它還在歷史學上產生了重要的影響。它以作者的親身經歷和見聞為基礎，為蒙古歷史的研究增添了許多重要的第一手資料。而且啓發了人們超越國別史的範圍，從一種更為廣泛的角度來人士和評價蒙古的歷史。總之，《馬可波羅遊記》是一部重要的介紹東方世界的名著，在中世紀史、亞洲史、中西交通史、蒙古史、元史、地理學史上都有重要的學術價值和史料價值。其作者馬可波羅也被追奉為中西文化交流的先驅，為中西文化的交流搭起了一座重要的橋梁。

一、《遊記》中的馬可波羅

元代時期，中國對外交通發達。既有傳統的陸上通道，也有唐宋時期新開闢的海上絲綢之路，中西方長期互有貿易往來。既然在元朝的時候，西方人到達中國是沒有什麼問題的，同時我們都相信馬可波羅真的到過中國，其在《遊記》中的描述幾乎都是真實的，那麼《遊記》中的馬可波羅到底又是怎樣的形象呢？

《馬可波羅遊記》記述在尼可羅羅可和馬飛阿在作為元朝皇帝忽必烈的使者，聯繫西方世界與羅馬教皇通好的使命期間，他們曾回到了他們的故鄉——威尼斯。在他們的家裏，尼可羅羅可見到了自己的遺子，已經十五歲的馬可波羅。他們並將馬可波羅帶上前往中國的征途，馬可波羅正式在遊記中登場了，也就有了被後世人所家喻戶曉的《馬可波羅遊記》，馬可波羅本人也被追奉為中西文化交流的先驅。《馬可波羅遊記》中的馬可波羅聰明伶俐，能幹，精通四門語言，每到一個地方必考察當地的物產、風俗、奇聞異事等，回來後將其告之元朝忽必烈皇帝，因而深受忽必烈的寵愛。忽必烈也常常對他委以重任，甚至讓他作為使者出使四方。馬可波羅也因此得以長時間地留居在中國，得以瞭解中國各地的風俗、物產、貿易等等。

（一）刻苦耐勞，勇敢堅強，具有不畏艱辛的探險精神

通過《遊記》我們可以知道，當時從意大利到達中國需要經過長途的跋涉，作爲交通工具的只有馬、駱駝、木船等等簡陋的工具。除了需要通過大自然的殘酷考驗外，還需要通過人類社會的禍亂的考驗，如戰爭。當時在意大利與中國之間，建立有許許多多的小國，他們之間經常會爆發或大或小的摩擦，甚至是讓生靈遭受滅頂之災的戰爭。在《遊記》中就記述了很多這樣的戰爭，或是國內的動亂，或是對外國的侵略。很顯然，要想在當時在環境下從意大利到達中國，那他就必須需要具備堅強勇敢的品質，需要具備不畏艱辛的探險精神。

（二）聰明伶俐，學習能力強，有一顆好學的心

從意大利到達中國，他就必須具備一定的文化知識，具有豐富的地理知識。惡劣的自然環境，簡陋的交通工具，就要求他有一顆好學的心，不斷地去瞭解一個地方的地理氣候特徵，去征服大自然。到達中國後，要想在這個外邦之地立足，要想在異國他鄉精彩地活著，他也必須具備一顆聰明的頭腦，一顆好學的心。通過《遊記》我們知道，馬可波羅精通四門語言（不懂漢語），這樣他就能在從容地在這個異國他鄉與他人進行交流，從容地游歷四方，不用擔心因爲語言障礙而飽受欺凌或遭受歧視。

（三）辦事能力強，深受元朝統治者寵愛

俗話說，伴君如伴虎。馬可波羅這一外族人員，不但能在元朝社會參與政事活動，而且還能做官，甚至是陪伴在最高統治者的身旁十幾年，深受元世祖忽必烈的寵愛。直到 1292 年因爲要護送蒙古闊闊眞公主遠嫁波斯，元世祖才依依不捨地放行，允許他離開中國。可以，馬可波羅的辦事能力非常的強。同時，他也很懂得如何討得忽必烈的歡心，他經常將所到的每個地方的當地的物產、風俗、奇聞異事等告訴皇帝忽必烈。

（四）關注於商業活動，具有強烈的商人精神

《遊記》不是一部專業的歷史著作，不是一部政事錄，也不是一部地理志，而是一部個人見聞錄，一部旅遊與商業指南。《遊記》以極大的篇幅記錄了各個地區的物產、貿易、集市、交通、貨幣、稅收等等與商業有關的事物。據統計，《馬可波羅遊記》中關於商務的記錄，約占中國部分的 1/6 以上，以致曾被歐洲人作爲與東方世界進行貿易的「商業指南」。這很明顯地凸出了馬

可波羅作爲一個商人的本能活動，他的潛意識就是關注於商業活動。馬可波羅出生於一個商人家族，其父親與叔父來中國的主要目的就是爲了進行商業貿易，他自然而然地繼承了祖輩的傳統——進行商業貿易。

（五）虔誠的宗教信仰，堅定的信念

在西人來華前期，大部分都是懷著傳播天主教的信念到達中國的，馬可波羅雖然沒有這份動機，但是他們一家卻有著虔誠的宗教信仰。他們旅居中國達 17 年之久，他們的宗教信仰沒有絲毫的改變，這確實是很難得的。他們在來中國的路上，鼓舞他們克服重重障礙，激勵他們繼續前進的不乏宗教精神的刺激。

《馬可波羅遊記》是一部在中外文化史上有著重要地位的著作，它包含的內容也是非常豐富的。雖然書中沒有多少關於馬可波羅本人的明確記載，但是我們可以通過閱讀全書，感受到作者是怎樣的一個人，可以感受到作者在來華的途中經歷過什麼的苦難。

二、現實中的馬可波羅

因爲在中外的史書上都沒有明確記載馬可波羅這個人及其生平事迹，所以這是中外學者爭論的熱點問題之一。是否存在馬可波羅這個人，是我們進行研究馬可波羅學必須解決的一個的前提。根據國內外學者一百多年來的研究成果，我們可以作出肯定的回答，馬可波羅確有其人。到目前爲止，最能證明存在馬可波羅這個人的直接材料一共有三樣，它們都存在意大利威尼斯檔案館裏。雖然，僅僅只有三份材料，不能全面地反映了馬可波羅的生平情況，不能把一個有血有肉的人完全地呈現在我們的眼前，但它們都告訴我一件事——確確實實存在馬可波羅這個人。

第一份材料是小馬菲奧的遺囑。小馬菲奧是馬可波羅的弟弟，是馬可波羅的同父異母兄弟，他比馬可波羅小很多。即使如此，他們兄弟還是相處得很融洽，畢竟都是血濃於水的親兄弟。關於這一點，在小馬菲奧後來病重時的遺囑上可以得到證明。在他的遺囑中，有這樣一段記述：「所有公債一千里耳的利息，爲女兒菲奧爾達利莎（Fiordalisa）收用，直至她出嫁爲止。以後她如能生男孩，這筆款及其利息，就全部爲外甥所有。如果不能得男孩，這筆款及其利息，就歸兄長馬可波羅。」[註1] 雖然這則遺囑說明了小馬菲奧深

〔註 1〕 申友良：《馬可波羅時代》，北京中國社會科學出版社，2001 年第 210 頁。

受傳統思想的毒害，具有嚴重的重男輕女的思想傾向。但它同時也說明了馬可波羅確有其人，而且這個兄長在小馬菲奧的心目中享有很高的地位。

　　第二份材料是當時威尼斯政府的法律文書。這份現存於威尼斯檔案館的法律文書是馬可波羅在一次商業糾紛中控告他的商業夥伴的，裏面明確提到了馬可波羅。這份官方證書是這樣記述的「證書是審判廳判決聖約翰教區貴族馬可波羅控告阿波利納教區（San Apollinare）商人保羅·吉拉爾多（Paulo Girardo）的判詞。詞中言及馬可波羅曾同吉拉爾多合作經商。馬可委託吉拉爾多出售一磅半麝香。每磅價格大裏耳六枚。吉拉爾多只按價售出了半磅，其餘帶回，經檢查，短缺六分之一兩，吉拉爾多沒有明白的賬目交代，又不能說出短缺的原因，因此馬可波羅控告了他，索還售出的半磅麝香款三大裏耳和短缺六分之一的價款二十格羅西。法官判決被告人如不按指定期限償還欠賬，就必須坐牢若干時日。」〔註2〕在這份官方文書中，我們可以看得出，馬可波羅是講究商業道德和信義的，是敢於拿起法律武器維護自身利益的。更重要的是，這份官方文書明確記載了當時確實存在馬可波羅這個人，而且他還是一名商人。

　　第三份材料是馬可波羅所立下的遺囑。這份遺囑是馬可波羅在 1324 年 1 月 9 日所立下的，當時他已經是 70 歲高齡了。在古代中國，按照儒家的思想 70 歲是從心所欲的年齡，在這個年齡立遺囑是很正常也是很有必要的一件事。遺囑先是要求其子女必須要將什一的遺產稅完納。這是西方基督教世界的一種宗教稅收，取其財產的十分之一，所以稱為什一稅。然後馬可波羅在遺囑中對他的財產作出了明確的分割安排，其中包括「我的動產和不動產，未經處理的都給我的三個女兒凡蒂納、貝萊娜和莫雷塔，由她們三人均分。這三個女兒，為我的三個正式後嗣。所有我的零星動產和不動產，繼承權都歸三個女兒。又第三個女兒莫雷塔尚未婚配，她將來的陪嫁嫁妝，必須跟我的其他兩個女兒所得相同。」〔註3〕這份馬可波羅本人的遺囑，在當時具有法律效力，最能證明了確實存在馬可波羅這個人，而且他還是一個富商。

　　雖然以上三份材料都不能直接地證明了馬可波羅曾經到過中國，但它們都說明了一件不容置疑的事實——馬可波羅確有其人。它們作為馬可波羅生平中典型的三種形態：家人對他的信任、他對商業糾紛的態度、他對財產的

〔註2〕申友良：《馬可波羅時代》，北京中國社會科學出版社，2001 年第 210 頁。
〔註3〕申友良：《馬可波羅時代》，北京中國社會科學出版社，2001 年第 211 頁。

分割，能爲我們認識馬可波羅這一活生生的人物提供了無限的遐想。而且材料從側面上反映了，當時的馬可‧波羅是一名威尼斯富商，當時的馬可波羅有著虔誠的宗教信仰。

三、兩者的共性

馬可波羅 1395 年回到已經闊別 26 年的故鄉威尼斯時，相貌發生了極大的變化，他已經蓄起了長長的下垂胡鬚，身上穿戴的都是東方世界的服飾，連他的親人們都積極難以辨認出他是馬可波羅，都認爲他是外來人。馬可波羅隨父親和叔父離開威尼斯時他才是一個十五歲的孩子，而且在中國生活了十七年之久，所以他的相貌發生瞭如此巨大的改變是很正常的。因爲馬可波羅從東方帶回來許多珍寶，所以他又被稱爲「馬可百萬」、「百萬先生」，他的房屋被稱爲「百萬宅」，但同時也得到了「百萬謊言的人」的稱號。

在中國家喻戶曉的馬可波羅，即是《遊記》中的馬可波羅與生活在意大利威尼斯現實中的馬可波羅是否存在某種聯繫呢。他們之間，根本就是同一個人，或者還是同名同姓的兩個人而已？通過比較，我們可以發現他們兩者之間存在著明顯的一致性。

（一）骨子裏具有強烈的商人精神，全力保護自己的商業利益，富有冒險精神

《遊記》中所表現出來的強烈的商業精神，對商業活動的強烈關注是有目共睹的。書中關於對商業活動的記述占據了中國部分的 1／6，其篇幅之多，相信也是讀者看完《遊記》後留下的第一個深刻的印象。

通過上面的詳細分析我們知道現實中的馬可波羅也是一個富商，一個全力維護自己商業利益的商人。現實中的馬可波羅爲了維護他的利益，他選擇了將商業夥伴保羅吉拉爾多（Paulo Girardo）告上了法庭。麝香產於中國和周鄰的山區，《遊記》中曾幾次提到麝香的出產：四川雅州一帶藏族地區、建都、南方的白城、西寧州一帶。而且《遊記》還指出西寧州一帶出產世界上最好的麝香，並且詳細敘述了摘取和曬製麝香的方法。要說明的是，販運香料是元代色目商人所經營的行業。上文的麝香涉訟案說明，馬可波羅回到威尼斯後仍在他的故鄉通過色目商人與中國或鄰國繼續進行麝香貿易。

另外，與馬可波羅同時代的雅可波達基在他所寫的《世界的印象》中有這樣一句話：「1296 年在教皇鮑尼法斯第六時期，在剌牙思的地方發生了一場

15 艘熱那亞商船和 25 艘威尼斯商船之間的戰鬥。在被俘者中間，有威尼斯人馬可閣下。」〔註4〕通過這句話，我們可以知道現實中的馬可波羅爲了保護自己的利益，出錢購買戰艦，甚至親自參加威尼斯對熱那亞的戰爭，並且最後兵敗被俘。參戰，需要極其堅強的意志、勇敢的精神。而這兩種精神，在 13 世紀從意大利前往中國的人同樣所必備的，是《遊記》中的馬可波羅的本身素養之一。

可見，不管是《遊記》中的馬可波羅，還是現實中的馬可波羅都在骨子裏具有強烈的商人精神，都極力維護自己的商業利益。他們都有堅強的意志，都具有一顆勇敢的心，富有冒險精神。

（二）聰明、理性，同時是一個虔誠的宗教信仰者

《遊記》中的馬可波羅歷經千辛萬苦，克服各種艱難險阻才能到達中國，並且隨後在中國生活了 17 年之久。不管是在艱苦的路途中，還是在中國安逸、豐富多彩的宮廷生活中，他從未改變過他的宗教信仰。雖然他在書中多次提到過其他宗教，而且在元朝時期不乏改變宗教信仰的西方來客，他們甚至從此以後世代留居中國，並且融入中華文明。但馬可波羅卻始終沒有改變過他的宗教信仰，他始終虔誠地信仰者天主教。現實中的馬可波羅在 1324 年臨死之際立下的遺囑中，堅定地要求其家人要繳納西方宗教世界實行的什一稅，將其財產的十分之一繳納給教會，其次才是將剩餘的財產分割給家人。

另外，在 1299 年 7 月，45 歲的馬可波羅因爲《遊記》一書在接受宗教審判時，面對多米尼克修士陪審團的指責，他義正言辭地進行了辯駁。對於《遊記》一書的真實性，他說到「我祇是說出了我所看到的一切，沒有增加，沒有減少。我的基督良心並不能改變我的眼睛和耳朵。至於我講的那些宗教，本身並沒有善惡之分，要看信仰它們的人心的好壞。」〔註5〕他的這種堅持一直持續到他生命的結束，他用生命去捍衛《遊記》的真實性。在他臨終前，有人要求就《遊記》一書的真實性發表聲明，要他承認該書是編造的。但他拒絕了這種要求，並且繼續辯駁：他們能夠歷盡艱辛返回故鄉，讓人們瞭解世界上存在的許多事物，這正是上帝的願望。從這裡可以看出，馬可波羅是一個很理性的人，他有著一顆聰明的大腦，一張能言善辯的利嘴。同時，他

〔註 4〕中國國際文化書院編：《中西文化交流先驅——馬可波羅》，北京商務印書館，
　　　　1995 年第 355 頁。
〔註 5〕任憲寶：《馬可·波羅》，哈爾濱哈爾濱出版社，2001 年第 175 頁。

也有著堅定的宗教信仰，他相信上帝，但他絕不盲從於教會。

可見，不管是《遊記》中的馬可波羅，還是現實中的馬可波羅，他們都是一個很聰明，能幹的人，他們都有著一顆崇尚真理的心。同時，他們也都是一個有著虔誠宗教信仰的基督徒，但他們絕不盲從於教會，他們有著自己的思想。

通過上面的詳細分析，我們可以得出結論：《遊記》中的馬可波羅與現實中的馬可波羅根本就是同一個人。馬可波羅不僅活在《遊記》中，他更是活在威尼斯的大地上。他不僅僅是一個文學作品的主角，他更是一個活生生的、會呼吸的人。《遊記》是他在年輕時代隨父輩前往中國的冒險歲月的見聞錄，是他晚年在故土的回憶錄。那段時光是他生活最為燦爛的一部分，是中西方世界文化交流的一個光輝時代。馬可波羅，中西方文化交流的先驅，他活在《馬可波羅遊記》中，活在 13 世紀的意大利，他更是活在人們的心中。

作為一個歷史研究者，我們應該更深層次地理解「馬可波羅」這個概念。從狹義上，馬可波羅就是一個人，一個歷史上真實存在的具體的人物；而從廣義上，它又不一定是指某個特定的人，而是指當時的一批東西方交通的開拓者。「馬可波羅」就是他們的代名詞，《馬可波羅遊記》甚至可以理解為是他們當時經過各種艱難險阻來華的經歷的總結。文明是人類活動的產物，人類也因為文明的進步而進步，而為文明交流做出貢獻的人也必定為歷史所銘記。

新解七、《馬可波羅遊記》到底有多大的史料價值？

　　作爲馬可波羅研究或者馬可波羅學研究的最主要材料也是唯一材料的《馬可波羅遊記》，能不能做爲一種歷史研究方面的材料？也就是說該書到底具有多高的史料價值？對於這個問題，馬可波羅研究的學者們在以往的研究中，都沒有注意到，因而使得馬可波羅研究一直處於一種停滯不前、眾說紛紜的階段。如果把《馬可波羅遊記》定性爲歷史文獻材料的話，那它做爲馬可波羅研究的歷史文獻的地位肯定沒有問題。反之，如果《馬可波羅遊記》被定性爲非遊記性質的文學作品或者非紀實性的文學作品呢？那結果就可想而知了，以往國內外學者們對馬可波羅研究的成果至少有些結論是需要重新推敲的。

一、從《馬可波羅遊記》的名稱變化談起

　　現在所見到的《馬可波羅遊記》其實是從不同版本翻譯過來的，由於版本的差異，自然也會引起《馬可波羅遊記》本身內容上的不同，同時也影響到對《馬可波羅遊記》名稱產生變化。

　　據穆爾和伯希和統計，在 20 世紀 30 年代末已有抄寫本及印刷版本 143 種。這麼多種版本的流傳，難免有以訛傳訛的情況。

　　由此可以看出，《馬可波羅遊記》版本繁多，而又沒有一種版本可視爲「正統」。由於魯思梯謙諾記錄的原始版本始終沒有找到，或許已經失傳。這一方面固然是由於年代的久遠，難免有保管不當。另一個更主要的方面是《馬可波羅遊記》及馬可波羅本人長期不爲當時的歐洲人所認同。以至於在馬可波

羅臨死前他的親友竟要他忏悔自己所敘述的《馬可波羅遊記》爲彌天大謊。

對於《馬可波羅遊記》的名稱，1298 年最初成書時稱爲《東方聞見錄》。因爲馬可波羅又被稱爲「馬可百萬」，所以這部書也被稱爲《關於世界的百萬書》。從最初的名稱來看，推測這本書的原意應該是關於東方見聞方面的帶有旅遊指南性質的遊記，這種遊記類作品更多的應該歸類爲文學作品的範疇。

後來，皮皮諾的譯本把該書的名稱翻譯爲《馬可波羅寰宇記》。從皮皮諾版本的定名來看，還是把該書定性爲旅遊方面的遊記類文學作品。賴麥錫繼承了皮皮諾版本的傳統，他把一部大約成書於 1438 年的《馬可波羅寰宇記》早期拉丁寫本編撰到他自己編撰的一套《航海與旅行》的叢書中，並且增加了更多生動誇張的故事，也增加了許多不見於其它版本的情節。萊瑟姆也認爲賴麥錫的版本收進了「用最動人的天方夜譚式的風格」敘述的有關馬可波羅本人的故事，包括他的言過其實的談話以及關於他怎樣回到威尼斯的傳奇故事。也就是說，賴麥錫編撰後的《馬可波羅遊記》文學色彩更加濃了。

在中國，對於《馬可波羅遊記》的翻譯，除了馮承鈞先生翻譯爲《馬可波羅行記》外，其餘版本的翻譯都定名爲《馬可波羅遊記》。這就是說，中國人在翻譯該作品時，大家都同意該作品是旅行方面的文學作品。

二、傳奇作家魯思梯謙諾對《馬可波羅遊記》的貢獻

魯思梯謙諾是意大利比薩人，而當時的比薩屬於法國。魯思梯謙諾從小就學習法文，後來還到法國留學過，他主要研究騎士文學。

我們有理由相信，擅長於寫騎士傳奇的魯思梯謙諾在記載馬可波羅的敘述時，總會有意無意的運用他那嫻熟的騎士傳奇的寫法，這點在《馬可波羅遊記》中是顯而易見的。如《馬可波羅遊記》的開頭《引子》中作者邀請「皇帝、國王、公爵、侯爵、伯爵和騎士們，以及其他各界的人們」來讀一讀這部遊記，以便能看見「亞美尼亞、波斯、韃靼和印度的人們」的偉大而不可思議的奇觀。這樣的開局結構，無疑流露出魯思梯謙諾的騎士傳奇的寫作風格。又如，《馬可波羅遊記》中有關戰鬥場面的精彩敘述，有聲有色，氣勢非凡，也可以見出描寫騎士征戰能手的魯思梯謙諾的手筆。特別是《馬可波羅遊記》的最後部分，即從第 201 章開始，傳奇的、浪漫的色彩傾向更爲加強。意大利學者貝內托曾把《馬可波羅遊記》和魯思梯謙諾的傳奇故事的許多段落進行並列比較，揭示出兩者存在相當多的共同點。

對魯思梯謙諾用騎士傳奇的筆法寫作《馬可波羅遊記》已爲中外學者所贊同。如英國學者弗郎西絲伍德（吳芳思）就認爲很可能《馬可波羅遊記》的文風主要具有魯思梯謙諾的特色。《泰晤士報》1983 年 4 月 14 日《馬可波羅遊記到過中國沒有？》的文章作者也認爲「《馬可波羅遊記》恐怕要大大歸功於一位講故事人魯思梯謙諾的生動想像力及其天賦」。我國馬可波羅研究專家楊志玖教授認爲「《馬可波羅遊記》是由同獄難友，比薩作家魯思梯謙諾記錄的，這就難免有些走樣或誤記。」

正是由於《馬可波羅遊記》的始創者魯思梯謙諾在記錄馬可波羅的故事時運用了他熟悉的騎士傳奇的寫法，使《馬可波羅遊記》一開始就人爲地增加了許多誇大和想像的成分。或許魯思梯謙諾的初衷是爲了讓《馬可波羅遊記》更引人入勝，作爲文學作品這是許可的。但如果以嚴謹的歷史的眼光去審視的話，魯思梯謙諾的做法卻極易引起懷疑，失去了史料應有的嚴謹性和眞實性。也就是說，魯思梯謙諾的初衷是想把該作品做爲文學作品類來進行創作的。

三、《馬可波羅遊記》與文學作品

提到文學作品，有一種相當流行的說法是，文學作品就是那些印在白紙上的字，或者寫在稿紙上的墨迹，那些記載語言表述的種種物質形式。另一種觀點認爲，文學作品是以心理經驗、體驗的方式而存在，或者是在作家創作時的心理體驗，或者是讀者閱讀時的心理體驗。這兩種說法都過於片面，都不能科學的說明文學作品的存在方式。「文學作品的存在是以一定物質形式作爲載體的作品文本，與作家的創作意圖和讀者的心理體驗相結合的整體存在。文學作品的核心是文學文本，有時也把作品文本叫作文學作品。」物質載體，包括印刷品的紙張和字迹、口頭講述的聲音、錄音的磁帶、儲存文本的電腦等。

題材、結構和語言，是文學作品構成不可缺少的要素。而且三者缺一不可，少了這三者，就無法形成文學作品。

首先來看看的題材。

（一）題材來源於素材

題材指作品中的材料，素材是作家保存於筆記或記憶中的材料。題材是

從素材中提煉出來的。馬可波羅從意大利到中國，途中所見所聞十分豐富有趣。既看到了東方各國和不同地區的風俗習慣、社會概況和政治生活等，又瞭解了各地的自然風光，還從中知道了許多有趣的奇聞軼事。這些豐富的閱歷是構成《馬可波羅遊記》的主要來源。因此，《馬可波羅遊記》在一定程度上眞實地反映了當時的社會生活狀況，其中關於我國的篇章，是可與我國史料相互印證和補充，特別是有些我國史乘中未見記載或記載不實的史實，《馬可波羅遊記》卻有記載，如《馬可波羅遊記》中記載的《忽必烈怎樣治理他的朝廷以及西南各地的見聞》，《大汗反攻乃顏》，集中記敘忽必烈征討乃顏叛亂一事，頗爲翔實、精彩，爲中外史學家所重視，如瑞典著名史學者多桑將此寫入其名著《蒙古史》中。

而在《馬可波羅遊記》中的《大都新城及款待使臣的規章和京城夜間和治安問題》，馬可波羅對汗八里（「汗八里」一詞源自突厥語中的「皇城」，馬可用來稱呼北京）街市的結構和盛況記載令人昨舌，「周圍環繞著土建的城牆，牆底寬約十步，向上遞減，頂寬不超過三步，所有的城垛都是白色。全城的設計都用直線規劃。大體上，所有街道全是筆直走向，直達牆根」，「整個城區按四方形佈局，如同一塊棋盤」，「四周的城牆共開 12 個城門。每邊 3 個」，「建有許多旅館或招待駱駝商隊的大客棧，爲來自各地的商人提供住宿」。〔註 1〕正如美國學者海格爾認爲，如不是身臨其境是寫不出來的。掌握有豐富的素材，使得該書的題材多樣，從而在另一方面上說，也是我們瞭解歷史的重要資料。

（二）題材的形成要受到作家生活實踐的制約

題材既是根據素材加工改造而來，而素材又要靠作家在生活實踐中積累，那麼題材最終來自生活實踐。《馬可波羅遊記》雖不是馬可波羅直接寫下來的（1296 年威尼斯與熱那亞的一次中馬可波羅被俘。在獄中，他向獄友魯思梯謙諾口述了自己的回憶，由魯思梯謙諾記錄。），但是完全是遵照馬可波羅的口述整理而成的。《馬可波羅遊記》的題材多是在西亞、中亞和東南亞一帶的風土人情，國王、商人、將軍、美女等人物。原因在於馬可波羅曾途經或長期居住過，對那些生活較熟悉，有一定的生活體驗。如馬可波羅就曾經在揚州居住過，「奉大汗的特命，擔任這個城市的總督達三年之久」。〔註 2〕

〔註 1〕馬可波羅：《馬可波羅遊記》，呼和浩特遠方出版社，2003 年第 108～109 頁。
〔註 2〕馬可波羅：《馬可波羅遊記》，呼和浩特遠方出版社，2003 年第 163 頁。

其次看看《馬可波羅遊記》的結構。

1. 主次分明、重點突出、詳略得當

《馬可波羅遊記》的主次處理得很好，重點突出，詳略得當。從全書看，其主要內容是關於中國的旅行經歷，兼及途徑西亞、中亞和東南亞地區一些國家的情況。

全書以紀實這種寫作手法（僅僅是一種寫作手法而已，非親身經歷），主要敘述了他在中國各地，包括西域、南海等地的見聞，記載了元初的政事、戰爭、宮廷秘聞、節目遊獵等等。而其中又尤其詳細敘述了元代大都的政治、經濟和社會文化。並以專門的章節記敘了，如西安、開封、南京、鎮江、揚州、蘇州、杭州、福州、泉州等各大城市和商埠的繁榮景象。書中敘述南京「大部分經營商業。當地出產生絲，並組成金銀線的織品，數量很大，花色繁多。這地區稻米豐足，六畜興旺，作為行獵對象飛禽走獸十分繁衍，尤其老虎更多。」〔註3〕描述蘇州的富裕：「居民生產大量的生絲，製成綢緞，而且還行銷其他市場。他們之中，有些人已成為富商大賈。這裡人口眾多，稠密得令人吃驚。」〔註4〕由於馬可波羅自己對南宋統治九個地區的杭州地區和福州地區親歷過，而其他七個地區他沒有親自游歷過，所以文中就略去不敘述。

2. 結構靈活多變

《馬可波羅遊記》以空間順序變化為主，採用遊蹤作為組織文章的線索，按照移步換形式定點觀察的視點來描述景物的方位，先寫西亞和中亞，再寫中國和其周邊地區和國家。在不斷的空間變化中，引出新的人物和軼事。時而寫人，時而狀事，抒情議論，隨意穿插個人感想。如《馬可波羅遊記》中馬可波羅在《濟寧府》就航運的發達而發表自己的見解：「大河上千帆競發，舟楫如織，數目之多，簡直令人難以置信」，「河上的船舶穿梭似的往返不斷，運載著最有價值的商品的船只的數量和噸位，確實使人驚訝不已」。〔註5〕在《雄偉壯麗的京師（杭州）》中，馬可波羅對中國城市的繁榮發出驚歎：「這座城市的莊嚴和秀麗，堪為世界其他城市之冠。這裡名勝古迹非常之多，使人們想像自己彷彿生活在天堂。」〔註6〕還講究埋設伏筆與製造懸念，以吸引

〔註3〕馬可波羅：《馬可波羅遊記》，呼和浩特遠方出版社，2003年第163～164頁。
〔註4〕馬可波羅：《馬可波羅遊記》，呼和浩特遠方出版社，2003年第168頁。
〔註5〕馬可波羅：《馬可波羅遊記》，呼和浩特遠方出版社，2003年第158頁。
〔註6〕馬可波羅：《馬可波羅遊記》，呼和浩特遠方出版社，2003年第169頁。

讀者繼續往下讀的興趣。在《大可汗如何去獎賞那些有功於戰爭的貴族》中，結尾就說到：「現在我們將要放棄這個題目，而重起頭講大汗的各種奇怪事情。我們已經告訴你的他的宗系和他的年齡了。我們現在要告訴你們他個人的容貌和舉止。」〔註7〕接下來就引出《大可汗本人的容貌和舉止》。

在《唐古忒省敦煌城和它的風俗殯葬儀式》中則這樣結尾：「我們介紹完這個城市以後，將進一步講述位於西北部和位於沙漠邊緣的其他城市。」〔註8〕

而在《雄偉壯麗的京師（杭州）》中談到了泛舟西湖的遊覽樂趣，接著筆鋒一轉，「這地方的居民，頗有閑情逸致」，「除了希望帶上自己的妻子或情人，租一條畫舫或是一輛街車，藉以消磨閑暇的時光，從中取樂之外，還能有什麼東西能吸引他們呢？這種街車怎樣成為人們的一種遊樂，這是應該簡略地描述一番。」〔註9〕下來題目《再談大京杭州的其他詳細情況》。

最後看看《馬可波羅遊記》的語言。

1. 在表現技巧上，善用誇張、比喻等修辭手法

在敘述的語言方面，《馬可波羅遊記》多次使用誇張、比喻的手法，把遊覽的對象描述得逼真傳神，繪形繪聲繪色，讓讀者如遊其地，如臨其境。以引起人們對此書對東方美麗富饒的注意和嚮往。

使用誇張的典型例子，如《馬可波羅遊記》下卷對「蠻子省」社會的大肆美化和精心虛構。在《馬可波羅遊記》中《九江》載云：「由於九江市瀕臨江邊，所以它的船舶非常之多」，「看到的船只不下15000餘艘」，不僅如此，「一些依江傍水的其他城鎮，船舶數目就更多了」〔註10〕，屬極為誇張之詞。查遍宋、元、明、清有關九江及其沿江傍水的其它城鎮的有關資料，從未見到，也從未聽到有可以容納 15000 艘以上船舶的碼頭的記載。縱使今天比較現代化的九江及其沿江傍水的碼頭，也萬萬容納不了一萬五千艘以上的船舶（包括小木船）。這以誇張之詞表明了當時南方的繁華景象。

《馬可波羅遊記》下卷《楚伽王國和它的都城福州》載曰：「離開建寧府（今建甌），騎行三天，便到達武幹市」，「沿著同一方向，再前進 24 公里，便抵達福州」。〔註11〕武幹（尤溪）到福州僅僅距離（不講路程）至少也有 130

〔註 7〕 馬可波羅：《馬可波羅遊記》，呼和浩特遠方出版社，2003 年第 101 頁。

〔註 8〕 馬可波羅：《馬可波羅遊記》，呼和浩特遠方出版社，2003 年第 67 頁。

〔註 9〕 馬可波羅：《馬可波羅遊記》，呼和浩特遠方出版社，2003 年第 176 頁。

〔註 10〕 馬可波羅：《馬可波羅遊記》，呼和浩特遠方出版社，2003 年第 165～166 頁。

〔註 11〕 馬可波羅：《馬可波羅遊記》，呼和浩特遠方出版社，2003 年第 108～181 頁。

公里以上，比《馬可波羅遊記》所載的距離要大 6 倍左右。而且從武幹（尤溪）到福州，途中乃係叢山峻嶺，在宋元時期是一片茫茫林海，通過無數的崎嶇小道到達福州的實際路程要遠遠超過此數。在這裡，我們不必去深究馬可波羅是道聽途說，還是胡亂編造，就語言表達上來說，確實是非常誇張。

　　除使用誇張，書中也善用比喻，使句子生動、優美。同樣是在說建築民居，在《起而漫王國》中這樣描述：「市鎮村寨，鱗次櫛比，居民點像星星一樣散落在平原上。」〔註12〕《大都新城及款待使臣的規章和京城夜間的治安問題》則比喻爲：「整座城區按四方形佈局，如同一塊棋盤。」〔註13〕說杭州西湖爲「水平如鏡」〔註14〕（《雄偉壯麗的京師（杭州）》），稱西寧州的野牛「毛有三虎口長，像細絲一樣」〔註15〕（《西涼國和西寧州》）。

2. 善於刻畫人物、敘述情節、描寫環境

　　《馬可波羅遊記》所敘述的人物、事件，有的還可能是古老的歷史、傳說。馬可波羅對東方美女的欣賞，使他常常忘乎所以，這表現在他對道聽途說的美女姿態形象的肆意想像和發揮。如在《馬可波羅遊記》中的《山中老人和他的刺客》，就對傳說中的山中老人利用美色誘惑人們，對美女進行瞭如下的想像：「她們吹彈歌舞的技藝無一不精，尤其擅長挑逗和迷惑別人陷入情網的手段。」《山中老人訓練刺客的情形》則這樣形容美女：「個個千嬌百媚，曼歌妙舞。」〔註16〕

　　全書語言的十分豐富和複雜，還體現在善於描述神話故事，把東方的奇聞異事娓娓道來，避免了記流水帳般枯燥乏味，使人讀起來津津有味。如《馬可波羅遊記》中《卡曼杜城》載說：「卡鬧納斯人，從印度學來了一種妖法的咒語。當他們念動口語施行妖法的時候，能夠呼風喚雨，飛砂走石，頃刻之間天昏地暗，同步之外看不見人，只有近在咫尺，彼此才能看見」。這裡把卡鬧納斯人描繪得如此恐怖與神秘，一方面可能與他遭劫的經歷有關，「馬可波羅自己有一回也曾經陷入這種人爲的星天迷霧裏」，〔註17〕對卡鬧納斯人無好感，另一方面與當時無法對自然現象認清的種種條件約束而做出這樣的猜臆

〔註12〕馬可波羅：《馬可波羅遊記》，呼和浩特遠方出版社，2003 年第 39 頁。
〔註13〕馬可波羅：《馬可波羅遊記》，呼和浩特遠方出版社，2003 年第 108 頁。
〔註14〕馬可波羅：《馬可波羅遊記》，呼和浩特遠方出版社，2003 年第 176 頁。
〔註15〕馬可波羅：《馬可波羅遊記》，呼和浩特遠方出版社，2003 年第 83～84 頁。
〔註16〕馬可波羅：《馬可波羅遊記》，呼和浩特遠方出版社，2003 年第 48～49 頁。
〔註17〕馬可波羅：《馬可波羅遊記》，呼和浩特遠方出版社，2003 年第 41 頁。

有關。

又如在《喀什米爾省及善施妖法的居民的隱士階層》中說「他們的佛像雖然是天然的聾子和啞巴，但是他們會使它說話」「能夠使白天變成黑暗，而且還能變化許多其他的幻術。」〔註18〕這樣的東方奇聞異事，使少見寡聞的當代人觀以接受。

從《馬可波羅遊記》本身的內容來看，馬可波羅從意大利到中國，途中所見所聞十分豐富有趣。既看到了東方各國和不同地區的風俗習慣、社會概況和政治生活等，又瞭解了各地的自然風光，還從中知道了許多有趣的奇聞軼事。這些豐富的閱歷是構成《馬可波羅遊記》內容的主要來源。因此，《馬可波羅遊記》並不是完全如實記載、語言簡潔、結構嚴謹的歷史文獻，而是描寫馬可波羅在東方見聞的一本有趣的遊記。它是在真人真事的基礎上發揮創作、想像，進行藝術加工的一本生趣盎然的文學作品。因此，《馬可波羅遊記》本身的歷史文獻價值到底有多大這個問題，是值得重新思考的。

〔註18〕馬可波羅：《馬可波羅遊記》，呼和浩特遠方出版社，2003 年第 55 頁。

新解八、馬可波羅到底說謊了沒有？ [註1]

　　《馬可波羅遊記》裏無疑真實地記載了許多有關中國元代時期的奇聞趣事，但是，《馬可波羅遊記》的作者馬可波羅他到底與中國有沒有關係？有多大的關係？也就是馬可波羅他究竟到過中國沒有？這個問題一直是困擾學術界的一大難題，對於中國學者來說更是難上加難的問題，因為它一直在阻礙著馬可波羅研究的進一步深入。其實，馬可波羅到沒到過中國，與《馬可波羅遊記》本身的真實性是沒有關聯的。

一、馬可波羅在 42 歲前有可能來中國嗎？回答是：一個無法弄清楚的謎。

　　國內外學術界對於馬可波羅的研究表明，馬可波羅是確有其人的，也就是說馬可波羅不是什麼虛構的人物。但研究又發現，馬可波羅的生平確實存在許多不解之謎的需要解決。

　　威尼斯的官方檔案，可以證明確有馬可波羅其人，但是對於馬可波羅 42 歲（1296 年馬可波羅在威尼斯與熱那亞戰爭中被俘虜）以前的情況就沒有明確的記錄。如果結合馬可波羅他父親在晚年時又娶妻還生了三個兒子這些情況來進行分析，可以肯定的是，馬可波羅和他的父親曾經有相當長的一段時間是在國外度過的。對這一點，吳芳思在書中也很無奈地以推測的方式予以承認。「如果馬可波羅不在中國，沒有材料可以證明他是在別的什麼地方。」[註2]

〔註 1〕該文發表在《湛江師範學院學報》2007 年第 1 期上。
〔註 2〕弗朗西絲伍德著（吳芳思）著，洪允息譯：《馬可波羅到過中國嗎？》，北京新華出版社，1997 年第 195 頁。

由於除了《馬可波羅遊記》以外，沒有任何材料可以證明馬可波羅在 42 歲以前到過哪些地方。吳芳思認爲馬可波羅到過中國的推測也僅僅祇是一種推測而已，缺乏實質性的證據。因此，對馬可波羅在 42 歲以前有沒有到過中國的問題，至今仍然是一個無法弄清楚的謎。

二、楊志玖先生的發現到底有多大的價值？回答是：間接證據而已，值得參考。

以楊志玖先生爲代表的肯定馬可波羅到過中國的肯定論派，把楊志玖先生的發現當作證明馬可波羅到過中國的確鑿證據。對於這一條材料，學術界認爲這是迄今爲止在漢文文獻中發現的唯一的有關馬可波羅的間接的記錄。

楊志玖先生在《永樂大典》第 19418 卷「站」字韻引元朝的《經世大典・站赤門》上發現了記載至元二十七年（公元 1290 年）的那段公文，而這段材料卻存在三個明顯的不足之處：一是公文中說與三位使者同行的有 160 人，馬可波羅在書中說有 600 人，兩者相差甚多。不過可以這樣理解，公文中所說的 160 人，是吃口糧的官差，而其中還有 70 人是冒名的；馬可波羅所說的人數，除了上面所說的 160 人外，其餘的恐怕還有一些「諸官所贈遣及買得者」的人和官員們私帶的商旅。他們沒有要求分例口糧的資格，自然不須上報其數目於公文內；二是公文中未提及馬可波羅的名字，這自然是很可惜的一件事。但此文既係公文，自當僅公文負責人的名字，其餘從略，楊先生由此得出結論說，馬可波羅當時在中國的官職，大概不太高貴，因此不爲同時人所重視。〔註3〕這種說法只反映問題的一個方面，其實從《馬可波羅遊記》中馬可波羅冒功吹牛的事實看來，馬可波羅已把自己擠身到使者行列中，而不是作爲一般的官員或官差了。其次是公文中沒有提到他們要護送的闊闊眞公主。這絕不是說闊闊眞公主不是重要人物，很可能這段公文材料祇是一個節略，不是原件。

對於這段公文材料而引起的爭議，楊先生認爲，要弄清事實眞相，應該考慮以下三個方面的問題：（1）阿魯渾派往中國的使臣，除火者三人外，還有多少隨從？《站赤》中所說的 90 人，是全部隨從，還是有一部分由元政府派遣隨行的？如果有，則波羅一家三人也有可能在內。也就是說，要弄清阿

〔註 3〕楊志玖：《關於馬可波羅離華的一段漢文記載》，《南開大學學報》期刊，1979
　　　　年第 3 期。

魯渾派往中國的使團，在回國時是否有擴大，包括元朝派遣的在內，（2）據馬可波羅說，他們一直護送闊闊眞公主到合贊駐處。這樣，合贊遇到的使團中，當然有可能包括波羅一家在內。（3）馬可波羅地位是高還是低，爲什麼在拉施德丁書裏和他直接有關的記事中，也沒有他的名字。〔註4〕

　　王育民先生是最早對楊志玖先生的發現提出異議的學者，王先生認爲，（1）《站赤》所記三位使者爲大汗所遣，而《馬可波羅遊記》則說是阿魯渾大王所遣，兩書所述迥異，如何解釋？（2）《史集》中對爲護送闊闊眞公主到波斯而卓著動勞的馬可一家隻字不提，有悖常理。（3）忽必烈大汗爲阿魯渾大王選妃，是「一件朝野盡知的盛事，馬可波羅無論在中國或波斯，都可能由傳聞而得悉，也可能作爲這次船隊的一名乘客而取得同行的機遇」。因此，《站赤》所記「除證實《馬可波羅遊記》所述闊闊眞公主下嫁伊利汗君主一事確實存在外，並不能確切表明馬可一家與此事有任何直接聯繫。楊文由此斷言：『只能證明馬可波羅的記載是眞實的』，其論據是不夠充分的。」〔註5〕

　　對於王先生的疑惑，楊志玖先生曾經是這樣回應的。對第一疑問，楊志玖先生認爲很容易解答。三位使者本事阿魯渾所派，既已在中國完成任務要回國，當然要得到忽必烈旨意才能回去。這有什麼難解呢？而且，不管是誰派遣，並不影響這段史料的價值和馬可一家參與此事的眞實性。

　　對第二個問題《史集》中爲什麼不提馬可波羅的名字？要知道《史集》是記大事的，合贊娶個蒙古公主並不算軍國大事，能在合贊的活動過程中提及此事，並提及使臣火者的名字這已經很難得了。一定要提出馬可波羅的名字，這和要求《站赤》那一段也要提及馬可波羅的名字一樣，是很不現實的苛求，這無異要求《史集》把馬可波羅所記的一切與他們此行的細節都照抄不誤，那當然是辦不到的。

　　至於說元廷遣使護送闊闊眞公主至伊利汗君主處是「一件朝野盡知的盛事」，這也是缺乏史料根據的。《元史・世祖紀》至元二十七年八月紀事中對遣使事情一字未提，元史《本紀》本於元朝修的《實錄》，亦未把這次遣使作爲重大事件記錄在案。《站赤》所以記錄此事，因爲事關政府人員旅途口糧分配問題，須向中央請示，這是該書應記的例行公事。但其中並未提及闊闊眞

〔註4〕楊志玖：《關於馬可波羅離華的一段漢文記載》，《南開大學學報》期刊，1979年第3期。

〔註5〕王育民：《關於〈馬可・波羅遊記〉的眞僞問題》，《史林》期刊，1988年第4期。

公主出嫁情節。馬可波羅一家若不親自參與此行，如何能夠說得出如此細緻？特別是，《站赤》和《史集》有關此事記載，都模糊不清，只有借助《馬可波羅遊記》的中介，才能瞭解此事的原委。例如，所派遣的使臣到波斯後，只有火者一人生還，惟有《馬可波羅遊記》有此記載，《史集》的兩種版本刊者都不把 Khwaja（火者）作為人名，俄文譯本卻把此名譯為「官員」，因為「火者」兼有作傳名和通名兩個含義，沒有《馬可波羅遊記》，這個錯誤就不易糾正。這當然不是道聽途說所能得悉的，也不是在中國或波斯所能聽到的，而《站赤》這段材料恰好為馬可波羅離華回國情景作出明確的證據。〔註6〕

　　楊志玖先生在《永樂大典》中的發現的相關材料中所提到的三位使者的名字，與馬可波羅書中所記載的阿魯渾的三位使臣的名字完全一致。除此以外，與馬可波羅沒有任何的關係。不知道為什麼會成為它是證明馬可波羅到過中國的確鑿證據呢？

　　與其去相信楊志玖先生發現了確鑿證據，還不如去相信外國學者對馬可波羅研究的解釋。國外「肯定論者」他們之所以肯定或承認馬可波羅到過中國，主要基於兩個方面的理由：一是人們對馬可波羅與《馬可波羅遊記》的善意解釋。由於學者們至今仍無法找到任何一條材料來證明馬可波羅和《馬可波羅遊記》，因此，人們只好善意地認為馬可波羅曾經來過中國以及《馬可波羅遊記》的真實性了。正是由於這個原因，早在楊志玖先生找到《永樂大典》上那段公文之前，國外許多學者就已經認為或承認馬可波羅曾到過中國以及《馬可波羅遊記》的真實性。其代表性人物是德國的傅海波、英國的亨利‧玉爾和法國的伯希和。另一方面的原因是《馬可波羅遊記》所記載的某些內容若非親身經歷是不可能知道的那樣詳細具體的。許多學者認為《馬可波羅遊記》的內容都是在重述一些盡人皆知的故事，比如元朝的遠征日本、王著叛亂、襄陽回回炮、波斯使臣護送闊闊真公主等。但是，《馬可波羅遊記》所記載的某些內容卻使學者們很驚奇。比如，《馬可波羅遊記》對江蘇鎮江基督教禮拜堂的記載，關於杭州的記載，還有盧溝橋等等。《馬可波羅遊記》的記載都相當的詳細、具體，這些材料在當時的歷史背景下是不可能從道聽途說中得到的，同時也不可能從所謂的「導游手冊」中得到的。

〔註6〕　楊志玖：《再論馬可‧波羅書的真偽問題——剖析懷疑論者的論據和心態》，見《中西文化交流先驅——馬可波羅》，北京商務印書館，1995年第30～32頁。

三、學者們的懷疑甚至否定的觀點對不對？回答是：有道理，值得深思。

以懷疑和否定馬可波羅到過中國的所謂懷疑論派，他們的觀點和看法不是沒有道理的。他們的主要觀點可以歸納為四個方面：1. 在浩如煙海的中國史籍中沒有一件關於馬可波羅遊記的可供考證的材料。2. 有些具有中國特色的事物在書中未曾提到，如茶葉、漢字、印刷術等。3. 書中有些記載誇大失實或錯誤，如冒充獻炮攻襄陽、蒙古王室譜系混亂不清等。4. 從波斯文的《導游手冊》中抄來的。〔註7〕

對於懷疑論派的疑惑，楊志玖先生等人一一予以反駁。對於懷疑論者的第一個論據，黃時鑒先生做了很好的論述。他認為懷疑論者的第一個論據實際上並沒有說明說服力，理由有兩點：一方面，並非所有來華的外國人都會被載入中文文獻。這一點吳芳思自己也承認，她說中世紀「越過中亞」的傳教士「多如牛毛」，但在中文史料中找不出幾個人的姓名來。另一方面，來華的外國人即使被載某一中文文獻，但隨著歷史的變遷，它也有可能已經佚失。馬可波羅的名字不見於存世的中文文獻，是否即可確證他並未到過中國？儘管某些學者提出這個問題的的大前提是中文文獻十分豐富，而且記載詳細，馬可波羅是這樣一個有名的人物，一定會被記錄下來，不會漏記。但是這個大前提是不成立的。因為中文文獻的豐富與連貫，並不等於中國的歷史文獻一定會記下任何事情和任何人物，而且一個不漏地流傳下來。現在我們看到的元代文獻中，留下的名字的實在是太少了，馬可波羅並不是一個特殊的例外情況。就能吳芳思認可的到過中國的鄂多立克，他的大名在中文文獻中也是找不到的。由於元代文獻的大量佚失，即使馬可波羅的名字曾經被記載下來，他的名字也可能消失。正是在其他學者從中文文獻中確實找不到馬可波羅名字的時候，楊志玖先生發現了一條史料，據此可以證明馬可波羅真的到過中國。然而楊志玖先生從「站赤」中發現的這條珍貴的史料，現在也只見於明朝初年編撰的《永樂大典》的殘本之中，如果當年英法聯軍將《永樂大典》毀滅得更加徹底的話，今天誰還能發現它呢？

也許是由於懷疑論者多少意識到他們的第一個論據缺乏說服力，所以他

〔註7〕 楊志玖：《再論馬可‧波羅書的真偽問題——剖析懷疑論者的論據和心態》，見《中西文化交流先驅——馬可波羅》，北京商務印書館，1995 年第 26～27頁。

們更喜歡在第二個論據上大加發揮，即吳芳思所說的「漏寫」問題。懷疑論者因為在馬可波羅的著作中找不到一些中國特有的事物而否定他到過中國，從研究方法上說，這樣的論證是不能成立的。對於古代旅行家留下的遊記，宜從總體上去探討它的真實性，特別需要注意他與前人及同時代人相比，是否正確提供了可以印證的新資料。以這樣的標尺來衡量，一個多世紀以來的馬可波羅研究已經證明馬可波羅確實到過中國，他對中國的描述從總體上看是真實的。反之，如果只要指出某部遊記沒有記載某些內容，就否定它的真實性，那就幾乎可以否定全部遊記。但這只能是對歷史的一種苛求，缺乏邏輯的說服力。

如果根據懷疑論者的這種邏輯進行推論，那麼，人類的許多重大歷史活動都可能被宣布是不存在的。正如玉爾早已經指出的那樣，在巴塞羅那的檔案中找不到歡迎哥倫布入城的記載，在葡萄牙的檔案中沒有關於亞美利哥為國王而遠航的文件，我們難道可以據此而否定他們二人到過美洲嗎？

據說馬可波羅臨終前，有人要他聲明他在書中所說的都是寫無稽之談，但馬可波羅確回答道：我所說出來的還不到我所見到的一半。長期以來，許多人都用馬可波羅的這句臨終遺言來解釋馬可波羅為什麼沒有提到那些所謂「漏寫」的事物，也就是說，馬可波羅還沒有來得及將這一切說出來。也許，就某些中國事物而言，馬可波羅確實看到了但沒有來得及告訴世人。但是，另一些中國事物，馬可波羅或者根本就看不到，或者即使看到了也不會留下特殊的印象。我們認為，懷疑論者所列舉的那些「漏寫」的事物，大多是屬於這一類的。

要說明為什麼《馬可波羅遊記》會「漏寫」一些關於中國的事物，首先就必須考察這些事物在當時是否存在；如果存在的話，又是什麼樣子；它們當時是不是已成為中國的重要標誌，是不是必然會引起旅遊者的特別注意。只有在進行這樣的考察和研究之後，才能合理解決所謂的「漏寫」問題。

當懷疑論者以上述邏輯否定馬可波羅到過中國時，他們是乎忘記了一個最重要的基本事實，這就是：馬可波羅固然「漏寫」了一些中國的事物，但與那些事物相比，書中更多的則是對中國的正確描述。如果就此否定馬可波羅到過中國，那麼，懷疑論者就必然會面臨著這樣一個難題：如何合理地解釋馬可波羅著作中關於中國的大量記述的正確性，特別是那些具體細節的正確性。對此，懷疑論者很少有人給予正面的討論，只有傅海波先生提出過《馬

可波羅遊記》可能是從某個波斯文導游手冊中抄來的。但這裡的關鍵是，迄今為止，沒有人發現過一本這樣的導游手冊。所以，傅海波本人又回過頭來說，在確證《馬可波羅遊記》有關章節是採自其它（可能是波斯的）資料以前，必須假定和推測他畢竟是到過中國。而馬可波羅對中國的記述那麼翔實，有史可查，決非一般導游手冊所能夠做到的，也決非短期居住中國所能夠瞭解和體會到的。因此，懷疑論者的第四條論據，純粹是一種推測。可以斷定，懷疑論者他們都沒有親眼見過什麼《導游手冊》。

　　至於懷疑論者的第三條論據，顯然是馬可波羅的記載有些誇大失實和錯誤之處，這是事實。馬可波羅把蒙古攻取襄陽歸功於他們一家的獻炮，顯然是錯誤的。這可能是他身陷囹圄之中、百無聊賴之際一種自我解嘲、自我安慰的心態的表現，但蒙古用炮攻破襄陽的事實確實存在。馬可波羅當然是在中國聽到的，而且可能是在襄陽聽到的，這就可以作為他們到過中國的證據。至於蒙古王室譜系的錯誤，主要在他敘述成吉思汗後、忽必烈汗前的幾位皇帝的名字和次序上。這些皇帝都已死去，馬可波羅祇是傳聞，因而發生錯誤是可以理解的。

　　誠然，《馬可波羅遊記》中確有許多沒有提到的中國事物，但是，這些事物在元代其他來華的西方人的記載中也同樣沒有提到，為什麼對他特別苛求呢？魯布魯克（William of Rubruk）曾提到契丹人（即中國人）的書寫方法，他還提到西藏人、唐兀人和畏吾兒人的書寫方法。這是因為他是頗有學識的傳教士，對各國文字有興趣。而馬可波羅祇是商人的兒子，文化水平有限，他的興趣主要在工商業和各地的奇風異俗方面，對文化事業則不予關注。

　　但是，馬可波羅書中記載了大量的有關中國的政治、經濟、社會情況，人物活動和風土人情，其中大部分都可在中國文獻中得到證實。隨著研究的深入，還可以繼續得到證實。《馬可波羅遊記》中確實存在誇大失實或錯誤等缺陷，但總體上可以說是「基本屬實」。為什麼單抓住他沒有提及的事物或者個別錯誤記載而全盤否定其真實性呢？對於這個問題，楊志玖先生認為有兩個方面的原因，一方面，馬可波羅的某些記事確有錯誤、不清楚和疏失的地方，另一方面，懷疑論者並沒有認真地對這些缺陷加以分析研究，找出其缺陷的原因，或根據可靠的資料證明其並非缺陷，而是以一概全，誇大這些缺陷，進而懷疑其全部記載的真實性，抹殺馬可波羅書的價值和貢獻。〔註8〕

〔註 8〕楊志玖：《再論馬可‧波羅書的真偽問題──剖析懷疑論者的論據和心態》，

懷疑論派與肯定論派的論戰，似乎雙方都有道理。但他們雙方都沒有證據來證明馬可波羅是否到過中國這一關鍵性的問題，也就是說他們都沒有解決馬可波羅青年時期究竟到哪裏去了？幹了些什麼？

四、《馬可波羅遊記》的內容本身就證明馬可波羅只不過是傳聞而已。回答是：確定無疑。

從《馬可波羅遊記》本身的內容來看，首先它對中國以外的地方的記載就有出自傳聞確診，比如日本，這是學術界一致公認的，學術界對馬可波羅沒有去過日本的事實是沒有任何異議的，但在《馬可波羅遊記》中卻有關於日本的記載。

其次，它對中國情況記載除了重述一些盡人皆知的故事，比如元朝的遠征日本、王著叛亂、襄陽回回炮、波斯使臣護送闊闊真公主等外，也有一些在當時的歷史背景下是不可能從道聽途說中得到的，同時也不可能從所謂的「導游手冊」中得到的材料，比如，《馬可波羅遊記》對江蘇鎮江基督教禮拜堂的記載，關於杭州的記載，還有盧溝橋等等。

但是，更嚴重的問題是，《馬可波羅遊記》中存在著大量漏寫、錯誤和混亂的地方。早在 20 世紀 90 年代，英國馬可波羅研究專家亨利玉爾在《馬可波羅遊記‧導言》中就明確馬可波羅書中有關中國的記載在多處遺漏：1. 萬里長城，2. 茶葉，3. 婦女纏足，4. 用鷺鷥捕魚，5. 人工孵卵，6. 印刷書籍，7. 中國文字，8. 其它奇技巧術、怪異風俗等。還有許多錯誤和混亂的地方：1. 地名多用韃靼語或者波斯語，2. 記載成吉思汗死事及其子孫世系關係多誤，3. 攻陷襄陽城一節，玉爾稱最難解釋。

克雷格克魯納斯認為在這些遺漏中，兩件最具有中國特色的文化產物——茶和中國字，馬可波羅從來沒有提到過。還有印刷術是當時歐洲還不知道的中國一大發明，也沒有在書中談到。這些遺漏，恰恰卻是最能夠反映出東方中國特色的東西，對於一個自稱在中國居住了長達二十年的西方人來說，他卻沒有注意到，這難道不是一件奇怪的事情嗎？

其實早在唐代中原飲茶之風開始盛行的時期起，中國北方邊境的各少數民族就用馬匹來換取他們所需要的茶葉，在蒙古族民間曾流傳著「一日無茶

見《中西文化交流先驅——馬可波羅》，北京商務印書館，1995 年第 28～29頁。

則滯，三日無茶則病」的諺語，而楊志玖先生卻說「當時蒙古人不大喝茶」，這是不符合實際的，《馬可波羅遊記》在談及蒙古人習俗時竟沒有提到茶，確實令人費解。楊志玖先生卻推出：「馬可波羅往來的多半是蒙古人和其他西域人，很少接觸漢人，因而不提中國人的飲茶習慣」的結論，是不是很難成立呢。這反而從另一方面證明《馬可波羅遊記》對於中國的事情祇是傳聞而已。因為馬可波羅時期歐洲人還不知道茶為何物，1612 年以後歐洲才開始有中國的茶，所以在《馬可波羅遊記》就不可能提及中國茶葉的事情。

　　而中國的雕版印刷術在元代時期已經普及全國，作為中國古代的四大發明之一，直到十四世紀末才由波斯傳到歐洲，馬可波羅卻早在一個多世紀以前，就從印刷術的故鄉回國，當他口述的《馬可波羅遊記》還只能以手抄本緩慢地輾轉傳抄時，他又為什麼沒有想起中國的印刷術呢？這再一次證明《馬可波羅遊記》對於中國的事情祇是傳聞而已。因為馬可波羅時期歐洲人還不知道印刷術為何物。

　　另外，元代時期海上航行已經普遍使用指南針指航，而《馬可波羅遊記》中記載馬可波羅奉命出使遠航，在蘇門答臘曾經因天氣欠佳，「不見有北極星及金牛宮星」，稽留達五個月之久。遠航全賴天文導航卻沒有提及羅盤，同樣是難以理解的。

　　楊志玖先生也承認在《馬可波羅遊記》中確實存在有些錯誤失誤、誇張虛構之處。如敘述成吉思汗的子孫世系關係時順序混亂，居功攻陷襄陽為自我吹噓，揚州做官三年也難找到證據，其他的錯誤也不少。楊志玖先生認為原因在於，這些內容「有的是道聽途說，以訛傳訛，有的是記憶失誤，有的是不通漢語所致」。在這裡，楊志玖先生也沒有迴避有出自傳聞的事實。〔註9〕

　　但對《馬可波羅遊記》中的這些問題，楊志玖先生歸因於「馬可波羅不是文人學士，文化水平不高，不去注意這些學術文化界的事情」，並認為是對馬可波羅的苛求，這能夠讓人信服嗎？

　　綜上所述，如果還是不能夠跳出《馬可波羅遊記》來研究馬可波羅，那將會使馬可波羅研究進入一個死胡同。在尊重事實的基礎上，進行認真的分析和研究，以期能夠做出正確的結論。因此，對於馬可波羅的研究問題，在沒有確切的證據以前，在沒有學術界達成共識以前，任何單方面做出的結論，都是有不負責任甚至草率之嫌疑。由於至今除了《馬可波羅遊記》以外，沒

〔註 9〕楊志玖：《馬可波羅到過中國》，《歷史研究》期刊，1997 年第 3 期。

有任何的證據能夠證明馬可波羅到過中國，那只好把這個千古之謎留給後人去解決了。

新解九、《馬可波羅遊記》與元代絲綢之路始發港泉州

　　到元代，中國的海上絲綢之路的始發港已經北移至泉州。這在《馬可波羅遊記》中也有所反映。泉州是馬可波羅到過的地方之一，曾逗留過一個多月，而且他最後離開中國也是從這裡起航的。元初時泉州正處於繁榮鼎盛時期，馬可波羅正是這一盛況的見證者之一，因此泉州的繁榮盛況也盡現於他的筆下。在《馬可波羅遊記》中，元代海上絲綢之路的始發港泉州的盛況主要表現在對外貿易、發達的造船業和中外宗教彙聚泉州這三個方面。

一、得天獨厚的自身條件

　　泉州在元朝出現繁榮鼎盛，其原因是多方面的。

　　其一、優越的自然條件。泉州因為環城種刺桐樹，其幹高大，枝葉蔚茂，花極鮮紅，遂有刺桐城美稱。〔註1〕馬可波羅與其他歐洲及波斯、阿拉伯人皆以此名稱泉州。而且泉州在元代是江浙行省最南端的海外貿易港口，它瀕臨東海和南海，又扼晉江下游，水道深邃，港灣曲折，水陸交通便利，是一個天然良港。吳自牧曾記載說：「若欲船泛外國貿易，則是泉州便可出洋」。〔註2〕

　　其二、良好的社會環境。泉州偏安東南，遠離戰區，社會安定。元滅宋，給刺桐港帶來又一個海外貿易的大好機會。泉州地方官蒲壽庚的裏應外合，

〔註1〕　中國國際文化書院編：《中西文化交流先驅──馬可波羅》，北京商務印書館，1995年第113頁。

〔註2〕　吳自牧：《夢粱錄‧卷12‧江海船艦》，杭州浙江人民出版社，1980年第112頁。

使泉州在改朝換代的過程中基本沒有遭兵火浩劫。其後政府積極鼓勵外商來華貿易，使泉州港的海外交通不但沒有因朝代替換而受挫折，反而發展到了前所未有的興盛局面。因此馬可波羅才會看到一片安定繁榮的泉州。

其三、元朝政府的重視。元政府在取得浙、閩等地後，便立即著手發展海外貿易，至元十四年（1277 年）首先在泉州設立了元朝第一個市舶司。在元朝設立的七處市舶司港口中，泉州港最受朝廷重視。元朝對泉州的重點扶植，除最早在泉州設立市舶司外，還在稅收制度上推崇以泉州方法爲規範，下令各市舶司「悉依泉州爲例」。後來又規定海外貿易從泉州進口的優待辦法，「至元十八年（1281 年）九月癸酉，商賈市舶物貨已是泉州抽分者，諸處貿易止令輸稅。」〔註 3〕即凡在泉州進口已在泉州交納進口稅的貨物，運至國內他處只要交行商稅而已，優惠的低關稅使泉州在吸引外商方面有更多的優勢。從 1283 年起，精貨抽十分之一，粗貨抽十五分之一，民間貿易收三十分之一的商稅。可以說泉州在元朝有著其它任何港口都無法與之相比的特別扶持政策。此時泉州海關的地位已等同於中國海關的總關，政治、經濟地位大大提高。而且統治者對市舶特別重視，每年在海舶出入港季節，泉州地方官都要到附近的南安九日山爲海舶和中外商人舉行「祈風」或祭海活動，以祝海舶順利航行。〔註 4〕

其四、發達的造船技術。泉州是宋元時期重要的造船基地之一，所造海舶，無論從堅固性、穩定性、適航性，特別是水密隔艙的安全設施等，在當時都具有先進水平。南宋所造的海舶一直稱雄於海上，成爲南宋政府海上交通工具的重要來源和重要的經濟補給來源。而且元朝沿襲了宋的做法，使泉州的造船業在宋的基礎上得到了更深更大的發展，由此可知馬可波羅在泉州見到了更爲發達的海船。

最後，泉州人的積極推動。泉州城此時有許多在此經商和傳教的波斯人和阿拉伯人。泉州的對外貿易一直由當地的阿拉伯富商掌管。如蒲壽庚，在泉州總攬政治、經濟、軍事大權，私人擁有四百海舶，海上實力相當宏厚，他既是封建統治政權的一員「顯貴權官」，也是一個善於海上經營的「巨富商賈」，在其亦官亦商的歲月裏，對發展海外貿易，促進中外經濟交往中發揮過

〔註 3〕 黃富元：《淺談宋元時期的泉州市舶課稅》，《福建稅務》期刊，1998 增刊第 107～108 頁。

〔註 4〕 黃四海：《宋元時期福建經濟的發展》，《歷史教學問題》期刊，2005 年第 5 期。

一定的作用。史載其：「泉之諸蕃，爲販舶作三十年，歲一千萬而了其息，每以胡椒八百斛爲不足道。」〔註5〕家財萬貫，號稱「蒲半城」。

二、盛況空前的對外貿易

正是因爲泉州在元代所具有的得天獨厚的優越條件，才造就了泉州盛況空前的對外貿易。

馬可波羅看到的泉州是「應知刺桐即是此城，印度一切船舶運載香料及其他一切貴重貨物咸萃此港。」〔註6〕《馬可波羅遊記》說：「刺桐港是世界上最大的港口之一，大批商人雲集這裡，貨物堆積如山，確難以想像。」〔註7〕元代，政府仍襲用南宋之法，使泉州的對外貿易達到了空前鼎盛，並與埃及的亞歷山大港齊名。而馬可波羅根據實地觀察，認爲泉州的繁盛甚至超過了亞歷山大港。此時，泉州以「刺桐港」之名稱蜚聲寰宇。史書記載說：至元十五年（1278年），占城、馬八兒國等爲首來泉州通商，其他諸國次第傚之。泉州對外貿易迅速發展。至元二十八年八月罷。至元二十六年（1289年），到泉州貿易的國家和地區近百個。每逢貿易旺季，泉州港內停泊大船百餘，小船無數，風檣林立，貨物堆積如山。《馬可波羅遊記》說：這個地區「一切生活必需品非常豐富」。〔註8〕當時進行海外貿易的貨物稱爲舶貨。通過海舶輸入中國的貨物可以分爲精貨和粗貨兩類。精貨是指貴重的貨物，如象牙、珍珠、人參、麝香等；粗貨指一般貨物，如一般的香料，藥物和布匹等。通過海舶從泉州運出的貨物大多是手工業品，其中最主要的是絲織品和瓷器，同時也有金屬和金屬製品，還有一些日常生活用品如漆器、木梳、雨傘、草席等。當時的絲綢、瓷器等商品由泉州向東運銷朝鮮、日本，向南遠銷東南亞、南亞，向西遠銷西亞乃至歐洲、非州等國，而這些國家的藥材、沙金、黃銅、香料、珠寶、象牙、犀角等也運至中國泉州等海港。

元代泉州出口的物品以瓷器和絲綢爲主。

1. 瓷器：《馬可波羅遊記》說「刺桐城（泉州）附近有一別城，名稱迪雲

〔註 5〕陳得芝主編：《中國通史第 8 卷中古時代元時期（上）》，上海上海人民出版社，1997 年第 634～635 頁。
〔註 6〕馮承鈞譯：《馬可波羅行紀》，上海上海世紀出版集團，2002 年第 375 頁。
〔註 7〕陳開俊等譯：《馬可波羅遊記》，福州福建科學技術出版社，1981 年第 192 頁。
〔註 8〕陳開俊等譯：《馬可波羅遊記》，福州福建科學技術出版社，1981 年第 192 頁。

州（德化），製造碗及瓷器，既多且美」。「除此港外，他港皆不製此物，購價甚賤」。「此城之中瓷市甚多，物捆齊亞一枚，不難購取八盤。」〔註9〕泉州港是陶瓷外銷的最大口岸，泉州附近各縣，外銷瓷尤其集中。史書記載：至元十五年（1278 年），德化佳春嶺、太平宮等瓷窯場生產高白度蓮花紋碗、刻花大瓷盤、印花浮雕盒等產品，為泉州港對外貿易之大宗輸出品。泉州窯和德化窯產品遠銷的國家和地區也很廣泛，包括印度支那半島、菲律賓、印度尼西亞、馬來半島、印度、巴基斯坦，以及阿拉伯半島和波斯灣沿岸。由於外銷的需求，泉州的製瓷業更是突飛猛進，瓷窯星羅棋布。馬可波羅甚至記載了德化製瓷的方法和過程。〔註10〕

2. 絲綢：元代的絲綢外銷大都通過泉州運出。花式品種之多，可稱史無前例，許多已經從史載中可以得知。絹有花宣絹、紅綠絹、細絹、五色絹、小紅絹、狗迹絹、山紅絹、綢絹衣；綾有諸色綾羅匹帛、水綾；緞有龍緞、草金緞、青緞、五色緞、錦緞、土綢緞、蘇杭五色緞；錦有建寧錦、丹山錦、花錦；絲有絲布、南北絲、青絲布、西洋絲布、白絲、紅絲布。泉州出產的「刺桐緞」以質地精良，花色豐富，輕清耐久見稱，遠銷歐洲，享有盛名。從波斯人稱 Zeitunia，卡斯提爾人叫作 Setuni，意大利人稱為 Zetani，後來轉成法文 Satin，德文 Seide，都是從拉丁文 Seta，意大利語 Zeta 轉來這個字眼中便可以證明絲綢遠輸所到達的地方。

那麼如此繁榮的對外貿易又會給泉州乃至元朝政府帶來什麼影響呢？除了巨額的稅收利潤，還有什麼嗎？

1. 泉州的對外貿易的盛況，是「梯航萬國，四海舶商，諸商琛貢於是乎」，是「外國商賈蟻聚，蕃貨會聚於此。」〔註11〕馬可波羅記載說，元代的泉州港「是四鄰蠻子國（南宋故地）商人所群聚的商埠。」〔註12〕其中自然不乏有「浙直絲客、江西陶人」。甚至蒙古男女過海，「做買賣的往回回國地裏、忻都（印度）田地裏將去的」，亦無不取道泉州出

〔註 9〕 陳開俊等譯：《馬可波羅遊記》，福州福建科學技術出版社，1981 年第 373～374 頁。

〔註10〕 馮承鈞譯：《馬可波羅行紀》，上海上海世紀出版集團，2002 年第 193 頁。

〔註11〕 許在全：《泉州文史研究》，北京中國社會科學出版社，2004 年第 110 頁。

〔註12〕 張星烺譯本：《馬可孛羅遊記》，北京商務印書館，1936 年第 326 頁。

海。〔註 13〕這就造就了泉州港的鼎盛，馬可波羅在泉州看到「其港有大海舶百艘，小者無數」。

2. 隨著泉州港的海外貿易盛世況空前，來此貿易的蕃商也大大超過前代，外僑的人數之多、民族成分之雜和所屬地區之廣，是泉州前所未有的，形成了一個龐大的僑民社會，恐怕連當時的廣州也難與之相比。〔註 14〕元代吳澄說：「泉，七閩之都會也。番貨、異寶奇玩之所淵藪，殊方別域、富商巨賈之所窟宅，號爲天下最。」〔註 15〕形成了當時泉州的一大特色。有詩說「蒼官影裏三州路，漲海聲中萬國商。」〔註 16〕

3. 元朝重視和鼓勵對外貿易，其持的政策之寬鬆和優惠是以往任何朝代無可比擬的。所以泉州的海外貿易的發展，促進了商品經濟的生產及流通領域的擴大，帶動了當地造船業、製瓷業、紡織業的發展，使泉州形成爲當時各國商人和商品最集中的地方，成爲中國的造船中心、絲織業中心、陶瓷生產與外銷的重要基地。而且還成了中世紀聯結歐亞大陸「海上絲綢之路」的「東方第一大港」。〔註 17〕

這一切讓馬可波羅這個來自歐洲商業之都的商人驚詫不已。因此在馬可波羅眼裏，當時的元朝比歐洲要繁榮得多。

三、發達的造船業

造船業的發展促進了泉州對外貿易的發展，元政府在政策上積極扶植泉州造船業，而泉州港得獲「東方第一大港」之譽實與當時發達的造船業分不開，因此反過來，泉州發達的對外貿易也促進了它造船業的發展，因此造船業亦成爲泉州「主要經濟產業」，使泉州海岸上出現了一片盛況。

泉州是一個慣於造船，習於航海，富於與風浪搏鬥，培養成有優秀航海

〔註 13〕黃時鑒編：《通制條格・卷 27・雜令・蒙古男女過海》，杭州浙江古籍出版社，1986 年第 285 頁。
〔註 14〕張明俊：《海上絲綢之路研究在福建》，《海洋開發與管理》期刊，1997 年第 4 期。
〔註 15〕許在全：《泉州文史研究》，北京中國社會科學出版社，2004 年第 61 頁。
〔註 16〕潘清：《元代東南沿海外來人口的形成與分布》，《中國社會經濟史研究》期刊，2005 年第 4：期。
〔註 17〕洪榮文：《明清時期泉州港衰落的原因淺析》，《哈爾濱學院學報》期刊，2004 年第 5 期。

素質的地方。其先民「以舟爲車，以楫爲馬」，〔註18〕初步掌握海上航行技能。泉州造的船，尖底、重板、隔倉、多桅、能載重、經風浪、速度快，最爲海內外所樂用。〔註19〕

元朝初年，泉州發展成爲朝廷重要的戰船與商船製造基地，並達到了鼎盛，而且馬可波羅在元期間正是世祖忽必烈「造戰艦、習水兵」，舟師出征海外的擴張時期。《元史》卷12《世祖紀》記載了至元六十年（1279年），敕揚州、湖南、贛州、泉州四地造船600艘，以東征日本；至元十七年（1280年），福建移省泉州，造船3000艘，敕耽羅發材木給之；至元十八年（1281年），福建左丞蒲壽庚上疏「诏造海船二百艘，今成者五十」，這是第二次遠征日本在泉州的備船情況，在《馬可波羅遊記》也有記到；至元十九年（1282年），敕平灤、高麗、耽羅及揚州、隆興、泉州興造大小戰艦3000艘；同年八月，剛設立的泉州行省又接到造海船以備南征緬甸的敕令。至元二十八年（1291），元世祖下令泉州製造由馬可波羅護送闊闊眞公主遠嫁波斯專用的遠航船，「命備船十三艘，每艘具四桅，可張十二帆」。〔註20〕

《馬可波羅遊記》說：「宏偉秀麗的刺桐城，在它的沿岸有一個港口，以船的往來如梭而出名，船舶裝載商品後，運到蠻子省各地銷售，運到那裡的胡椒，數量非常可觀。」〔註21〕當時的海舶是一種尖底帆船，這種用於運輸商品的海舶稱商船。商船的規模與水平比起戰船要大得多，高得多，也更爲活躍。海上航行的商船稱爲舶船，當時記載說：「嘗觀富人之舶，掛十丈之竿，建八翼之櫓，長年頓指南車坐浮度上，百夫建鼓番休整如官府令」。「掛十丈之竿，建八翼之櫓」指的就是海舶，大概是指載重一、二千料的船。從元代的史書記載可以知道千料船載重千石。而民間所造的海舶不僅多，造船速度很快，而且船的造價還很低廉，但質量、性能又很好。13、14世紀正是這些遠洋帆船成了叱吒風雲的海上使者，在印度阿拉伯南部沿海以及東非和伊斯蘭世界進行著頻繁的海上貿易，傳遞著東西方之間最新的資訊。這一切就引起了朝廷的重視，紛紛敕令泉州造船，甚至北方的造船也調請福建泉州的人做技匠指導。「可見至元十六年（1279年）到至元十八年（1291年）這一段

〔註18〕何綿山：《閩文化概論》，北京北京大學出版社，1996年第278頁。
〔註19〕黃四海：《宋元時期福建經濟的發展》，《歷史教學問題》期刊，2005年第5期。
〔註20〕馮承鈞譯：《馬可波羅行紀》，上海上海世紀出版集團，2002年第381頁。
〔註21〕陳開俊等譯：《馬可波羅遊記》，福州福建科學技術出版社，1981年第192頁。

時期是泉州造船業最爲發達的時期。此時歸行泉府司管理的海舶數量達到了一萬五千艘。」〔註 22〕那時中國的海舶，是世界上最先進的，遠比阿拉伯船舶堅牢可靠。

而《馬可波羅遊記》中也有講到刺桐船的，並與當時歐洲的海舶作了比較，馬可波羅充分肯定了刺桐船的優良性和造船結構。歸納起來有以下三點：

1. 多桅獨特帆船。馬可波羅在護送闊闊眞公主去伊朗坐的是在泉州「命備船 13 艘，每艘具 4 桅，可張 12 帆。」而「商人所用的船舶⋯⋯船上有 4 桅 4 帆，有些船卻只有 2 桅，桅杆是活動的，必要時可以堅起來，也可以放下。」〔註 23〕而史書記載當時泉州、廣州造的船有多達 12 桅的，可見馬可波羅所述爲眞。

2. 多層板船體結構。馬可波羅所敘述的刺桐船的船體「都是用雙層板造成」的，而這個已被 1974 年出土的宋代海船所證實。

3. 多隔艙和小密艙。馬可波羅記載了「一些噸位大的船，艙壁多達 13 層，都是厚板造成，用榫眼相互結合，其目的在於預防意外事故，忽然觸礁或者受到鯨魚的撞擊而發生漏洞⋯⋯海水從撞壞的地方滲透進來，湧到一直保持清潔的船艙，船員一旦發現漏洞，立即將艙內貨物轉移，由於這種艙隔絕得十分精密，所以一艙進水並不影響其它船艙，他們將損壞的地方修復以後，將貨物仍舊搬回原處。」〔註 24〕而這個的後來亦被當地出土海船所證實。

總之，正因爲刺桐船具有優越的性能，深受出使海外官員和中外客商的歡迎和乘用，所以馬可波羅奏請選用刺桐海舟，並主要請用泉州的舟師舵工，從刺桐港啓航，護送闊闊眞公主去伊朗。

四、以宗教傳播爲特色的文化交流

泉州在東西文化交流中也扮演了很重要的角色。「泉州是一個不同信仰、不同民族相遇、文化交流和共處的城市。」〔註 25〕馬可波羅是這樣評價的泉

〔註 22〕中國國際文化書院編：《中西文化交流先驅——馬可波羅》，北京商務印書館，1995 年第 115 頁。

〔註 23〕陳開俊等譯：《馬可波羅遊記》，福州福建科學技術出版社，1981 年第 197 頁。

〔註 24〕陳開俊等譯：《馬可波羅遊記》，福州福建科學技術出版社，1981 年第 197 頁。

〔註 25〕杜迪安：《中國與海上絲綢之路論文集（續集）》，福州福建人民出版社，1994 年第 11 頁。

州人：「民性和平，喜愛舒適安逸，愛好自由。」〔註26〕以宗教傳播為主要特徵的文明交流，在這裡表現得十分突出。

元代，元廷對各門宗教採取兼收並蓄的態度，道教、佛教、伊斯蘭教、景教和明教（摩尼教）可以自由傳播，天主教和印度度也在元朝前期傳入泉州，多種宗教在泉州共存並傳播的盛況。〔註27〕

這一切與元代泉州成為世界最大貿易港的地位是相適應的。那麼就讓我們用史料來幫馬可波羅展述一下當時在泉州宗教的互動盛況。

《馬可波羅遊記》對泉州人信奉佛教作了介紹，說這裡的「人民是偶像崇拜者」。〔註28〕

傳入泉州的伊斯蘭教、基督教、印度教和摩尼教，受佛教的影響而發生互動。在它們的宣傳講道和生活習俗中均稱其崇奉的神祇叫「佛」。

元朝對佛教特別尊崇，佛教在元代社會生活的各個方面都有很大影響。元廷在「以儒治國，以佛治心」的基本思想指導下，加強對佛教的管理。「忽必烈對其它宗教基本上是尊重的。」〔註29〕《元典章》載，至元二十二年（1285年），宣政院功德使司劉鑒義，言於伯顏平章，奏合泉州開元寺120院為一禪剎，賜額「大開元萬壽禪寺」。又建法堂、寢堂，延請妙恩禪師住持，為開山第一世。

泉州的道教也得到了發展。《元典章》載，道士可免除差役，為元泉州道教的發展提供了有利條件。而且道教與佛教進一步地合流，甚至佛教僧人也支持這種進程。

泉州的基督教很盛行，還設立了主教區。不過元朝那時不叫基督教，而是叫也里可溫教。馬可波羅記載說，凡基督教者，統稱十字教。

伊斯蘭教伴隨著對外貿易的發展而繼續發展。元初，壽庚累官至行省平章政事。壽庚長子師文，授官正奉大夫宣慰使左副元帥兼福建道市舶提舉。蒲氏父、子、孫的相繼任官，對發展泉州的海外貿易，促進泉州伊斯蘭教的傳播有巨大的影響。泉州號稱「半回城」，說明當地的穆斯林人數眾多。〔註30〕

〔註26〕陳開俊等譯：《馬可波羅遊記》，福州福建科學技術出版社，1981年第192頁。
〔註27〕吳幼雄：《福建泉州發現的也里可溫（景教）碑》，《考古》期刊，1988年第11期。
〔註28〕馮承鈞譯：《馬可波羅行紀》，上海上海世紀出版集團，2002年第381頁。
〔註29〕楊紹猷：《蒙古族早期宗教信仰和成吉思汗的宗教政策》，《中國蒙古史學會論文選集（1981）》，1986年第94～105頁。
〔註30〕許在全：《泉州文史研究》，北京中國社會科學出版社，2004年第112頁。

　　當地還有摩尼教，建有摩尼草庵。泉州城還是天主教的傳播中心，修建有教堂，也有天主教士長期在泉州任職。泉州還發現有印度濕婆教的石刻。〔註31〕導致「泉地瀕海通商，民俗繁移，風俗錯雜。」〔註32〕

　　泉州的對外貿易鼎盛、造船業發達、宗教互動是相輔相成，相互作用的，令元朝泉州成為南方的大都會，譽為「東方第一大港」。馬可波羅作為一個商人兼旅行家，見證了泉州這一幕又一幕的盛況，並給後世留下了這麼多寶貴的史料，值得珍惜。

〔註31〕陳得芝主編：《中國通史・第 8 卷・中古時代元時期（上）》，上海上海人民出版社，1997 年第 634～635 頁。
〔註32〕趙汝適：《諸蕃志校譯》，北京中華書局，1996 年第 1 頁。

下篇　《馬可波羅遊記》困惑的啓示

啟示一、《馬可波羅遊記》就是一個 神話〔註1〕

　　馬可波羅與他的故事《馬可波羅遊記》，早已家喻戶曉、婦孺皆知了。然而，國際馬可波羅學已經形成了兩種相互對立的觀點或看法，即肯定馬可波羅到過中國的「肯定論者」和懷疑馬可波羅到過中國的「懷疑論者」。學術界大多數學者（包括國外學者）都認為馬可波羅到過中國。然而有一部分學者特別是國外學者一直持懷疑態度，1995 年英國學者 Frances Wood 博士的《馬可波羅到過中國嗎？》一書就是其中的代表。

　　到底馬可波羅是否到過中國，這個問題已經爭論了相當長的一段時期了，可以說是從《馬可波羅遊記》誕生的那天就開始了。解決馬可波羅問題的出路在哪裏呢？關鍵的一點就是不能只躺在《馬可波羅遊記》上去研究所謂的「馬可波羅學」。目前國內外學者們都承認《馬可波羅遊記》在開拓東西方交流方面做出了巨大的貢獻，這一點已經達成共識。那麼我們又何必去計較馬可波羅是誰呢？其實，「馬可波羅」這個名字不一定是指某個特定的人，而是指當時的一批東西方交通的開拓者。「馬可波羅」就是他們的代名詞，《馬可波羅遊記》就是他們當時歷險經歷的總結。

一、「肯定論者」的「確鑿證據」

　　對於馬可波羅和《馬可波羅遊記》的研究，大多數的學者從謹慎的角度

〔註 1〕 該文發表在《湛江師範學院學報》2001 年第 1 期、《內蒙古社會科學》2001
　　　　年第 4 期、《社會科學輯刊》2001 年第 5 期上。並在人大複印資料《世界史》
　　　　2001 年第 8 期全文轉載。

出發，基本上同意或者承認馬可波羅到過中國，也相信《馬可波羅遊記》的
真實性。對於這批學者，我們暫且稱之爲「肯定論者」，他們包括國內的絕大
多數馬可波羅學研究專家和國外的多數馬可波羅學研究專家。國內「肯定論
者」以楊志玖先生爲代表，他從四十年代起就不斷地同國內外的「懷疑論者」
進行論戰，先後發表了一系列影響深遠的文章，對馬可波羅學作出了巨大的
貢獻。國外「肯定論者」以英國的亨利玉爾（Henry Yule）和德國的傅海波
（Herbert Franke）和法國的伯希和（Paul Pelliot）爲代表，他們在指出《馬可
波羅遊記》的缺陷和失誤的同時，基本上還是同意馬可波羅到過中國。從國
內外學者的研究成果來看，他們對於馬可波羅與《馬可波羅遊記》的態度都
是相當謹慎和嚴肅的。

　　國內外「肯定論者」學者他們之所以肯定或承認馬可波羅到過中國，主
要基於兩個方面的理由：一是人們對馬可波羅與《馬可波羅遊記》的善意解
釋。由於學者們無法找到任何一條材料來證明馬可波羅和《馬可波羅遊記》，
因此，人們只好善意地認爲馬可波羅曾經來過中國，以及《馬可波羅遊記》
的真實性了。正是由於這個原因，早在楊志玖先生找到《永樂大典》上那段
公文之前，國外許多學者就已經認爲或承認馬可波羅曾到過中國以及《馬可
波羅遊記》的真實性。其代表性人物是德國的傅海波、英國的亨利玉爾　和
法國的伯希和。在十九世紀的九十年代，英國的馬可波羅研究專家亨利玉爾
在他的《馬可波羅遊記——導言》中一一列舉了《馬可波羅遊記》中存在的
缺陷和失誤。他認爲《馬可波羅遊記》中對中國的記載有多處缺陷，如長城、
茶葉、婦女纏足、用鸕鷀捕魚、人工孵卵、印刷書籍、中國漢字、其他奇技
巧術、怪異風俗等等，還有許多不確定的地方，如中國的地面多用韃靼語或
波斯語、記載成吉思汗死事及其子孫世系關係失誤、攻陷襄陽城等等。但是
他沒有懷疑過馬可波羅到過中國這一事實。德國的馬可波羅研究專家傅海波
曾經說過，「不管怎樣，在沒有舉出確鑿證據證明馬可波羅的書祇是一部世界
地理志，其中有關中國的幾章是取自其它的、也許是波斯的資料（他用了一
些波斯詞彙）以前，我們只好作善意解釋，假定（姑且認爲）他還是到過中
國。」法國的東方學家伯希和雖然花費了很多時間爲《馬可波羅遊記》作了
大量的注釋，但對馬可波羅書中的疏失也是表示諒解的。由於國外學者們的
努力和影響，使馬可波羅研究進一步深入人心，爲今天的國際馬可波羅學作
出了巨大的貢獻。

　　國內楊志玖先生在二十世紀四十年代的重大發現更進一步使人們相信了馬可波羅。楊志玖先生在《永樂大典》第 19418 卷「站」字韻引元朝的《經世大典‧站赤門》上發現了記載至元二十七年（公元 1290 年）的那段公文，後來便成爲「肯定論者」的確鑿證據，至少國內的「肯定論者」是這麼認爲的。楊志玖先生幾乎在他的所有批駁性論文中都提到這條「確鑿證據」，用它來作爲批駁「懷疑論者」的致命武器。這段公文雖然一個字都沒有提到馬可波羅，但至少能夠說明《馬可波羅遊記》所記載的關於他們隨從波斯使臣離華回國的內容有著一致的地方。學者們根據這條材料後來還推斷出馬可波羅他們回國的具體時間在 1291 年初由中國泉州從海道回國。對於這一條材料，學術界一致認爲這是迄今爲止在漢文文獻中發現的唯一的有關馬可波羅的間接的記錄。這也是國內外「肯定論」學者唯一感到欣慰的地方，至少可以用這條材料來抵擋一下「懷疑論」學者的窮追猛打了。

　　另一方面的原因是《馬可波羅遊記》所記載的某些內容若非親身經歷是不可能知道得那樣詳細具體的。許多學者認爲《馬可波羅遊記》的內容都是在重述一些盡人皆知的故事，比如元朝的遠征日本、王著叛亂、襄陽回回炮、波斯使臣護送闊闊眞公主等。但是，《馬可波羅遊記》所記載的某些內容卻使學者們很驚奇。比如，《馬可波羅遊記》對江蘇鎭江基督教禮拜堂的記載，已在當時元朝人俞希魯編寫的《至順鎭江志》中找到了證明。馬可波羅在遊記中提到馬薛里吉思曾治理鎭江城三年，修建了兩座基督教禮拜堂，並注明了修建的時間是公元 1278 年。這與《至順鎭江志》是相吻合的。《馬可波羅遊記》關於杭州的記載說，杭州當時稱行在，是世界上最美的城市，商業興隆，有 12 種行業，每種行業有 12000 戶。城中有一個大湖（即西湖），周圍達三十英里，風景優美。這些記載在《乾道臨安志》和《夢粱錄》等古籍中得到了印證。其它的如蘇州的橋很多，杭州的人多，還有盧溝橋等等。《馬可波羅遊記》的記載都相當的詳細、具體，這些材料在當時的歷史背景下是不可能從道聽途說中得到的。同時也不可能從所謂的「導游手冊」中得到的。

二、「懷疑論者」的「四個論據」

　　懷疑《馬可波羅遊記》的眞實性，可以說是從《馬可波羅遊記》誕生的那天開始就開始了。1298 年，由馬可波羅口述，魯思蒂謙諾（Rusticiano）筆錄的《馬可波羅遊記》終於完成了。由於當時人們稱呼馬可波羅爲「馬可百

萬」,因此,這部書也就被稱爲《關於世界奇事的百萬書》。1324 年,馬可波羅在臨終前就有人請他取消他遊記中說的「一些是乎不可相信的事」,他的答覆是:「我還沒有說出自己所見所聞的一半。」

　　長期以來,一直有人在懷疑《馬可波羅遊記》的眞實性問題,從而出現了一批持懷疑論的學者。他們既有國外的學者,也有國內的學者。十九世紀末,經過法國學者頗節(G.Pauhtier)、英國學者玉爾和法國的伯希和等爲《馬可波羅遊記》所做出的辯解和努力,在加上歐洲人對於世界地理知識認識的擴大和深入,《馬可波羅遊記》中的許多問題都已經得到合理的說明,其眞實性問題似乎得到瞭解決。然而到了二十世紀的六十年代,德國的學者傅海波又開始就馬可波羅是否到過中國提出質疑;70 年代美國學者海格爾(J. W. Haeger)卻認爲馬可波羅只到過中國的北方;80 年代英國學者克魯納斯(C. Clunas)甚至全盤否定《馬可波羅遊記》的眞實性,認爲它是馬可波羅與筆錄者魯思蒂謙諾合作的一場「克裏空」(虛假報導);到了 90 年代,英國學者伍德(Frances Wood)出版了一部題爲《馬可波羅到過中國嗎?》的著作,執著地堅持懷疑論的立場。

　　對於懷疑論者的懷疑和否定,我國學者楊志玖先生進行過一系列的辯駁。他認爲懷疑論者所有的論據,可以歸納爲以下四點:

　　一、在浩如煙海的中國史籍中沒有一件關於馬可波羅遊記的可供考證的材料。

　　二、有些具有中國特色的事物在書中未曾提到,如茶葉、漢字、印刷術等。

　　三、書中有些記載誇大失實或錯誤,如冒充獻炮攻襄陽、蒙古王室譜系混亂不清等。

　　四、從波斯文的《導游手冊》中抄來的。〔註 2〕

　　對懷疑論者的這些苛刻要求,中國學者以楊志玖先生爲代表的一批學者進行了大量卓有成效的研究工作,許多問題都已經有了合理的解釋和說法。對於懷疑論者的第一個論據,黃時鑒先生做了很好的論述。他認爲懷疑論者的第一個論據實際上並沒有說明說服力,理由有兩點:一方面,並非所有來

〔註 2〕 楊志玖:《再論馬可‧波羅書的眞僞問題——剖析懷疑論者的論據和心態》,見《中西文化交流先驅——馬可波羅》北京商務印書館,1995 年第 26~27 頁。

華的外國人都會被載入中文文獻。這一點吳思芳（即伍德博士）自己也承認，她說中世紀「越過中亞」的傳教士「多如牛毛」，但在中文史料中找不出幾個人的姓名來。另一方面，來華的外國人即使被載某一中文文獻，但隨著歷史的變遷它也有可能已經佚失。馬可波羅的名字不見於存世的中文文獻，是否即可確證他並未到過中國？儘管某些學者提出這個問題的的大前提是中文文獻十分豐富，而且記載詳細，馬可波羅是這樣一個有名的人物，一定會被記錄下來，不會漏記。但是這個大前提是不成立的。因爲中文文獻的豐富與連貫並不等於中國的歷史文獻一定會記下任何事情和任何人物，而且一個不漏地流傳下來。現在我們看到的元代文獻中，留下的名字的實在是太少了，馬可波羅並不是一個特殊的例外情況。就能吳思芳認可的到過中國的鄂多立克，他的大名在中文文獻中也是找不到的。由於元代文獻的大量佚失，即使馬可波羅的名字曾經被記載下來，他的名字也可能消失。正是在其他學者從中文文獻中確實找不到馬可波羅名字的時候，楊志玖先生發現了一條史料，據此可以證明馬可波羅眞的到過中國。然而楊志玖先生從「站赤」中發現的這條珍貴的史料，現在也只見於明朝初年編撰的《永樂大典》的殘本之中，如果當年英法聯軍將《永樂大典》毀滅得更加徹底的話，今天誰還能發現它呢？

也許是由於懷疑論者多少意識到他們的第一個論據缺乏說服力，所以他們更喜歡在第二個論據上大加發揮，即吳思芳所說的「漏寫」問題。懷疑論者因爲在馬可波羅的著作中找不到一些中國特有的事物而否定他到過中國，從研究方法上說，這樣的論證是不能成立的。對於古代旅行家留下的遊記，宜從總體上去探討它的眞實性，特別需要注意他與前人及同時代人相比，是否正確提供了可以印證的新資料。以這樣的標尺來衡量，一個多世紀以來的馬可波羅研究已經證明馬可波羅確實到過中國，他對中國的描述從總體上看是眞實的。反之，如果只要指出某部遊記沒有記載某些內容，就否定它的眞實性，那就幾乎可以否定全部遊記，但這只能是對歷史的一種苛求，缺乏邏輯的說服力。

如果根據懷疑論者的這種邏輯進行推論，那麼，人類的許多重大歷史活動都可能被宣布是不存在的。正如玉爾早已經指出的那樣，在巴塞羅那的檔案中找不到歡迎哥倫布入城的記載，在葡萄牙的檔案中沒有關於亞美利哥爲國王而遠航的文件，我們難道可以據此而否定他們二人到過美洲嗎？

　　據說馬可波羅臨終前，有人要他聲明他在書中所說的都是寫無稽之談，但馬可波羅確回答道：我所說出來的還不到我所見到的一半。長期以來，許多人都用馬可波羅的這句臨終遺言來解釋馬可波羅爲什麼沒有提到那些所謂「漏寫」的事物，也就是說，馬可波羅還沒有來得及將這一切說出來。也許，就有些中國事物而言，馬可波羅確實看到了但沒有來得及告訴世人。但是，另一類中國事物，馬可波羅或者根本就看不到，或者即使看到了也不會留下特殊得印象。我們認爲，懷疑論者所列舉的那些「漏寫」的事物，大多是屬於這一類的。

　　比如茶的問題，到 13 世紀的 70 年代，還沒有資料證明蒙古人與回回人已經普遍飲茶，即使到了 90 年代初，也很難說蒙古人與回回人已飲茶成風。這樣，長期生活在蒙古人與回回人中間的馬可波羅，自然就不一定能夠得到茶的資訊，或者他沒有把飲茶當做中國特有的重要事物。這樣，他在書中沒有記茶也可以說是合乎情理的。

　　比如女子纏足問題，吳思芳認爲是最奇怪的事情，「因爲這幾乎是後來的旅行者首先看得入迷得習俗。」〔註3〕確實，纏足是中國歷史上得一種陋俗，楊志玖先生在文章中說，纏足之風大致是在北宋神宗時期（1068～1085 年）開始，當時尚不普遍。到南宋時期則流行較廣，但仍限於上層社會及大城市，並且是從北方傳到南方的。到元朝，南方婦女也相率纏足，「以不爲者爲恥」了〔註4〕。但北方在遼、金元統治時期，契丹、女眞、蒙古族婦女不會纏足，統治者也不會提倡。然而流風所被，對社會當有一定的影響。吳思芳卻在書中也意識到了，在蒙元時期纏足之風還沒有廣泛流行，外國旅行者有可能見不到那些不能走遠路的纏足婦女。〔註5〕

　　比如長城問題，在馬可波羅時代，歐洲人根本不知道中國有長城，就是在中國也不是人們普遍重視的主要景物，更談不上是中國的重要象徵了。長城被看做中國的一個重要象徵，是從明代開始的。歐洲人關於長城的最早記錄是在 1555 年一個傳教士報告中提到的。亨利・玉爾曾經辯解說，馬可波羅在提到葛格與馬葛格時，馬可波羅心目中此處就是指中國北邊的長城。這種

〔註 3〕 弗朗西絲伍德著（吳芳思）著，洪允息譯：《馬可波羅到過中國嗎？》，北京新華出版社，1997 年第 99 頁。

〔註 4〕 陶宗儀：《輟耕錄・纏足》，北京中華書局，1959 年。

〔註 5〕 弗朗西絲伍德著（吳芳思）著，洪允息譯：《馬可波羅到過中國嗎？》，北京新華出版社，1997 年第 97 頁。

推測顯然是錯誤地把明代長城認作了元代長城了。

比如漢字問題，在元朝，做官的蒙古人、西域人讀書的不多。1278 年，江淮行省的蒙古人、西域人官僚竟「無一人通文墨者。」﹝註6﹞因此，不通漢語或漢文並不妨礙一個外國人在中國從事各種活動。馬可波羅是商人，他關心的是各地的物產、工商業和一些奇風異俗，以他的文化水平，很難顧及到難識的漢字，雖然他在使用的紙幣商業回看到上面印的漢字。

所以，我們認爲，要說明爲什麼《馬可波羅遊記》會「漏寫」一些關於中國的事物，首先就必須考察這些事物在當時是否存在；如果存在的話，又是什麼樣子；它們當時是不是已成爲中國的重要標誌，是不是必然會引起旅遊者的特別注意。只有在進行這樣的考察和研究之後，才能合理解決所謂的「漏寫」問題。

當懷疑論者以上述邏輯否定馬可波羅到過中國時，他們是乎忘記了一個最重要的基本事實，這就是：馬可波羅固然「漏寫」了一些中國的事物，但與那些事物相比，書中更多的則是對中國的正確描述如果就此否定馬可波羅到過中國，那麼，懷疑論者就必然會面臨著這樣一個難題：如何合理地解釋馬可波羅著作中關於中國的大量記述的正確性，特別是那些具體細節的正確性。對此，懷疑論者很少有人給予正面的討論，只有傅海波先生提出過《馬可波羅遊記》可能是從某個波斯文導游手冊中抄來的。但這裡的關鍵是，迄今爲止，沒有人發現過一本這樣的導游手冊。所以，傅海波本人又回過頭來說，在確證《馬可波羅遊記》有關章節是採自其它（可能是波斯的）資料以前，必須假定和推測他畢竟是到過中國。而馬可波羅對中國的記述那麼翔實，有史可查，決非一般導游手冊所能夠做到的，也決非短期居住中國所能夠瞭解和體會到的。因此，懷疑論者的第四條論據，純粹是一種推測。可以斷定，懷疑論者他們都沒有親眼見過什麼《導游手冊》。

至於懷疑論者的第三條論據，顯然是馬可波羅的記載有些誇大失實和錯誤之處，這是事實。馬可波羅把蒙古攻取襄陽歸功於他們一家的獻炮，顯然是錯誤的。這可能是他身陷囹圄之中、百無聊賴之際一種自我解嘲、自我安慰的心態的表現，但蒙古用炮攻破襄陽的事實確實存在。馬可波羅當然是在中國聽到的，而且可能是在襄陽聽到的，這就可以作爲他們到過中國的證據。至於蒙古王室譜系的錯誤，主要在他敘述成吉思汗後、忽必烈汗前的幾位皇

﹝註 6﹞ 宋濂：《元史崔斌傳》，北京中華書局，1976 年。

帝的名字和次序上。這些皇帝都已死去，馬可波羅祇是傳聞，因而發生錯誤是可以理解的。

誠然，《馬可波羅遊記》中確有許多沒有提到的中國事物，但是，這些事物在元代其他來華的西方人的記載中也同樣沒有提到，爲什麼對他特別苛求呢？魯布魯克（William of Rubruk）曾提到契丹人（即中國人）的書寫方法，他還提到西藏人、唐兀人和畏吾兒人的書寫方法。這是因爲他是頗有學識的傳教士，對各國文字有興趣。而馬可波羅祇是商人的兒子，文化水平有限，他的興趣主要在工商業和各地的奇風異俗方面，對文化事業則不予關注。

但是，馬可波羅書中記載了大量的有關中國的政治、經濟、社會情況，人物活動和風土人情，其中大部分都可在中國文獻中得到證實。隨著研究的深入，還可以繼續得到證實。《馬可波羅遊記》中確實存在誇大失實或錯誤等缺陷，但總體上可以說是「基本屬實」。爲什麼單抓住他沒有提及的事物或者個別錯誤記載而全盤否定其眞實性呢？對於這個問題，楊志玖先生認爲有兩個方面的原因，一方面，馬可波羅的某些記事確有錯誤、不清楚和疏失的地方，另一方面，懷疑論者並沒有認眞地對這些缺陷加以分析研究，找出其缺陷的原因，或根據可靠的資料證明其並非缺陷，而是以一概全，誇大這些缺陷，進而懷疑其全部記載的眞實性，抹殺馬可波羅書的價值和貢獻。〔註7〕

三、馬可波羅是一個時代的象徵

對馬可波羅其人，從威尼斯官府的檔案材料可以證明確有其人。但他43歲（1295年）以前的情況不明，而他父親後來在晚年時又生了三個兒子。結合這些情況進行分析，可以肯定的是，馬可波羅和他的父親曾經有相當長的一段時間是在國外度過的。對這一點，吳思芳在書中也很無奈地以推測的方式予以承認。「如果馬可波羅不在中國，沒有材料可以證明他是在別的什麼地方。」〔註8〕

馬可波羅的中國之行及其遊記，在中世紀時期的歐洲被認爲是神話，被當作「天方夜譚」。但《馬可波羅遊記》卻大大豐富了歐洲人的地理知識，打

〔註7〕 楊志玖：《再論馬可‧波羅書的眞偽問題——剖析懷疑論者的論據和心態》，見《中西文化交流先驅——馬可波羅》北京商務印書館，1995年第28～29頁。

〔註8〕 弗朗西絲伍德著（吳芳思）著，洪允息譯：《馬可波羅到過中國嗎？》，北京新華出版社，1997年第195頁。

破了宗教的謬論和傳統的「天圓地方」說；同時《馬可波羅遊記》對十五世紀歐洲的航海事業起到了巨大的推動作用。意大利的哥倫布，葡萄牙的達加馬、鄂本篤，英國的卡勃特、安東尼・金森和約翰遜、馬丁羅比歐等眾多的航海家、旅行家、探險家讀了《馬可波羅遊記》以後，紛紛東來，尋訪中國，打破了中世紀西方神權統治的禁錮，大大促進了中西交通和文化交流。因此，可以說，馬可波羅和他的《馬可波羅遊記》給歐洲開闢了一個新時代。

　　同時，在《馬可波羅遊記》以前，更準確地說是在十三世紀以前，中西方在政治、經濟、文化等方面的交流都是通過中亞這座橋梁間接地聯繫著。在這種中西交往中，中國一直是以積極的態度，努力去瞭解和認識中國以外的地方，特別是西方文明世界。最早可以追述到周穆王西巡。儘管周穆王西巡的故事充滿了荒誕和神話色彩，但至少反映了中國人已開始去瞭解和認識西方，西漢武帝時期張騫通西域之後，一條從中國經中亞抵達歐洲的「絲綢之路」出現了，中國對西方世界有了更進一步的認識和瞭解。唐朝是中國封建社會的鼎盛時期，經濟、文化等都達到了空前的繁榮，一大批西方的商人來到中國，中國對西方世界的認識更深入了。但直到十三世紀以前，中西交往只停留在以貿易為主的經濟聯繫上，缺乏直接的接觸和瞭解。而歐洲對中國的認識，在十三世紀以前，一直停留在道聽途說的間接接觸上，他們對中國的認識和瞭解非常膚淺。因而歐洲人對東方世界充滿了神秘和好奇的心理。《馬可波羅遊記》對東方世界進行了誇大甚至神話般的描述，更激起了歐洲人對東方世界的好奇心。這又有意或者無意地促進了中西方之間的直接交往。從此，中西方之間直接的政治、經濟、文化的交流的新時代開始了。

　　總之，《馬可波羅遊記》已經成為了一個神話，它直接或間接地開闢了中西方直接聯繫和接觸的新時代，也給中世紀的歐洲帶來了新世紀的曙光。事實已經證實，《馬可波羅遊記》給這個世界帶來了巨大的影響，其積極的作用是不可抹殺的。我們又何必去拘泥於《馬可波羅遊記》中的某些缺陷和不足呢？其實，「馬可波羅」這個名字不一定是指某個特定的人，而是指當時的一批東西方交通的開拓者。「馬可波羅」就是他們的代名詞，《馬可波羅遊記》可以說是他們當時歷險經歷的總結。

　　馬可波羅時代──一個新的時代，我們為有這樣一個新時代而高興，我們為有這樣一個新時代而歡呼。

啓示二、13世紀末14世紀初歐洲市民階層對傳奇故事的酷愛促使了《馬可波羅遊記》的誕生 [註1]

　　《馬可波羅遊記》是意大利威尼斯商人馬可波羅口述其游歷中國以及其他亞洲國家的所見所聞，而由比薩散文作家魯斯蒂謙諾筆錄而成的，於1298年成書。《馬可波羅遊記》的成書時間也就是十三世紀末十四世紀初這一時間段，亦是歐洲文藝復興運動的起源地意大利文藝復興運動開始的時期。那麼，意大利的文藝復興運動對《馬可波羅遊記》的產生及傳播到底起到了怎麼樣的影響？加之，文藝復興的運動思潮對歐洲市民階層酷愛傳奇故事這世俗文學的影響進而對《馬可波羅遊記》的產生又有什麼影響呢？在以往這麼多對《馬可波羅遊記》的研究中，還沒有注意到這一層面的探討研究。正確認識這一層面對於進一步認識或進一步研究《馬可波羅遊記》有著極其重要的意義。

一、十三世紀末十四世紀初傳奇文學興起的原因

（一）十三、十四世紀的意大利社會經濟

　　在十世紀後期，西歐中世紀城市興起。中世紀意大利以城市工商業較早興起且迅速發展趨向繁榮，與其他的歐洲國家不同。在十一世紀十二世紀，由於商品經濟的日益發達，意大利的北部湧現出了一大批飲譽西歐的城市，

〔註 1〕 該文發表在《時代文學》2008年第9期上。

如拉文那、帕多瓦、維多納、佛羅倫薩、熱那亞、威尼斯等等。十二世紀至十五世紀意大利北部和中部的城市在呈現出一片欣欣向榮的繁榮景象。主要得益於意大利優越的地理位置，它地處於地中海的中心地帶，北部連接中歐，南部幾乎到達非洲，這些都讓其在重要商品方面互通有無，使得意大利許多海岸城市借助貿易而繁榮起來。如威尼斯，從海上運來的貨物主要是通過威尼斯這個中轉站運到米蘭和佛羅倫薩在轉到歐洲內陸的。「在 14 世紀，西歐5000 人以上的大城市不到城市總數的 5%，而最大的城市大多集中在意大利，米蘭、威尼斯、那不勒那、佛羅倫薩、羅馬、熱那亞的人口均超過 5 萬左右。」〔註2〕

　　伴隨著城市工商業的繁榮，西歐社會的階級結構與階級關係發生了變化。從十二世紀開始，意大利市民階級日益壯大，逐漸成爲一股能夠獨立主宰意大利各城市國家力量舞臺的社會力量。在反對封建領主和城市貴族鬥爭中，意大利的封建主爲了從城市的經濟繁榮中分享到經濟利益和獲得權力的機會，被迫適應城市，轉變成都市化的市民。城市經濟的發展一定程度上也刺激到意大利文學的發展。中世紀意大利的經濟有著外向型的特徵，使得其較早就與城市以外的區域文化來往密切。繁榮的城市經濟貿易往來以及與東方文明的接觸，加之意大利的威尼斯、熱那亞等城市卷入十字軍東征當中，客觀上加強了與東方文化的接觸。另一方面，在城市同商業和手工業的共同繁榮的背景下，促進了一個新的社會階層——知識分子的誕生。知識分子群體的出現激活了西歐社會的知識領域，爲西歐的知識復蘇提供了可能性。這樣綜合這些就使得經濟和文化的財富源源不斷的湧現威尼斯、佛羅倫薩等意大利諸多城市，讓東方的寶貴文化日益影響著西方，使意大利成爲人文主義的濫觴。

（二）十三、十四世紀的意大利文藝復興運動

　　發生於十四世紀至十六世紀的文藝復興，可追溯到十三世紀的意大利。當時的意大利商品貿易經濟繁榮以及在政治上獲得獨立，促使了新生的市民階級和知識分子開始對於自己所處的時代進行反思，他們開始探索一種適合本階級的文化和能夠突破教會學校實施教育改革。到了十四世紀中葉，市民階級對於文化上的這種探索逐漸演變成一場爲開啓人性解放、祇是覺醒和要

〔註 2〕馬克垚：《西歐封建經濟形態研究》，北京人民出版社，2001.年第 310～311頁。

科學理性復蘇的新文化運動。十四世紀的歐洲社會情況可以說是籠罩在一片
看不清前路的悲觀的黑暗之中，一方面是市民階級和知識分子仍然被中世紀
宗教神學愚人化的教條束縛著，另一方面黑死病瘟疫正折磨著歐洲的大部分
地區。當市民階層享受到了成功城市商業的自由、政治獨立的自由和新知識
的陶冶，他們的視野、心性、知識到獲得前所未有的滿足和解放，個人的獨
立思考和勇氣開始表現出來。他們回首以往的時代反省自己所處的局面，才
豁然發現古希臘、羅馬的古典時代文明原來是一個偉大的文明。在他們心目
中相信古希臘和古羅馬的文明是歐洲歷史上的一個黃金時代，在這個時代歐
洲文化已經達到了一種高度繁榮和高度完美的境界，但是到了中世紀的時候
這個黃金時代文化卻衰落下來甚至被湮滅了。因此，人們開始學習和研究中
世紀歐洲已丟失的古希臘、羅馬的古典文明，以復興古希臘、羅馬思想文化
精神爲旗幟，追求古典時代那種建康不受宗教神學禁錮「人性」的生活狀態，
這也就是我們現在所說的「人文主義」。在城市市民意識逐漸覺醒的基礎上，
那些受過世俗教育的市民則進一步吸收、消化古典文化和東方文化中的人文
主義因素，逐漸構建出一種能夠更全面、更系統、更明確地表達本階級的社
會主張和道德情操，從而孕育出市民階級特有的，與宗教神學思想體系基本
決裂的人文主義。因此，意大利的文藝復興是新興的資產階級挖掘古典文明
的古代寶貴遺產，注重自身的實際問題和道德價值，加以創新文化，成爲一
種新的時代精神，爲從中世紀的宗教神學的桎梏中解放出來。

（三）十三、十四世紀的意大利文學

意大利文學，由於基督教在意大利歷史上起著特殊的作用，基督教不僅
作爲封建統治者鞏固統治的政治工具和精神支柱，而且它作爲一種社會意識
形態的主流，壟斷著封建社會的文化。〔註3〕因此，宗教文學在意大利中古文
學中佔有重要位置。在十三、十四世紀的意大利，出現了以新的社會經濟資
本主義經濟關係爲基礎的城市公社、市民階級和知識分子群體，推動了民間
文學和城市文學的發展。但當時仍占主流思想的基督教，宗教文學是意大利
的主要文學作品，民間文學和城市文學常常會受到宗教文學的影響。宗教文
學多用拉丁文寫成，其素材多是聖徒傳、宗教故事、祈禱文，也有宗教異端
運動和城市市民鬥爭。這個時候的意大利，雖然基督教是意識形態的主流，
但是由於城市經濟的繁榮、文化的發達和城市市民鬥爭活躍，基督教對這時

〔註3〕楊慧林、黃晉凱：《歐洲中世紀文學史》，南京譯林出版社，2001年第101頁。

的文學作品的影響相對較爲寬鬆，「俗語」詩歌取得比較大的成就，主要有敘事詩、英雄史詩、騎士抒情詩、騎士敘事詩和傳奇。在托斯卡納地區，出現了以「托斯卡納詩派」和「溫柔的新體」詩派爲標誌的詩歌繁榮時期。前者的代表詩人圭托內·達雷托（約 1235～1294），後者的代表詩人圭多·圭尼澤利（約 1235～1276）和圭多·卡瓦爾坎蒂（約 1255～1300），主要繼承了普羅旺斯詩歌和「西西里詩派」的傳統，在愛情詩中抒發城市市民對世俗生活的興趣和追求社會平等的意識，在思想內容和藝術形式方面都達到了中世紀抒情詩歌的高峰。〔註4〕十三世紀意大利的「俗語」散文相對與詩歌，它的成就並不顯著，然而，當時的意大利仍出現了一些較好的法語散文作品，這些作品有記事散文、市民故事，也有以傳播知識爲目的。布魯內托·拉蒂尼（約 1220～1293）的《寶庫》寫於 1260 年至 1266 年間，全書分爲三部，是意大利第一部包括各種科學知識的百科全書式的作品，主要繼承了前人的文化知識，一定程度上反映了城市公社對於人類史、自然科學文化的重視。布魯內托還著有一部尚未完成的隱喻訓世詩《小寶庫》，主要闡述哲學和其他科學的基本概念，論述愛情、宗教和道德等問題，同樣放映了城市市民對於傳播科學知識的注重。佚名作者的《古代故事百篇》歌頌市民的聰明機智，具有鮮明的反封建、反教會的特點。1298 年由馬可波羅（1254～1324）口述，魯斯蒂謙諾記錄而成的《馬可波羅遊記》，是歐洲第一部介紹東方世界、展現亞洲各地風土人情的散文著作，對西方瞭解和學習東方文化產生了深遠的世界影響。

這時期的「俗語」散文幾乎全是從拉丁語、法語作品的翻譯或改編而成的，有進行倫理道德教育和以傳播知識爲目的，還有一些翻譯法國騎士小說和古典英雄傳奇比較粗糙的傳奇式作品。在那麼多「俗語」散文中，從法語作品翻譯的歷史記實和傳奇小說，比起藝術散文更受城市市民的關注。如：《凱撒記實》、《圓桌騎士》、裏克爾達諾·馬里斯皮尼的《佛羅倫薩編年史》等；短篇小說尤其受歡迎，如《古代騎士的價值》、《短篇小說集》等。〔註5〕意大利中世紀的城市文學表達了城市市民的思想觀念、政治要求、經濟關係、文化教育和生活方式等，在文字的描述上注重實際問題，傾向於現實主義的。這是意大利能夠最早萌發人文主義思想的眾多因素之一，而且也是十三世紀末十四世紀初傳奇文學在意大利城市公社中能夠興起的重要原因之一。

〔註4〕 張世華：《意大利文學史》，上海上海外語教育出版社，2003 年。
〔註5〕 王軍、徐秀雲《意大利文學史：中世紀和文藝復興時期——漢語、意大利語》，
　　　　北京外語教學與研究出版社，1996 年第 33～37 頁。

二、十三世紀末十四世紀初市民階層酷愛傳奇文學的原因

（一）市民階層對精神生活的強烈追求

　　隨著城市的興起和經濟的發展，在反對封建領主和城市貴族鬥爭中形成的市民階級，逐漸成爲一股能夠獨立主宰歐洲社會政治舞臺的社會力量。城市市民在這個新的時代裏既有許多能夠發展自我的機會，也面臨著許多問題。如：對於從事手工業的市民們來說，該怎樣提高手工業生產的技術？面對日益擴大的生產又該如何合理的進行組織和管理呢？對於從事商業貿易的市民來說，該如何與使用不同語言的人做生意？又該怎樣才能創造出更多的財富呢？對於從事政府部門工作的市民們來說，該如何提升自己的技能來應付政府工作呢？等等。面對這麼多的問題，市民們深深感受到了自己缺乏知識，他們熱切地渴望能夠掌握更多更新的知識。此外，城市市民們希望有更多學習文化知識的機會，以便爲他們的孩子們將來的工作和生活做好知識儲備。

　　城市市民意識的覺醒使他們對於知識產生一種強烈的追求。市民階級是「體現著進一步發展生產、貿易、教育、社會制度和政治制度的階級」，他們迫切需要一種不同於以往的文化思想來肯定本階級的政治地位和經濟活動。

　　由於城市市民迫切希望獲得知識，城市中出現了一個專業從事知識活動的專業人員——知識分子群體。知識分子群體研究知識、創造知識和傳播知識，使得西歐城市的知識領域活躍起來。與此同時，爲了適應新的時代，無論是統治者還是社會各階層的人士，他們都不同程度的表現出對於知識的尊重和肯定。因此，市民階層能夠在更爲寬廣的範圍內滿足他們獲得知識的願望。市民們所追求的知識，尤爲注重世俗的文化知識。市民們對於宗教學校傳播宗教化的知識不滿，因爲它滿足不了市民們參與政治、發展經濟和豐富文化生活的要求。因此，市民們更爲需要世俗的文化知識，掌握那些有利於他們日常處理商務和公務，並能夠解決一些實際問題的關於各學科德爾理論基礎知識。

（二）市民階層突破神學、自我解放的需要

　　十三世紀的意大利形勢是意大利的中部和南部屬於教皇的勢力範圍，北部則保有著德國皇帝的殘餘勢力和法律上的力量。〔註6〕與此同時，港口海岸城市卻擁有相當大的自由，商業的繁榮和經濟的發展，不僅爲城市增加了大

〔註6〕　丹尼斯哈伊著，李玉成譯：《意大利文藝復興的歷史背景》，北京生活·讀書·
　　　　新知三聯書店，1992年第47頁。

量的財富，也給市民們帶來了要從就得束縛（宗教神學的愚人化教育）中解脫出來的希望。

市民們借助學習新知識、傳播知識、創造知識的方式來突破神學的枷鎖。他們大多通過詩歌和「俗語」散文來表達他們對於發展經濟、展現自我、歌頌倫理道德的思想要。在市民看來，將一些法國騎士小說和古典英雄傳奇翻譯過來的「俗語」散文（主要是傳奇故事）更能體現出他們的思想，因為傳奇故事的主題主要是宣傳騎士的高尚情操、典雅的愛情和不畏艱難困苦的精神。市民們通過城市文學除了要學習知識和傳播知識外，還需要從文學中讀出一種能夠堅定他們解放自我、發展自我的信念。

三、《馬可波羅遊記》的特點

從十三世紀初期到十四世紀中葉的一百年間，歐洲的商人、傳教士前往東方，馬克·波羅前往東方肩負著宗教使命和商業雙重目的。《馬可波羅遊記》是馬可波羅於 1298 年被囚禁熱那亞的監獄裏，親自敘述，而又獄中同伴比薩人魯斯蒂謙諾記錄下來。全書除了小引外，分為 4 卷 217 章。第一卷講述馬可等人東遊從小亞美尼亞到大汗上都沿途各地的見聞。第二卷講述蒙古大汗忽必烈及其宮殿都城政府節慶遊獵和自大都西南行到緬甸沿途的各省區、自大都南行到杭州、福州、泉州及東南沿海諸州的見聞。第三卷講日本群島、越南、東印度、南印度、印度洋沿岸及島嶼、非洲東部的見聞。第四卷講成吉思汗係諸韃靼宗王的戰爭和亞洲北方各國的概況。全書講述最多的是關於中國的見聞，遊記的第二卷共 82 章，占全書最多的分量，主要涉及歷史、經濟、道路走向、宮殿建築、習俗禮儀、商業、宗教信仰和動物等方面的介紹，馬可作為商人，對於經濟、商業、城市、道路走向則津津樂道。

在第二卷中，馬可用了多章的篇幅來講大汗的征戰和對南宋的征服以及汗八里（即北京）的情況。他描述當時北京的整體呈方形，土牆圍繞全城；全城開設 12 座城門，上面各建有箭樓；街道又寬又直，有各色各樣的商店和鋪子；城中央建有一座懸掛一口大鐘的宏大宮廷，是全城的報時中心。他對全城的佈局讚歎道「如棋盤，整個設計精巧和美麗，非語言所能形容。」馬可波羅描述道北京的商業貿易：凡世界上最稀奇和最有價值的東西都集中在城裏……出售的商品數量比任何地方要多，每天運往這裡的生絲不下千次。此外，馬可波羅對城市的建築如橋梁、宮殿、寺廟等都津津樂道，尤其詳細

地敍述了京師城（即杭州）的建築、街道、市場、手工業和西湖。《遊記》記載：杭州人煙稠密，達一百六十萬戶竈頭；道路皆鋪石磚，市內交通方便；人們舉行禮貌，相處和睦；城有提供沐浴的浴室；大小橋梁達一萬二千座；街道上布滿密密麻麻的鋪子外，還有十個大廣場或市場，來買賣的人隨處可見，運貨的車船，絡繹不絕……馬可對西湖的美景更是讚歎不絕，書中描述西湖內遊船畫舫，湖邊的離宮別墅、廟宇寺院、園林山色，盡收眼底。

　　馬可波羅作爲商人，每到一處，都對當地的物產和商業情況非常留意，特別注意東方的珠寶、香料和絲織品。例如馬可在游歷寶應、南京、鎮江、蘇州等城市時，突出記載了紡織錦緞綢絹工業的情況。在遊雲南時，對黃金、白銀作了很多的敍述。書中說哈剌章城（今大理）河道出產流金沙，山中儲存大量的金礦。在《遊記》中，對這些物產豐富，商業發達的城鎮有不少記載。另外，《遊記》還講述了紙鈔和煤。書中記載忽必烈在汗八里城設有造幣廠，利用桑樹皮製造紙張，再把它製印成紙幣。這種紙幣的比值等同與金銀，不僅通行國內，在外商貿易中也有流通。關於煤，書中記載在契丹省的各地有一種能用做燃燒的黑石，燃燒的火焰比木柴要好，發出的熱量更大。

　　在《遊記》中，除了經濟發達的城鎮外，還記載了一些人煙稀少、經濟落後的地區，如西藏。書中描述：西藏地域廣闊，河流湖泊密布，當地人們以鹽爲貨幣，用獸皮或大麻、粗毛織成布遮身。當地生活著一種性情凶猛、身軀龐大的狗；還有數量很多的麝，每月產一次麝香，到處可以聞到它的香味。人們用燃燒青竹的竹節爆開聲來嚇跑野獸，保護自身的安全。

四、《馬可波羅遊記》的筆錄者

　　1298年，經由馬克·波羅口述，魯斯蒂謙諾記錄的《馬可波羅遊記》誕生了。《遊記》用生動的語言向歐洲敍述了元代的中國文明和奇異的東方世界，震驚了當時的歐洲。這部書備受歡迎且廣爲傳播，被稱爲「世界一大奇書」。《遊記》之所以能夠備受青睞，除了其本身對東方國家的詳盡記載，滿足了市民階層的好奇心，另一方面還賴於記錄者——魯斯蒂謙諾的功勞，他的文化修養、寫作個性和風格讓《遊記》以更爲生動的形象吸引著讀者。

　　記錄者魯斯蒂謙諾是意大利比薩人，生活在13世紀。他自小就學習法語，法語是當時地中海地區使用最廣泛的語言，很受知識階層的重視。後來，他到了法國學習，專門學習法國的騎士文學。魯斯蒂謙諾在騎士傳奇文學的熏

陶下，很快地熟讀了法國騎士文學的經典。於 1270 年用法語寫了一部騎士傳奇集《梅麗亞杜斯》，魯斯蒂謙諾在書中塑造了一個理想騎士的形象，他剛毅無畏、忠直堅強。但書中既反映了對現實生活的追求和對人的才能、智慧的肯定，又體現與中世紀基督教的教條禁錮思想的相違背。這部作品傳入意大利後，受到了各城邦君主、貴族、騎士傳奇讀者的熱烈歡迎和喜愛。

不久，魯斯蒂謙諾回到意大利。1298 年，威尼斯和熱那亞因商業衝突爆發了戰爭。魯斯蒂謙諾加入威尼斯艦隊參與戰鬥，不幸被俘。恰逢，馬可波羅的戰船在亞德亞海與熱那亞戰鬥，輸給了熱那人，囚禁在熱那亞監獄，與魯斯蒂謙諾成為難友。在漫長的獄中歲月裏，馬可波羅向魯斯蒂謙諾講述了許多關於他在東方的見聞，魯斯蒂謙諾用法語將這些口述寫在羊皮紙上記錄下來，這就是《馬可波羅遊記》最初的版本，當時名為《東方見聞錄》。

魯斯蒂謙諾在筆錄《遊記》時，態度嚴謹，用流暢自然的語言表達馬可波羅的口述，體現了記錄者尊重歷史的真實。不過，魯斯蒂謙諾在記錄過程中不單單是機械化的復述馬可波羅對各地的見聞，他對一些口語化的語句作了稍微的文字修飾和潤色。此外，在《遊記》中的某些地方也體現了他的文學個性和寫作風格。意大利學者賽爾焦索爾米認為，在《遊記》中的小引開頭第一句寫道「皇帝、國王、貴族、騎士和其它一切人民，如果想要知道世界上各民族之間的風俗差異和東方各國、省以及一切地方的不同，可一讀此書；所有人民，特別是亞美尼亞、波斯、印度和韃靼的人民，他們最偉大和最奇異的特點，都分別記載在馬可波羅的這部書中。」﹝註7﹞這樣的寫作手法，完全體現了魯斯蒂謙諾寫作騎士傳奇的傳統風格。此外，在《遊記》中關於戰鬥場面的生動精彩地描述，也體現了魯斯蒂謙諾擅長描寫騎士征戰的藝術表達手法。也有專家認為，《遊記》從第 201 章開始，具體的描述少了，而傳奇的、浪漫的色彩和講究文辭的方面卻增多了。魯斯蒂謙諾在這裡顯示出了他的寫作功力。

綜上所述，《馬可波羅遊記》的誕生與十三世紀末十四世紀初的意大利的社會社會經濟、文學和文藝復興運動思潮有不可或缺的聯繫。而經濟的發展，帶動的人的思想的覺悟，更是人們酷愛騎士傳奇故事的重要因素之一。上述的觀點，還有待以後進一步的研究和論證，然而，我們不可否決一個環境因素決定著一個文化氛圍。

﹝註7﹞ 梁生智譯：《馬可波羅遊記》，北京中國文史出版社，1998 年第 9 頁。

啓示三：睜眼看東方第一人：教宗英諾森四世〔註1〕

在早期的中西文化交流過程中，主要採取的是間接交流的方式。直到教宗英諾森四世（Innocentius IV，1243～1254 年）即位之後，歐洲人才開始著手與東方世界的蒙古帝國進行直接的聯繫，去深入地瞭解東方世界。好像一場惡作劇似的，歷史把教宗英諾森四世推上了睜眼看東方的第一人。

一·教宗英諾森四世簡介

教宗英諾森四世（拉丁語：Innocentius IV，約 1180 年或 1190 年～1254 年 12 月 7 日），1243 年 6 月 28 日至 1254 年 12 月 7 日在位。英諾森四世原名西尼巴爾多·菲斯奇（Sinibaldo Fieschi），生於意大利北部利古里亞的小鎮 Manarola 的封建主菲斯奇家族，青年時代在帕爾馬和博洛尼亞接受教育，並成爲當時最優秀的宗規專家。

1241 年，在位僅 17 天的塞萊斯廷四世病故，宗座空缺長達一年之久。1243 年，教宗選舉方在阿那尼（Anagni）舉行。6 月 25 日，時任 Albenga 總主教的西尼巴爾多·菲斯奇當選教宗，結果於三天後宣布。「英諾森四世」成爲其名號。〔註2〕

此時，教廷與神聖羅馬帝國皇帝腓特烈二世的矛盾已經持續多年。英諾森四世上任之後表現出一種比格列高利九世還要嚴厲的態度，教廷與腓德烈

〔註1〕 該文發表在《社科縱橫》2010 年第 10 期上。
〔註2〕 唐逸：《基督教史》，北京中國社會科學出版社，1993 年第 163 頁。

二世的衝突已經難以調和，腓德烈二世甚至揚言要發兵搗毀羅馬，廢黜教宗。英諾森四世遂於 1244 年被迫遷往熱那亞，第二年又移至法國里昂，並在法王路易九世的支持下於 1245 年 6 月 28 日至 7 月 17 日召開大公會議，史稱第一次里昂大公會議。

這次里昂會議決定對腓特烈二世處以絕罰，取消腓特烈二世的教籍，並要求神聖羅馬帝國另選新皇帝。由此帶來的紛擾直到 1250 年腓特烈二世病逝方才結束。英諾森四世則在 1251 年方得以回到意大利。同時，路易九世宣布準備發動新一輪十字軍東征。

教皇的制裁嚴重損害了腓特烈二世的聲望，在那個人民篤信基督教的時代，君主被開除教籍是極其危險的，以前就有不少這方面的例子。更嚴重的是，德意志的諸侯開始與意大利城市聯合反對腓特烈二世，這些諸侯一直是困擾每一代皇帝的威脅力量。1246 年，圖林根公爵亨利在教皇與諸侯支持下當選為敵對國王。在種種困難之下，腓特烈二世在弗薩爾塔戰役中被意大利同盟打敗，他的兒子被俘。腓特烈二世一直未能找到反對英諾森四世的可靠同盟。1250 年 12 月，他在一次行獵中突然病倒了，可能是中風。當然也有流言說是被自己的兒子曼弗雷德殺死。1250 年 12 月 13 日（惡魔之夜）腓特烈二世死在了弗奧倫蒂諾城堡，享年 56 歲。

第一次里昂大公會議期間正值東方的蒙古帝國興起。1241 年，蒙古人侵入匈牙利，劫掠波蘭，繼而轉向奧地利，歐洲一片恐慌。1245 年里昂大公會議之後，英諾森四世派遣柏郎嘉賓攜教宗敕令前往蒙古帝國以說服蒙古統治者皈依天主教並停止對基督徒的殺戮。柏郎嘉賓在哈拉和林進諫大汗貴由，大汗貴由反於 1246 年用波斯語回信要求教宗和其他歐洲君主向蒙古臣服。這封信至今還保存在梵蒂岡。

1248 年，在英諾森四世的支持下，法國國王路易九世發動了第七次十字軍東征。結果軍隊遭遇瘟疫，並被埃及戰敗，路易九世本人也被俘，後法國用重金將其贖回。

1253 年英諾森四世才返回到羅馬，將西西里的王位授予英格蘭國王亨利三世的兒子埃德蒙，但教皇的軍隊在 1254 年卻被腓特烈二世死後接管西西里曼弗雷迪擊敗。〔註3〕

縱觀教宗英諾森四世的一生，有三件大事值得稱道，一是為了加強教宗

〔註 3〕周宵：《去東方收獲靈魂》，濟南山東畫報出版社，2006 年第 35 頁。

的權利而展開與腓特烈二世的鬥爭，其結果是兩敗俱傷。一是發動第七次十字軍東征，結果也是大敗而終。最後一件大事就是派遣使者到東方的蒙古帝國，儘管沒有達到預期的目的，但這次出使卻成為了中西文化交流的里程碑，中西之間的直接交流從此打開了新的篇章。

二· 教宗英諾森四世給蒙古帝國貴由大汗的兩封聖諭

1245 年，教宗英諾森四世遣方濟各會士約翰·柏郎嘉賓（Jean du Plancarpin）攜帶兩封書信前往覲見蒙古大汗，謀使蒙古人皈依基督教，並締結和約；此要求理所當然遭到拒絕，西方與蒙古人建立協約的意圖也一直未成現實。但伯希和認為這是亞洲高原與西方古交際史中一異迹。

教宗英諾森四世給蒙古帝國貴由大汗的這兩封聖諭，開啟了中西文化交流的新的篇章，這也是西方歷史上第一次官方的直接交流與聯繫。第一封聖諭的內容摘錄如下：

> 天父上帝，懷著難以形容的慈愛心情注視著人類的不幸命運——人類由於第一代男人的罪惡而墮落了——並且由於他極端偉大的慈愛精神，渴望仁慈地把人類拯救過來——由於魔鬼因嫉妒而提了一個狡猾的建議，使人類墮落了——因此大發慈悲，從天堂的崇高寶座派遣他的獨生子耶穌降臨下界塵土，作為他的代表——他的獨生子，是由於聖靈的作用，在一個優先挑選出來的童貞女的子宮中受孕，並在那裡穿上人類肉體之衣，然後從那裡經由他母親的貞節的關閉之門進入人世，以一種人人可見的形象顯示了他自己。生來就具有理智的人性，適合於永恒真理作為其最最精選的食糧來取得營養，但是，由於人性被束縛於致命的鐐銬之中，作為對罪惡的一種懲罰，以致它的能力大為削弱，因此它必須使用從可見事物得出推論的方法，來努力瞭解理智食糧的不可見事物。由於耶穌下凡，人類的造物主成為可見的了——他長著同我們一樣的肉體，雖然他的本性並非沒有變化——這是為了，由於他是可見的，他就可以召喚追隨於可見事物之後的不可見事物回到他自己身上，以他的有益教導來塑造人們，並以他的教導向人們指出達到完美境地的途徑：遵循他的神聖生活方式的典範和他的福音教導，他不惜屈尊忍受在殘酷的十字架上死去的痛苦，是為了通過他的現世生命因受刑而結

束，他就可以使永久死亡的刑罰從此結束——這種刑罰，是世世代代的人類由於他們第一代祖先的罪惡而蒙受的——並使人們可以及時地從他死亡的苦味聖餐杯中喝到永生的甜露。在我們和上帝之間的中保耶穌，應該既有短暫的生命，也有永恒的全福，以便由於有短暫的生命，他就可以同那些注定要死亡的人類一樣，由於有永恒的全福，他就可以把我們從死亡過渡到永生。

因此，他為了替人類贖罪，獻出自身作為犧牲，而且，他擊敗了不使人類得救的敵人，把人類從奴役的恥辱中搶救出來，使之享受自由的光榮，並為人類打開了天堂祖國的大門。然後，他從死亡中復活，升入天堂，他把他的教皇留在世上，並且在教皇由於三重職業的證據而證明了他對人類的恒久不變的愛以後，把保護人類靈魂的責任託付給教皇，希望教皇留心地注視著人類的得救——為了人類的得救，他曾經降低了他崇高的尊嚴；他把天國的鑰匙交給教皇，有了這把鑰匙，教皇和他繼任者們就有了向一切人打開和關閉天國之門的權力。我們雖不配當此重任，由於上帝的安排，現已繼任教皇之職，因此，我們在履行由於我們的職務而肩負著的一切其他責任以前，把我們敏銳的注意力集中到拯救你們和其他人的問題上，在這個問題上我們特別傾注我們的心意，以勤奮的熱情和熱情的勤奮孜孜不倦地始終注視著這個問題，以便我們能夠在上帝慈悲的幫助下，把那些誤入歧途的人們引導到真理之路，並為上帝贏得一切的人。但是，由於我們不能在同一個時間內親自來到各個不同的地方——因為這是我們人類狀況的本性所不許可的——因此，為了使我們不顯得在任何方面忽視那些遠離我們的人們，我們派遣謹慎小心的人到他們那裡去，作為我們的代表，通過他們，我們便可履行我們教皇對他們的天職。正是因為這個緣故，我們認為把我們鍾愛的獨生子葡萄牙人勞倫斯修士及其方濟各會的同伴們派到你處是合適的，他們即是致送這封信的人，他們有非凡的宗教精神，德行高潔，精通《聖經》知識，因此，你們如果遵循他們的有益教導，就可以承認上帝的真正兒子耶穌基督，並通過皈依基督教，以崇拜他的光榮名字。因此，我們勸告你們全體人民，請求並真誠地懇求你，出於對上帝和對我們的敬畏，和善地接待這些修士，並以體貼的方

式對待他們，就好像接待我們一樣，並且在關於他們代表我們向你講的那些事情上，以不虛偽的誠實態度對待他們。我們並且請求你們，除在關於上述對你們有益的事情上同他們商談外，並給予他們一份護照和他們在來回旅途中所需的其他必需品，以便在他們願意時，即可回到我們身邊來。我們認為把上面提到的幾位修士派到你處是合適的，他們是我們從其他人中特別挑選出來的，經過多年的證明，他們是一貫遵守並精通《聖經》的，因為，鑒於他們遵循我們的救世主的謙恭精神。我們想信，他們對你將會有較大幫助——如果我們想到對你更為有益和你更可以接受的高級教士或其他能力強的人，那我們就會派那些人前去你處了。

1245 年 3 月 5 日於里昂

第二封聖諭的內容摘錄如下：

鑒於不僅是人類，而且甚至無理性的動物，不，甚至組成這個世界的各個分子，都被某種天然法則按照天上神靈的榜樣結合在一起，造物主上帝將所有這些分成為萬千群體，使之處於和平秩序的穩定之中，因而，我們被迫以強硬措辭表示我們對你的狂暴行為的驚訝，就並非沒有道理的了——我們聽說，你侵略了許多既屬於基督教徒又屬於其他人的國家，蹂躪它們，使之滿目荒涼。而且，你以一種仍未減退的狂暴精神，不僅沒有停止把你的毀滅之手伸向更為遙遠的國度，而且打破自然聯繫的紐帶，不分性別和年齡，一概不予饒恕，你揮舞著懲罰之劍，不分青紅皂白地向全人類進攻。因此，我們遵循和平之王的榜樣，並渴望所有人類都應在敬畏上帝之中和諧地聯合起來共同生活，茲特勸告、請示並真誠地懇求你們全體人民：從今以後，完全停止這種襲擊，特別是停止迫害基督教徒，而且，在犯瞭如此之多和如此嚴重罪過之後，你們應通過適當的懺悔來平息上帝的憤怒——你們的所作所為，嚴重地激起了上帝的憤怒，這是毫無疑問的。你們更不應由於下列事實而受到鼓勵，去犯更進一步的野蠻罪行，這就是：當你們揮舞強權之劍進攻其他人類時，全能的上帝迄今曾容許許多民族在你們面前紛紛敗北：這是因為有的時候上帝在現世會暫時不懲罰驕傲的人，因此，如果這些人不自行

貶抑，在上帝面前低首下心地表示卑下，那麼，上帝不僅可能不再延緩在今生對他們的懲罰，而且可能在來世格外加重其惡報。因此，我們認爲把我們鍾愛的兒子約翰・柏朗・嘉賓及其同伴，即致送這封信的人，派到你處是合適的。他們有非凡的宗教精神，德行高潔，精通《聖經》知識。請你出於對上帝的敬畏，和善地接待他們，尊敬地對待他們，就好像接待我們一樣，並且在他們代表我們向你講的那些事情上誠實同他們商談。當你就上述事務特別是與和平有關的事務同他們進行了有意的討論時，請通過這幾位修士使我們充分地知道，究竟是什麼東西驅使你去毀滅其他民族，你未來的意圖是什麼，並請給予他們一份護照和他們在來回旅途中所需的其他必需品，以便在他們願意時，即可回到我們身邊來。

1245 年 3 月 13 日里昂〔註4〕

　　從英諾森四世兩封信的字面上來看，第一封信應是由勞倫斯教士遞送的，內容在於勸說蒙古人改信基督教。但是他在信中大肆宣傳上帝的力量，試圖讓蒙古人因害怕上帝而改變信仰的說教方式明顯是愚蠢的。這種原罪論對歐洲也許有效，但對剛剛把上帝的子民打得落花流水的人怎麼會害怕上帝？如果我們也投身於上帝的護衛之下，那不同樣會變得不堪一擊？長生天的力量足以打敗上帝，要你們的上帝何用？

　　由柏朗・嘉賓致送的第二封信意在斥責蒙古人對基督教國家的侵略和屠殺，勸誠其停止這種行爲。這兩封信的結果也就可以預見了，此外，基督教徒向來忌諱「13」這個數字，認爲它是不祥的，可英諾森四世偏偏選擇了 13 日來寫這第二封信，其結果也就恰恰爲教徒們的忌諱增添了一條證據。

三、教宗英諾森四世派遣使團出使東方的蒙古汗國

　　1243 年 6 月 25 日，英諾森四世當選爲教皇。這位新教皇終於開始關心基督教世界的根本利益。1245 年初，他在法國里昂召集宗教大會，集中討論如何防止蒙古侵略的問題。大會一方面決定易受蒙古侵略的民族增築堡壘，杜塞道路。另一方面決定派遣教士充當使者出使蒙古，勸說蒙古人停止殺戮基督教徒和侵犯歐洲，並勸說蒙古人改信基督教。柏朗・嘉賓等人攜帶教皇致

〔註 4〕劉宜昌：《風暴帝國》，北京中國國際廣播出版社，1997 年第 944～948 頁。

蒙古大汗的兩封信，從里昂出發，經東歐，抵伏爾加河畔，在那裡覲見了欽察汗拔都。拔都在看了教皇書信後，感到自己無權利作出決定，命他們趕快到和林朝見大汗。1246 年 7 月，他們抵達和林附近的失拉斡耳朵，在那裡參加了貴由汗的即位大典。貴由汗後來熱情接見了柏朗·嘉賓，並派鎮海等人向他們瞭解了教皇來信的內容和羅馬教廷、歐洲各國的情況。11 月，柏朗·嘉賓帶著貴由汗向教皇的覆信啓程回國，於 1247 年秋返回里昂向教皇赴命。柏朗·嘉賓把他自己的所見所聞寫成了一部詳細的報告書，並定名爲《蒙古史》。歐洲人從這份報告中第一次瞭解到歐洲以外發生的事情。

這本書共九章，描述了蒙古的地理特徵、氣候條件、風俗習慣、宗教信仰、王室故事等。

他用三章的篇幅來介紹蒙古的軍事：「第六章：關於戰爭、軍隊的結構和武器，關於戰爭的韜略和部隊的集結，對戰俘的殘酷性，對堡寨的包圍和對於投降者的背信棄義」、「第七章：韃靼人怎樣媾和，他們所征服地區的名稱，對自己臣民的壓迫，勇敢抵抗他們的地區」、「第八章：怎樣同韃靼人作戰，他們的意圖是什麼？他們的武器和部隊組織，如何對付他們的韜略，堡寨和城市的防禦工事，如何處置戰俘」。

柏朗嘉賓還用最後一章來證明自己所寫的東西不是胡說，他列舉了自己走過的路線、當時的證人，其目的就是希望決策者們對這本書「深信不疑」。書中認爲蒙古人無不是詭計多端、出爾反爾的。「韃靼人在開始時表現得溫情脈脈，但接著便會使你痛苦和像蠍子一樣地折磨你。」

更讓西方人感到害怕的是，柏朗嘉賓一再提醒他們：「韃靼人的意圖是在情況允許時就征服全世界」，「除了基督教地區之外，他們不懼怕世界上的任何地區，所以他們正在籌劃向我們開戰……他們的目的在於消滅所有國王、所有貴族、所有騎士和各國具有一定身份的官吏。」儘管沒有成功挑起歐洲人針對蒙古人的戰爭，但柏朗嘉賓及其《蒙古史》使歐洲人第一次獲得了一部分瞭解東方民族的資料。

法國著名漢學家韓百詩盛贊「柏朗·嘉賓對契丹人所做的描述在歐洲人中是破天荒的第一次」，認爲他也是第一個介紹中國語言文獻的歐洲人，對漢人的形體也作了相當清楚的描述。

與柏朗·嘉賓幾乎同時出使的阿西林使團，在赴波斯去勸說蒙古統將拜住時，同樣因爲不得要領而無力制止拜住對亞美尼亞等國家的侵略。阿西林

使團的報告書後來被命名爲《韃靼史》。經俄國歷史學家Ｂ‧Ｔ‧巴舒托考證，教皇派這些傳教士的目的決不在於他們表面上宣揚的用基督教「教化」異教徒。英諾森四世的實際目的在於尋求蒙古盟友來幫助他抗衡德皇腓特烈二世和薩拉森人，而且還希望在欽察汗國統治下的俄羅斯地區獲得大權，從而把與之對抗的東正教勢力擠壓到一塊狹小的生存空間內，爲最終消滅東正教做準備。可見，上帝的權威僅僅是教皇的一個工具，他的實際目的有著極爲強烈的政治色彩。在大敵當前時他尚且不能與德皇放下內部矛盾，同仇敵愾。歐洲人在蒙古大軍面前呈一盤散沙狀態，無絲毫還手之力也就不奇怪了。

四、睜眼看東方所帶來的影響和作用

對於教宗的聖諭，東方蒙古帝國的貴由大汗的回信內容如下：

我們，長生天氣力裏，大兀魯思之汗，我們的命令：

這是送給大教皇的一份譯本，以便他可從穆斯林語中得悉並瞭解信的內容。在皇帝國土舉行大會時，你提出的表示擁護我們的請示書，已從你的使者處獲悉。

如果你的使者返抵你處，送上他自己的報告，你，大教皇，和所有的君主們一道，應立即前來爲我們服役。那時，我將公佈箭撒的一切命令。

你又說，你曾向上帝祈求和祈禱，希望我接受洗禮。我不懂你的這個祈禱。你還對我說了其他的話：「你奪取了馬箭兒（即匈牙利）人和基督教徒的一切土地，使我十分驚訝。告訴我們，他們的過錯是什麼。」我也不懂你的這些話。長生天殺死並消滅了這些地方的人民，因爲他們既不忠於成吉思汗，也不忠於合罕（蒙古人認爲，成吉思汗和合罕都是奉派來傳布長生天的命令的。「合罕」：「可汗」的變音，這裡指窩闊臺汗）；又不遵守長生天的命令。像你說的話一樣，他們也是粗魯無恥的，他們是傲慢的，他們殺死了我們的使者。任何人，怎能違犯長生天的命令，依靠他自己的力量捉人或殺人呢？

雖然你又說，我應該成爲一個虔誠的轟思脫里派基督徒，崇拜上帝，並成爲一個苦行修道者。但是你怎麼知道長生天赦免誰？你對誰真正表示慈悲呢？你怎麼知道你說的這些話是得到長生天批准的呢？

自日出之處至日落之處，一切土地都已被我降服。誰能違反長生天的命令完成這樣的事業呢？

現在你應該眞心誠意地說：「我願意降服並爲你服役。」你本人，位居一切君主之首，應立即前來爲我們服役並侍奉我們！那時我將承認你的降服。

如果你不遵守長生天的命令，如果你不理睬我的命令，我將認爲你是我的敵人。同樣地，我將使你懂得這句話的意思。如果你不遵照我的命令行事，其後果只有長生天知道。〔註5〕

（回曆）644 年 6 月末（即公元 1264 年 11 月）

長生天氣力裏，大蒙古兀魯思全體之汗聖旨。敕旨所至，臣民肅遵奉。

貴由汗在這封信中毫不客氣地批駁了教皇對他的指責，並把柏朗·嘉賓的出使看成是教皇納降的表示。教皇試圖以他股掌中玩弄的上帝的意旨來威嚇蒙古人，這種手段連腓特烈二世都嚇不住，更不用說是連戰連捷的長生天的信徒了。上帝在長生天這裡變成了可憐的奴僕，只有服役的資格了。羅馬教廷本來是想通過與強大的蒙古統治者建立友好關係來解除武裝侵略的威脅，但是因爲愚蠢的教皇不得要領的兩封信，反而招致了對方更大的威脅

貴由在信中說：「你們說，由於成吉思汗不服從天主之命，不聽從天主之教訓，召開大會，殺害使臣，故天主決定殄滅他們，把他們交到你們手裏……但是你們怎樣知道天主究將加恩於誰人乎？我們崇拜天主，仰承天主之氣力，從東到西，摧毀了整個大陸。若不是由於天主之氣力，人們又能有何作爲？」貴由認爲，柏朗嘉賓的到來無非是想要跟蒙古達成一個和平的協議，但如果教皇眞心希望和平，只有親自到來向他朝見，才能締結這個協議。否則，「我們將認爲你們決意與我們爲敵。彼時將如何，我們不知，天主知之也」。

不管教宗英諾森四世在中西文化交流中的立場和態度如何，客觀上他的聖諭和使團對於中西文化交流的作用和影響是實實在在的，它開啓了中西文化直接交流的新篇章，教宗英諾森四世爲中西文化交流樹立了新的里程碑，他不愧爲西方睜眼看東方的第一人。

〔註 5〕 申友良：《馬可波羅時代》，北京中國社會科學出版社，2001 年第 119～121 頁。

啓示四、《馬可波羅遊記》與元代科技

　　對於元代科技，有學者認爲應該是宋元時期中國傳統科學技術發展高峰的頂峰。〔註1〕一位西方的自然科學家李約瑟曾經從《馬可波羅遊記》中摘錄了當時中國的科技成果，他分爲 6 大類 18 小類，即（1）造船技術：多桅船、放水船、定扳及船塞、縫船法；（2）運輸：驛站、公用車；（3）清潔及衛生事物：口鼻套（類似於今日的口罩）、涎杯、飲杯、金牙；（4）建築、衣物類：竹房、竹纜、爆竹、樹皮衣；（5）政事：紙幣、警鐘；（6）雜項：雕版印刷術、截馬尾。〔註2〕李約瑟對《馬可波羅遊記》中關於元代科技成果的總結還有許多遺漏之處。本文將以陳開俊等翻譯的《馬可波羅遊記》爲藍本，僅僅從《馬可波羅遊記》的記載中來窺探元代的科技水平，對書中所記載的元代科技成果做出更詳細的論述。

一、元代的造船與航海技術

　　元代的遠洋海船因《馬可波羅遊記》而遠播海外。1292 年初馬可波羅爲護送蒙古闊闊眞公主去伊爾汗國，「這次的遠航，共準備了 14 艘航船，每船有四根桅杆，可楊 9 帆。……其中有大船四、五艘，每艘有水手 250 或 260 人。……每艘船只應備足兩年的糧食。」〔註3〕

〔註 1〕　杜石然：《論元代科技和元代社會》，《自然科學史研究》期刊，2007 年第 3 期。

〔註 2〕　張西平：《把東方介紹給西方》，《文景》期刊，2007 年第 10 期。

〔註 3〕　陳開俊等譯：《馬可‧波羅遊記》，福州福建科學技術出版社，1981 年第 15 頁。

　　元代的泉州在《馬可波羅遊記》認爲是世界上最大的港口之一。「港口以船舶往來如梭而出名。……運到那裡的胡椒，數量非常可觀，但運往亞歷山大供應世界各地需要的胡椒就相形見絀，恐怕不過它的百分之一吧。刺桐（即今泉州）是世界上最大的港口之一。大批商人雲集這裡，貨物堆積如山，的確難以想像。」〔註4〕

　　元代船舶的結構，《馬可波羅遊記》分爲內河船舶和遠洋船舶兩種。內河船舶以「單桅船，船上鋪有甲板。船的載重量一般是威尼斯的四千坎脫立或四十萬公斤，有些甚至能載重一萬二千坎托立（相當於 500 噸）。」〔註5〕在杭州的「湖上還有許多遊艇和畫舫，長十五至二十步，可乘坐十人、十五人或二十人。船底寬闊平坦，船行時不會左右傾斜搖晃。」〔註6〕遠洋船舶主要是商人使用的船舶，「這些船舶是用冷杉木的材料造的。只有一層甲板，甲板下面闢 60 個小艙，船艙數按照船的容積大小，有時少些，有時多些。每一個小艙，可以搭乘一個商人。船上裝備的舵很完善。船上有四桅和四帆。有些船只有兩桅，桅杆是活動的，必要時可以豎起，也可以放下。船舶都是用雙層板造成的。」〔註7〕一些噸位較大的船舶「有大艙 13 所，以厚板隔之，其用在防海險，如船身觸礁或觸餓鯨而海水透入之事，其事常見。……水手發現船身破處，立將浸水艙中之貨物徙於鄰艙，蓋諸艙之壁嵌甚堅，水不能透。然後修復破處，復將徙出貨物運回艙中。」〔註8〕《馬可波羅遊記》中對元代船舶的描述，已爲泉州灣出土的沉於宋代末年的遠洋海船所證實。

　　《馬可波羅遊記》還介紹了船舶維修的方法，「將一層覆板蓋在原來的底板上，形成第三層覆板，這和其它船舶的做法一樣，也用麻絮拎縫用油灰填縫。如果需要進一步修理的話，再照原樣進行，累計達到六層板爲止，這時候船便認爲是報廢了，不能再出海航行了。」

　　在航海技術方面，指南針的應用在元代已經成爲遠洋航行的必備航海工

〔註4〕陳開俊等譯：《馬可‧波羅遊記》，福州福建科學技術出版社，1981 年第 192頁。

〔註5〕陳開俊等譯：《馬可‧波羅遊記》，福州福建科學技術出版社，1981 年第 171頁。

〔註6〕陳開俊等譯：《馬可‧波羅遊記》，福州福建科學技術出版社，1981 年第 180頁。

〔註7〕陳開俊等譯：《馬可‧波羅遊記》，福州福建科學技術出版社，1981 年第 197頁。

〔註8〕席龍飛：《中國造船史》，長沙湖南教育出版社，2000 年第 189～190 頁。

具了，但《馬可波羅遊記》裏沒有記載。《馬可波羅遊記》提到利用季風來遠航，「他們出發時必須利用一種風，歸程中又要利用另一種風。」〔註9〕

二、元代的交通運輸

元代疆域遼闊，驛傳運輸發達。元代郵驛可上溯到蒙古國創始人成吉思汗時期。大規模的郵驛設置則開始於忽必烈時期。忽必烈建立了以大都爲中心，以驛站爲主體的馬遞網路和以急遞鋪爲主體的步遞網路，從而形成規模龐大、稱雄一時的元代郵驛，溝通了中央和地方及地方間的聯繫。驛傳站點星羅棋布，朝令夕至。元代驛站除了迎送使臣、提供食宿與交通工具外，平時也兼於運送貢品、行李等少量貨物，戰時還承擔軍需給養的運輸任務。

《馬可波羅遊記》中有專門的章節來談論元代的驛站。「從汗八里城有許多道路通往各省。每條路上，或者說，每一條大路上，按照市鎮的位置，每隔大約二十五或三十英里，就有一座宅院，院內設有旅館招待客人，這就是驛站或遞信局。這些漂亮的建築物內有好些陳設華麗的房間，房間都用綢緞作窗簾和門簾，以供達官貴人使用。既便是王侯在這些驛站上住宿，也不失體面，因爲無論需要什麼東西都可以從鄰近的市鎮和要塞那裡取得，朝廷對於某些驛站還有經常的供給。

每一個驛站上常備有四百匹良馬，用來供給大汗信使往來之用，因爲所有的專使都可能會留下疲憊的坐騎，換取壯健之馬。即使在多山的地區，離大道很遠，沒有村落，又和各市鎮相距十分遙遠，大汗也同樣下令建造同樣樣式的房屋，提供各種必需品，並照常準備馬匹。」〔註10〕

「凡是持有這種金牌的人和他的所有隨行人員，在帝國境內，一切地方官吏都應該保證他們的安全，按站護送；他們行程所經之地，無論大小城鎮、寨堡村莊，都必須供應他們的一切必需品。」〔註11〕這說明元代的驛站制度的完善和嚴密。

元代的運輸工具，《馬可波羅遊記》裏提到過忽必烈的御輦。「忽必烈乘坐在一個木製的寶盆裏，這種寶盆是架在四隻象的背上，象身用被火烤得乾

〔註 9〕陳開俊等譯：《馬可・波羅遊記》，福州福建科學技術出版社，1981 年第 203頁。
〔註 10〕陳開俊等譯：《馬可・波羅遊記》，福州福建科學技術出版社，1981 年第 118～119 頁。
〔註 11〕陳開俊等譯：《馬可・波羅遊記》，福州福建科學技術出版社，1981 年第 7 頁。

硬的厚皮保護著。並且披上鎧甲，寶盆上有許多弩手和弓箭手。寶盆頂上飄揚著繪有日月圖案的皇旗。」〔註12〕

　　還有一種雪橇的交通工具。「這種雪橇沒有輪子，它的底部都是平的，但前面翹起成為一個半圓弧，它的構造適合於在冰上奔跑。」〔註13〕

三、元代的軍事技術

　　宋元時期是我國兵器發展史上的一個重要轉折時期，火器普遍運用於軍事以及火器的製造，結束了冷兵器一統天下的歷史，進入了冷兵器和火器兼存並用的時代。元代雖然仍然以冷兵器為主，但無論是冷兵器還是火器，都在宋代的基礎上有較大的發展。〔註14〕很可惜的是，《馬可波羅遊記》對火器隻字不提，單單提到拋石機。「這種機器能投射重達120公斤的石頭。如果使用這種機器，可以毀掉這座城市的建築，砸死居民。……其中一臺機器先射出第一快石頭，打到一個建築物上，又猛烈又沉重，致使這座建築物大部分坍塌在地。居民們被這種奇怪的武器，嚇得驚恐萬狀。」〔註15〕

四、元代的建築技術

　　元代建築在我國建築史上起著承前啟後的作用，是宋遼金建築與明清建築的過渡時期。《馬可波羅遊記》記載了中國許多城市的名字，但有專門的 2 章來記載汗八里（元代都城，今北京）附近宏偉華麗的宮殿和雄偉壯麗的京師（杭州）市。

　　《馬可波羅遊記》對於汗八里建築的記載十分詳細，「首先是一個用宮牆和深溝環繞著的廣場。廣場每邊長八英里，四邊中間各有一座大門，是各地來的人的出入之所。離這道圍牆的內沿一英里處還有一道圍牆，圍著一個邊長六英里的廣場。兩道圍牆之間是衛隊的屯駐之地。該廣場南北兩邊各有三座門，中央一門比兩旁的大，該門除供皇帝出入外，終年緊閉不開。兩邊的

〔註12〕陳開俊等譯：《馬可‧波羅遊記》，福州福建科學技術出版社，1981年第84頁。

〔註13〕陳開俊等譯：《馬可‧波羅遊記》，福州福建科學技術出版社，1981年第268～269頁。

〔註14〕吳秀永：《中國元代軍事史》，北京人民出版社，1994年第140頁。

〔註15〕陳開俊等譯：《馬可‧波羅遊記》，福州福建科學技術出版社，1981年第169～170頁。

門則長年敞開，以供大家進出。在第二個廣場的中央有一排華麗宏大的建築物，共八個，是儲藏皇家軍需的地方。

在這個廣場內還有一個廣場。它四周的城牆極厚，高二十五英尺，城垛和矮牆全是白色的。這廣場周長四英里，每邊長一英里，和上述的廣場一樣，南北各有三座門，場中也同樣建有八個建築物，作為皇帝藏衣之用。

在這四英里的廣場內，建有大汗的宮殿。其宏大的程度，前所未聞。這座皇宮從北城一直延伸到南城，中間只留下一個空前院，是貴族們和禁衛軍的通道。房屋只有一層，但屋頂甚高，房基約高出地面十指距，周圍有一圈大理石的平臺，約二步寬。所有從平臺上經過的人外面都可看見。平臺的外側裝著美麗的柱所墩和欄杆，允許人們在此行走。大殿和房間都裝飾雕刻和鍍金的龍，還有各種鳥獸以及戰士的圖形和戰爭的圖畫。屋頂也布置得金碧輝煌，琳琅滿目。

宮殿的四邊各有一大段大理石鋪成的石階，由此可從平地登上圍繞宮殿的大理石平臺，凡要走近皇宮的人都必須通過這道平臺。

大殿非常寬敞，能容納一大群人在這裡舉行宴會。皇宮中還有許多獨立的房屋，其構造極為精美，佈局也十分合理。它們的整個規劃令今人難以想像。屋頂的外部十分堅固，足以經受歲月的考驗，並且還裝飾著各種顏色，如紅、綠、藍等等。窗戶上安裝的玻璃也極精緻，尤如水晶一樣透明。皇宮大殿的後面還有一些宏大的建築物，裏面收藏的是皇帝的私產和他的金銀珠寶。這裡同樣也是他的正宮皇后和妃子的宮室。大汗住在這個清靜的地方，不受外界的任何打擾，所以能十分安心地處理事務。

在大汗所居的皇宮的對面，還有一座宮殿。它的形狀酷似皇宮，這是皇太子真金的住所。因為他是帝國的繼承人，所以宮中的一切禮儀與他的父親完全一樣。」〔註16〕

《馬可波羅遊記》對於杭州城建築的記載就簡略多了，「這座城方圓約有一百英里，它的街道和運河都十分寬闊，還有許多廣場或集市，因為時常趕集的人數眾多，所以占據了極寬敞的地方。這座城市位於一個清澈澄明的淡水湖與一條大河之間。」〔註17〕「王宮中央有一座高大的宮門以供進出，門

〔註16〕陳開俊等譯：《馬可・波羅遊記》，福州福建科學技術出版社，1981年第93～95頁。

〔註17〕陳開俊等譯：《馬可・波羅遊記》，福州福建科學技術出版社，1981年第175頁。

的兩邊，在平地上各有一個宏偉的大殿，大殿的屋頂由幾排石柱支撐著，而這些圓柱則是用美麗的天藍色和金黃色裝飾的。面對大門，離王宮稍遠的地方也有一個大殿，比那兩座更加恢宏，其屋頂裝飾得也更富麗，石柱是鍍金的，裏面的牆飾有表現前代各位君主功績的歷史圖畫，精美絕倫。」「在前面所說的大殿或大門前的大殿與內宮僅一牆之隔，向後走，經過一個大院子，即可直達國王及王後所住的各種房間。由大院還可以到達一個有屋頂的走廊，這條走廊六步寬，可以直達湖邊。大院的每一邊有十個入口可直接到達十個狹長的院子中。每一院子有五十間房子，分別設有花園，裏面住著一千宮女，服侍國王。國王有時由王後陪伴，有時則由一些少女服侍，坐在綢緞覆蓋的畫舫中遊湖玩樂，並遊覽湖邊的眾多寺廟。」〔註18〕

五、元代的造紙和印刷術

紙幣自從北宋中期出現以來，逐漸成為流通中的主要貨幣。到元朝時實行以紙幣為主要貨幣的政策。對於紙幣在流通中的強大功能，《馬可波羅遊記》感到非常驚訝，特地有一個章節來談論大汗發行的通行於全國上下的紙幣。「汗八里城中，有一個大汗的造幣廠，大汗用下列的程序生產貨幣，真可以說是具有煉金士的神秘手段。」〔註19〕

《馬可波羅遊記》記述忽必烈在京城設有造幣局，先以桑樹皮製造紙張，然後以它製印紙幣，這種紙幣不但通行國內，就是在和外商貿易中也有流通。這使歐洲人驚為「天外奇譚」，一張小小的紙幣能買到諸色商品。中國一年紙幣發行量達到 3700 萬兩，而當時歐洲最富有的國家預算還不足 100 萬兩。馬可波羅驚歎大汗所超過全世界帝王之所有。他還記述了紙的其他應用：書寫、繪畫和祭奠。但他由於文化水平不高，難以吃透博大精深的中國文明，並沒提及中國的印刷術，被後來的基督教傳教士（如利瑪竇）傳到歐洲，紙則是阿拉伯人傳過去的。

〔註18〕陳開俊等譯：《馬可‧波羅遊記》，福州福建科學技術出版社，1981 年第 185 頁。

〔註19〕陳開俊等譯：《馬可‧波羅遊記》，福州福建科學技術出版社，1981 年第 116 ～117 頁。

六、元代的醫療技術

在《馬可波羅遊記》中，向西方國家介紹了中國各地多種醫藥收集製作，其中比較有代表性的記述是雲南省的大理、永昌（今保山）等地區的民族醫藥。現節錄數則，以見一斑。

《第四十七章：雲南省》：「這裡生長大批的麝，而且又大量捕捉，所以生產的麝香，也相應地比較多。」「這地區還有虎、熊、大鹿和羚羊……這個省區也產丁香，它的枝葉像桂樹，祇是葉片稍長而狹就是了，丁香的花白而小，和丁香木本身一樣，但一經成熟，便轉爲暗色。這地方除了其它藥材外，還盛產生薑和肉桂，但這兩種藥材，沒有任何一種運往歐州。〔註20〕

《第四十九章：哈剌章省的邊遠地區》「離開大理城，西行十天，便到達哈剌章省的一個主要城市……這裡還產蛇和巨蛇，蛇膽在醫藥上極有價值，如被瘋狗咬傷，將本尼威特（英金衡單位＝1.555g）重的膽汁摻入酒中，讓病人服下隨即藥到病除。孕婦臨盆陣痛時，又可用這種東西作催產劑。如果面上長了面瘡、膿瘡或其它疹類，只要敷上小量的膽汁，立即消腫止痛，對治療其它病痛也很見效。同樣，蛇肉售價昂貴，因爲人們認爲蛇肉比其它肉類更加味美，認爲這是最精美的食物……有人告訴我，確實有這麼一回事：有許多人，特別是居心叵測、心懷詭計的人，都隨身帶有毒藥，一旦有被捕或受苦刑的危險時，即吞服這種藥，他們寧願自己毀滅自己，也不願遭受折磨，他們的統治者察覺到了這種做法，時常備有狗矢，強令已服毒的罪犯吞服，引起嘔吐，解除毒性」。〔註21〕

《第五十章：卡丹州省和永昌市》：「從哈剌章西行五天的路程，便進入卡丹丹省金齒（即云南省的一部分）。這個省也隸屬於大汗的版圖（大汗，是古代蒙古族對君主鐵木眞的尊稱），省會名永昌（今云南保山）。這個省區的男女，有用金片鑲牙的習慣。依照牙齒的形狀，鑲得十分巧妙，可以長期留在牙齒上。男人又在他們的臂膊和腿上，刺一些黑色斑狀條紋。刺法如下：將五根針並擾，扎入肉中，以見血爲止，然後用一種黑色塗劑，拭擦針孔，便留下了不可磨滅的痕迹，身上刺有這種黑色條紋，被看作是一種裝飾和有體面的標誌……這地方的人，流行一種奇異的習慣。孕婦一分娩，就馬上起

〔註20〕陳開俊等譯：《馬可‧波羅遊記》，福州福建科學技術出版社，1981 年第 143
　　　～144 頁。

〔註21〕陳開俊等譯：《馬可‧波羅遊記》，福州福建科學技術出版社，1981 年第 145
　　　～147 頁。

床,把嬰兒洗乾淨,交給她的丈夫。丈夫立即坐在床上,接替她的位置,擔負起護理嬰孩的責任,必須看護四十天,送飲食到床頭給丈夫吃,並在旁邊哺乳。」〔註22〕從本章記述中紋面、紋身在西南許多少數民族習俗中流行,如雲南的卡佤族、獨龍族、怒族、傈僳族、傣族等民族都有沿襲,這種習俗一直延續到本世紀 60 年代末期。

這樣詳盡的記載比比皆是,使得西方人對中國的醫藥收集也充滿了好奇之感,促進了中西保健衛生尤其是醫藥方面的交流。

七、元代的飲食文化

在《馬可波羅遊記》中,對於中國飲食中使用的精美餐具有著不少讚美性的描寫,讓歐洲人驚歎皇帝陛下金銀餐俱如此之多,實在令人難以置信,也讓他們瞭解到講究飲食與飲食器具的和諧統一是中國飲食文化的傳統,是中國飲食文明的重要標誌。對於飲料,馬可在他的《遊記》中,多次描述了韃靼和漢人的飲料,歸納起來主要有四類:一、馬乳;二、駱駝奶;三、米甜酒與藥酒;四、中國葡萄酒及其他飲料。這些飲料經由馬可波羅帶往國外,其中一部分至今仍在流行不衰……如盛行意大利的「大黃酒」,原配方見於唐代孫思邈的《千金方》,它由十多味中藥調配而成,一杯就要數美元,它吸引了無數歐洲旅遊者。流行於歐美的「杜松子酒」,其主要成分實際上是中藥柏子仁,原配方記載於元代《世醫得效方》,因其有良好的養心安神功效,而被歐美人稱之為「健酒」。此外元代豐富的食物品類和獨具特色的宮廷飲宴和民間「船宴」,也在《遊記》中詳細記載。

馬可波羅這些有關飲食文化的所見所聞是極其珍貴的歷史資料,為世界飲食文庫增添了光輝的一頁,產生了極為廣泛而深遠的影響。人們說:「馬可波羅的功績,不在於給中國帶來多少西方文化,而在於向歐洲報告了比較詳細的中國情形,而使西方人對中國文明驚異而讚歎。」「中國飲食文化是中國文化的重要組成部分,是國粹。自馬可波羅把中國飲食文化帶回歐洲後,便逐漸形成一門國際性科學。」〔註23〕

〔註22〕陳開俊等譯:《馬可‧波羅遊記》,福州福建科學技術出版社,1981 年第 147 ～148 頁。

〔註23〕中國國際文化書院編:《中西文化交流先驅——馬可波羅》,北京商務印書館,1995 年第 124 頁。

八、其他

在《馬可波羅遊記》中還說到在中國北方親自見到有一種黑石，采自山中，如同脈絡，燃燒與薪無異，其火候且較薪爲優。〔註24〕毫無疑問，這是說的我國境內蘊藏豐富的煤炭，其實我國以煤作爲燃料，早在漢代便已經開始。馬可波羅在這時還當作奇異事物來記述，說明歐洲在 13 世紀用煤還不普遍，而中國在元代則是司空見慣的事了。

在《馬可波羅遊記》中也介紹了中國養蠶繅絲、製鹽、燒製瓷器，乃至做面條的方法。《第四十七章：雲南省》裏記載當地製鹽的方法：「因爲這裡有許多鹽井，所以當地居民就從鹽井中取出鹽水，用小鍋把水煮出鹽。當水沸騰一小時後，就會變成糊狀，然後把它製成小餅，每枚價值二便士。這種小餅下平上凸，放在近火的熱瓦上，很容易乾燥。這種鹽幣上印有大汗的印記，不是他任命的官吏，不能鑄造。像這樣的八十個鹽餅就可值一個金幣。」〔註25〕

《第八十二章：泉州港及德化市》裏對燒製瓷器的工藝有詳細的記載：「人們首先從地下挖取一種泥土，並把它堆成一堆，在三四十年間，任憑風吹雨淋日曬、就是不翻動它。泥土經過這種處理，就變得十分精純，適合燒製上述的器皿。然後工匠們在土中加入合適的顏料，再放入窯中燒製。因此，那些掘土的人祇是替自己的子孫準備原料。大批製成品在城中出售，一個威尼斯銀幣可以買到八個瓷杯。」〔註26〕

對於中國養蠶繅絲和做面條的方法的介紹就比較簡單。「這裡又有很多桑樹，桑葉可供居民養蠶並取得大量的絲。」〔註27〕「小麥的生產固然沒有這麼豐富，但是他們不吃面包，僅僅把它做成面條或糕餅來食用。至於米粟等糧食，則和肉一起煮成漿。」〔註28〕

〔註24〕陳開俊等譯：《馬可·波羅遊記》，福州福建科學技術出版社，1981 年第 124～125 頁。

〔註25〕陳開俊等譯：《馬可·波羅遊記》，福州福建科學技術出版社，1981 年第 143 頁。

〔註26〕陳開俊等譯：《馬可·波羅遊記》，福州福建科學技術出版社，1981 年第 193 頁。

〔註27〕陳開俊等譯：《馬可·波羅遊記》，福州福建科學技術出版社，1981 年第 131～132 頁。

〔註28〕陳開俊等譯：《馬可·波羅遊記》，福州福建科學技術出版社，1981 年第 120 頁。

　　綜上所述，《馬可波羅遊記》在介紹中國的物質生活時，無意中介紹了許多中國生活中的細節，而正是這些細節，使我們看到當時中國元朝的一些科技成果。主要表現在造船與航海技術、交通運輸、軍事技術、建築技術、造紙和印刷術、醫療技術、飲食文化和其他等八個方面。雖然沒有很好地反映出元代科技成果的全貌，僅僅這些成就足以讓當時的歐洲人吃驚一段時間了。